北語學人書系

第二輯

魏德勝

古代文獻語言研究文集

魏德勝　著

北京语言大学出版社
BEIJING LANGUAGE AND CULTURE UNIVERSITY PRESS

圖書在版編目（CIP）數據

魏德勝古代文獻語言研究文集 / 魏德勝著 .-- 北京：北京語言大學出版社，2019.4
（北語學人書系 . 第二輯）
ISBN 978-7-5619-2955-1

Ⅰ. ①魏… Ⅱ. ①魏… Ⅲ. ①古籍－古漢語－研究 Ⅳ. ① H109.2

中國版本圖書館 CIP 數據核字（2019）第 052395 號

魏德勝古代文獻語言研究文集

WEI DESHENG GUDAI WENXIAN YUYAN YANJIU WENJI

排版製作：北京創藝涵文化發展有限公司
責任印製：周 燚

出版發行：北京語言大學出版社
社　　址：北京市海淀區學院路 15 號，100083
網　　址：www.blcup.com
電子信箱：service@blcup.com
電　　話：編 輯 部　8610-82303647/3592/3395
國內發行　8610-82303650/3591/3648
海外發行　8610-82303365/3080/3668
北語書店　8610-82303653
網購咨詢　8610-82303908
印　　刷：北京虎彩文化傳播有限公司

版　　次：2019 年 4 月第 1 版　　印　　次：2019 年 4 月第 1 次印刷
開　　本：787 毫米 × 1092 毫米 1/16　　印　　張：16.25　插頁：1
字　　數：258 千字　　定　　價：68.00 元

PRINTED IN CHINA

出版説明

北京語言大學是一所以語言教學與研究为特色和優勢，中文、外語及相關學科協同發展的多科性大學，已成为我國中外語言、文學、文化研究的學術重鎮和培養涉外高級人才的揺籃。近年來，随着中國語言文學和外國語言文學兩個一級學科博士點的建立和發展，中、外語言文學已然成为北京語言大學的兩大支柱學科。依托這兩大學科，一批學科帶頭人和學術骨幹脱穎而出，其中有的已成为本專業領域的領軍人物。北語學人在學界已成为一支不可或缺和不可忽視的力量。

倏忽之間，北語建校已經55周年。55年來，代有才人出。5年前，建校50周年時，在中央高校基本科研業務費專項資金的支持下，學校對北語學人珍貴的學術積累進行了系統梳理，將北語學人的優秀成果集結成册，交由北京語言大學出版社出版，“北語學人書系（第一輯）”得以問世。爲體現北語學術的原創性和延續性，“北語學人書系（第二輯）”的出版計劃于2017年北語55周年校慶之際制訂，科研處根據校學術委員會的遴選標准徵集了10位博士生導師的論文，每人自成一册，陸續出版。書系内容涉及語言、文學、文化研究的諸多方面，可謂百花齊放。

爲完成這批高質量書稿的徵集和出版工作，校科研處做了大量的組織工作，各位作者積極甄選論文，北京語言大學出版社的領導高度重視，編輯們付出了辛勤的勞動。這正是北語精神的具體體現，亦當記録並彰揚也。

北京語言大學

2017年12月

目　録

傳世文獻語言研究

簡帛文獻及其語言研究

傳世文獻語言研究

古漢語知識對字詞規範化的意義

古漢語是現代漢語的源頭。現代的字詞與古漢語有直接關係的，一類是歷代沿用的，一類是出於表達的需要借用古漢語形式的。這些詞語中的一些詞、語素及其結構是同現代漢語有差異的，如：走馬觀花、模山範水等。現代人對這些詞語比較陌生，缺乏感性認識，常常是用自己熟悉的知識來理解這些文言詞語，這樣，對這些詞語的形、音、義等方面的理解出現偏差的現象時有發生。糾正這種偏差，還這些詞語本來面目，也是語言文字規範化工作的內容之一。

語義方面，文言詞語到了現代漢語中，意義發生變化的很多，有的是舊詞而賦予了新的意思，如"鐘"等；有的是詞義色彩有變化，如"大放厥辭"等。語義發生變化是語言發展的正常現象，是無可非議的。但是，如果是沿用文言詞而理解錯了，就不是這種性質了。如現在常用的成語"十年樹木，百年樹人"，表示培養人才的重要和不易。《現代漢語詞典》解釋說："培植樹木需要十年，培育人才需要百年。"這一解釋就讓人很疑惑，由此還出現了這樣的說法："十年樹木是不對的，在南方需要25年，而北方要更多的時間。十年樹人倒是可以的。"[①]可

① 轉引自劉月華等《實用現代漢語語法》，外語教學與研究出版社，1983年，492頁。

見像這樣理解的人不少。我們的古人怎麽會説出這樣没道理的話，並且還能流傳千古呢？我們只要讀一下原文，就可以知道這句話不能這麽解釋。《管子·權修》："一年之計，莫如樹穀；十年之計，莫如樹木；終身之計，莫如樹人。一樹一穫者，穀也；一樹十穫者，木也；一樹百穫者，人也。"你只考慮一年的收穫的話，就種糧食；考慮十年的收穫的話，就種果樹；考慮百年收穫的話，就培養人。十年、百年，都是指得益的時間，而不是指培養的時間。百年，非實指，人很少有能活百歲的，此指終身受益，舉其整數，與上文的"一""十"相對。

古今語音變化很大，這種變化一般是有規律的，符合規律的變化，也都是正常的。而由於今人不明文言詞語而誤讀的現象則與此不同。如"抵掌"，意思是人們在高興、興奮等情緒激烈時以手擊掌。"抵"讀什麽音？現在通行的幾部工具書所注不同。《現代漢語詞典》讀爲 zhǐ，並且説："注意：'扺'不作'抵'，也不念 dǐ。"《漢語成語詞典》讀爲 dǐ，注明"一作'抵（zhǐ）掌'"[①]。《辭源》有"抵掌""扺掌"兩種形體，讀音都作 zhǐ。古代漢語中，"抵""扺"音義不相同，從意義上看，"抵掌"一詞應作"扺"，讀 zhǐ。《説文解字》："側擊也。"段玉裁注："今多誤爲'抵'。"正是由於兩字形體相近，並且"抵"常用，而"扺"字很少用，從而由形誤而導致音誤。從古籍用字情况看，這一形誤由來已久，《集韻》"扺"字下，列有異體字"抵"，等於是承認把"扺掌"寫成"抵掌"有一定的合法性。但既然是異體，那麽不管寫成"扺"，還是寫成"抵"，讀音都應是 zhǐ，而不能讀 dǐ。《辭源》正是依照《集韻》將它們定爲兩個不同的形體而只有一個讀音，但在這兩個不同形體的詞頭下，同樣是引用了《戰國策·秦一》中"見説趙王於華屋之下，抵掌而談"這一個例子，這也是小的失誤，應引用不同的例證，或是做版本上的説明。《現代漢語詞典》否定了"抵掌"這一異體，從正字法角度看，也是可以的。《漢語成語詞典》是從俗，非正音，恐不可取。但是現在寫成"抵掌"，並讀爲 dǐ 的，實在是不在少數，大有積重難返之勢。

古今漢語字形上除繁簡的差異外，其他差別不大，都有相應的形體。由於不熟悉古漢語而産生的字形錯誤也有。上面舉的"抵掌"一詞，除字音外，也涉及

① 《漢語成語詞典》（增訂本），上海教育出版社，1986 年版，144 頁。"抵（zhǐ）掌"恐係"扺（zhǐ）掌"的誤排。

字形。再如“撒手鐧”[1]，近年來，由於體育的興起,“撒手鐧”一詞使用的頻率很高，但是報章雜志上大多寫成“殺手鐧”，很少能看到寫成“撒手鐧”的。“撒手鐧”與“回馬槍”等屬一類詞，來源於舊時描寫武打的小説。“撒手鐧”是指出其不意，采用飛鐧擊人而致人於死地的絶招。《現代漢語詞典》正收有“撒手鐧”一詞，解釋爲:“比喻關鍵的時刻使出最拿手的招數。”而没有“殺手鐧”的形式[2]。産生“殺手鐧”這樣的誤寫，就是因爲不明原義而造成的。並且，“撒 sā”與“殺 shā”讀音也不同。

又如“打破沙鍋——璺到底”，這個“璺”字，雖然口語中常用，但書面上不常見，它是指陶瓷等器皿受損後出現的裂紋。元曲《東坡夢》:“葛藤斷接老婆禪，打破沙鍋璺到底。”《中國熟語大典》却寫成“打破沙鍋——紋到底”[3]。璺，音 wèn，諧“問”，而與“紋 wén”聲調不同。《現代漢語詞典》把“紋”列爲“璺”的異體，不知何據，似不規範。並且即使是異體，也不應再使用，因爲以“紋”代“璺”，於音義都易産生錯誤。

另外，語言有承認事實的一面，“錯誤”如果長期以來已成爲普遍的現象，並且很難糾正，就可以考慮承認它，即所謂的習非成是。這種情況比較多地出現在口語中的俗語、歇後語裏，本來没有文字方面的根據，寫出來時，每人的理解不同，因而同義而異體的現象就很常見，有時反而是錯誤的形式固定在書面語中了。如“煞有介事”本作“像煞有介事”；“捨不得孩子打不到狼”本作“捨不得鞋子打不到狼”，“孩”“鞋”在一些方言中同音；“有眼不識金鑲玉”，使人百思不得其解，原來應作“有眼不識荆山玉”；如此等等。有的還由此産生了一些民間傳説，來維護這種寫法，弄得更加真假難辨了。

但這不等於説就應對語言應用中的錯誤聽之任之。一方面我們要保持語言的相對穩定性，如果各人隨心所欲，那就會出現混亂局面，要儘量使大家寫出來的字、説出來的話相互一致，達到順利實現交際的目的。另一方面，我們不可輕率地認可言語中的一些誤用，要儘量壓縮到最小的範圍；否則人們寫字、説話就會

① 此條材料是西北師大吴福熙先生提供的。
② 《現代漢語詞典》第 5 版以後已经收録“殺手鐧”。
③ 《中國熟語大典》，上海文藝出版社，1990 年版，631 頁。

覺得無所適從。基於這兩方面的原因，我們要不懈地努力，減少言語行爲中的誤解、誤用，特别是那種影響較廣、不易察覺的誤例。

人們有一種偏向，對於古代典籍、小説中出現的寫法，往往喜歡承認它，對於現代的文學作品也有這種傾向。其實，有書證並不能證明這種寫法一定妥當，還要做些分析，錯誤的東西，就堅決摒棄，避免以訛傳訛。

原載《語文建設》1994 年第 2 期。

從組合關係和聚合關係看詞義的發展變化

詞義引申變化的規律一直是人們重點探討的問題。詞義是在詞彙體系的關係中體現出來的。早在本世紀初，索緒爾就提出了詞的組合關係和聚合關係理論，可以説，這是一個詞在語言内部的關係的全部，詞義就是這些關係的具體表現。

詞義的變化是運動中的發展，是各因素之間相互影響、相互作用的結果。詞在詞彙中的組合關係和聚合關係是制約詞義變化的一個重要因素。

我們主要運用先秦散文《韓非子》的材料（以下引用《韓非子》時，衹注篇名），參照其他典籍，初步整理出幾種類型。

一、動賓關係相互作用

我們先看《韓非子》中的兩個例子：

（1）故財利多者買官以爲貴。(《八奸》)

（2）今世近習之請行，則官爵可買，官爵可買，則工商不卑矣。(《五蠹》)

"買" 的對象一開始是實物,《韓非子》中也有 "買牛""買魚" 買璞玉" 的例子，而以“官”“爵”爲對象，顯然與一般的實物不同，《管子》中還有“買名”“買譽”的説法，則更加抽象化了。再看兩個例子：

（3）夫賣庸而播耕者，主人費家而美食。（《外儲説左上》）

（4）澤居苦水者，買庸而決竇。（《五蠹》）

這二例，買的物件既非具體，也非抽象，而是一種使用價值。買來之後，並不是屬於你的，而衹是在一定期限内爲你提供某方面的服務，“買”的意義又前進了一步。

在古人思想中，“買”的這三種意義也許並無區别，都是用錢取得一些什麽，可這三種不同類型的對象，確實使“買”的含義一次次改變，不知不覺中發生了變化。現在“買”主要用於第一種對象，第二種對象已罕用，第三種對象是絶對不用了。大概在兩漢以後，出現了“雇”這個詞。《後漢書·虞詡傳》：“開漕船道，以人僦直雇借傭者。”用來表達“買”的第三種對象。但文言中還有用“買”表“雇”的，“買舟”常常不是買了一隻船，而是雇了一隻船。

戰國時期，“買”的詞義還有新的發展。例：

（5）夫以有盡之地，而逆無已之求，此所謂市怨而買禍者也。（《戰國策·韓一》）

這是蘇秦游説韓王的話：以地事秦，只會得到禍患。人們都是買想要的東西，而“禍”是没有人想要的。《辭源》把此例列一新義項，解釋爲“招致”。“招致”，意思是某件事情引起某種不良後果，實則此“買”並未脱離“以錢易物”的意義。“買”的這種用法有一定的修辭色彩，並没有形成固定的詞義，不宜另立一義項。

動詞和賓語在句法關係中很密切，一個動詞所帶賓語的類變了，就直接影響到動詞的語義，引起詞義的引申變化。再如：

（6）管仲之射隱不得也。（《難三》）

“隱”就是謎語，“射隱”就是猜謎。“射”本無“猜”義，本義是射箭，獵取一定目標。謎語要人們通過考慮，找出與謎面契合的謎底，古人用“射”來表示這一過程，那麽詞義也隨即發生了質變。我們用“猜”來解釋它，是用現代詞對譯古詞，以期簡潔易曉。古人只是把求出謎底的思維過程稱爲“射”。後來還有“射覆”一語，其中的“射”也是“猜”，是猜出隱藏的東西。

“射”詞義由射箭到猜謎，本義和引申義之間有一定聯繫，射箭要命中目標，“射隱”“射覆”，也是把“隱”“覆”當作尋找的標的。而這一引申義的實現是基於“隱”與“射”構成動賓關係。

二、並列關係相互影響

古漢語中常見並列關係的詞，相連的兩語素意義相近，詞義有時是兩語素義的組合；有時是一語素義爲主，即所謂偏義複詞。這相近的兩語素間，由於經常連用，有時會由近義詞發展爲同義詞。常見的例子有“死亡”“貧窮”。

先秦漢語中，“死亡”一詞常用，出現頻率極高。《韓非子》中就出現了13次。如：

（7）然則雖賢聖不能逃死亡避戮辱者何也？（《難言》）

（8）則法術之士雖至死亡，道必不論矣。（《和氏》）

“亡”先秦常用義是出逃，約在戰國末期開始有“死”的意思。

（9）行僻自用，無禮諸侯，則亡身之至也。（《十過》）

這一例，“亡”已是死的意思。《韓非子》中舉的例子是楚靈王，結果是“居無期年，靈王南游，群臣從而劫之，靈王餓而死乾溪之上。故曰：行僻自用，無禮諸侯，則亡身之至也”。顯然，此例中“亡”是死的意思。

由於“死亡”一詞聯繫密切，使用頻率極高，在潛移默化之中，“亡”的詞義向“死亡”靠攏，最終獲得“死”的意思，並逐漸成爲“亡”的中心意義，逃亡義逐漸消失。

“貧”“窮”，先秦通常是有區別的，“貧”是指没有錢糧，“窮”指困厄、没有出路。先秦典籍二字常連用，《韓非子》中就有7次。“貧窮”一詞的意思同“貧”。如：

（10）振貧窮而恤孤寡，行恩惠而給不足。（《外儲説右上》）

（11）且夫發囷倉而賜貧窮者，是賞無功也。（《難二》）

先秦“窮”用於“貧”義的，還極少。

三、同義關係相互影響

同義詞之間詞義相互影響表現在很多方面。

3.1　同義詞之間語義靠攏

很多同義詞之間存在細微差別，而在使用中，這些細微差別會逐漸消失，而達到二詞等義。如“疾”“病”、“飢”“餓”等。“疾”和“病”春秋時期有輕重差別，戰國中後期，差別消失，漸成等義詞。“飢”和“餓”，先秦漢語中二者一直有明顯差異，《韓非子·飾邪》：“家有常業，雖飢不餓；國有常法，雖危不亡。”此二詞約在兩漢以後差別消失，意義相等。

再如：“對”“答”。春秋時期，二詞語義相近而用法不同。《左傳》中“對”用於臣答君、晚輩對長輩，或平輩間的問答，表敬。而“答”可用於下對上，也用於上對下。且“對”多用於問答之間，“對曰”常見，而《左傳》中很少有“答曰”的說法，只用於敘述。如：

（12）國老皆賀子文，子文飲之酒，蔿賈尚幼，後至，不賀。子文問之，對曰：“不知所賀。”（《僖公二十七年》）

（13）衛青武子來聘，公與之宴，爲賦《湛露》及《彤弓》，不辭又不答賦。（《文公四年》）

（14）申犀稽首于王之馬前曰：“毋畏死而不敢廢王命，王棄言焉。”王不能答。（《宣公十五年》）

戰國時期，二詞的關係有了變化，《韓非子》中，“對”用於臣答君、平輩間的問答，也可用於君答臣。而同時“答”也獲得了“對”的一些功能，“答曰”已常見。如：

（15）人有設桓公隱者曰：“難一，難二，難三。何也？”桓公不能對。以告管仲，管仲對曰：……（《難三》）

（16）人曰：“是其貫將滿矣，子姑待之。”答曰：“吾恐其以我滿貫。”（《說林下》）

戰國以後，“對”“答”異文的例子也常見：

（17）孟孫歸，至而求麑，答曰：“余弗忍而與其母。”（《說林上》）

（18）孟孫歸，求麑安在，秦西巴對曰："其母隨而號，臣誠弗忍，縱而與之。"(《淮南子·人間訓》)

（19）逆旅之父答曰："美者自美，吾不知其美也。"(《説林上》)

（20）逆旅小子對曰："其美者自美，吾不知其美也。"(《莊子·山木》)

（21）靖郭君曰："願爲寡人言之。" 答曰："君聞大魚乎？……"(《説林下》)

（22）君曰："亡，更言之。" 對曰："君不聞海大魚乎？……"(《戰國策·齊一》)

可見，戰國時期，"對""答"二詞由於相互影響，區别逐漸消失，而成爲等義詞，用法一致，可以互换。

3.2 等義詞的分化

語言中，一般不允許有完全同義的詞共同存在較長時間，一旦出現等義現象，其中一詞要麼消亡，要麼詞義發生變化。這同前一點是相反的過程。如上面舉的"飢""餓"、"疾""病"這兩組例子，當"餓""病"取得了同"飢""疾"同樣的意義後，也經歷了一段共存的時期，但很快，先是"饑""疾"逐漸書面化，從口語中消失；然後又失去了作爲詞的地位，而變爲語素，只能同其他語素組合成詞，而不能單用。當然這個變化過程是比較長的。可這也是必然的結果。

再如"宫""室"，先秦時期，語義相同，《爾雅·釋宫》："宫謂之室，室謂之宫。"戰國以前典籍中二詞的使用也没有什麽意義上的區别。到戰國末期，二詞逐漸分化，"宫"趨向於表大的房屋，"室"趨向於表一般的房屋和内室。請比較《韓非子》中的例子：

（23）故身在深宫之中，而明照四海之外。(《奸劫弑臣》)

（24）乃論宫中有婦人而嫁之。(《外儲説右下》)

（25）卮酒豆肉集于宫。(《外儲説右上》)

（26）昔者桓公宫中二市。(《難二》)

《韓非子》中"宫"表房屋義的，除去"宫室"一詞外，共有11例，其中9例表君王的住所，1例指齊相晏子的住處，只有1例指一般的住宅。另"宫婦""宫人"各1例，都指君王的姬妾。

（27）從室視庭，咫尺已具。(《揚權》)

（28）公入室，請與之分國，崔子不許。(《奸劫弑臣》)

（29）弱子扞弓，慈母入室閉户。(《說林下》)

（30）百尺之室以突隙之烟焚。(《喻老》)

《韓非子》中“室”表房屋義的，除“宫室”一詞外，共有20例，表内室義的有12例，表一般房屋的有5例，表君主宫室的衹有2例，表大臣住宅的1例。又“室婦”一見，指一般家庭中的女傭，與“宫人”“宫婦”義迥别。

《戰國策》也一樣，“宫”多表君王、大臣華美高大的住宅。如：

（31）是日見范雎，見者無不變色者，秦王屏左右，宫中虚無人。(《秦策二》)

（32）乃變姓名，爲刑人，入宫涂厠，欲以刺襄子。(《趙一》)

從以上例證可見，戰國末“宫”“室”詞義已經分化，《爾雅·釋宫》郝懿行疏：“古者貴賤同稱宫，秦漢以來，惟王者所居稱宫焉。”這是適應語言發展自然趨勢的結果。

3.3　詞的産生和消亡對同義詞詞義的影響

同義詞間一般有細微差别，其中一個詞的産生和消亡都會對同義的詞産生影響，如“殺”“弑”，“殺”很早就存在了，“弑”一産生即衹表示臣殺君王的意思，在它産生之前，就只能用“殺”表示。“弑”産生後，“殺”的使用範圍變小了。而“弑”存在時間不長就開始衰落了，“殺”詞義又經歷了一次變化，逐漸恢復了當初的用法。

再如“唯”“諾”，都是應答之詞，先秦有緩急之分，《禮記·曲禮上》：“父召無諾，先生召無諾，唯而起。”“唯”用於下對上，有恭敬義；“諾”用於上答下，或平輩之間，較隨便。《禮記·玉藻》：“父命呼，唯而不諾。”孔穎達疏：“唯而不諾者，應之以唯，而不稱諾，唯恭於諾也。”此二詞義雖近而有别。《左傳》中臣答君無用“諾”者，通常用“唯”。如：

（33）召而見之，則所夢見，號之曰牛，曰：“唯。”(《昭公四年》)

戰國末期，“唯”漸趨衰落，《韓非子》中衹有“唯唯”一詞一見。而“唯”的意義逐漸轉入“諾”，“諾”兼承二詞之義。《韓非子》中“諾”用了16次，用於上對下10次，平輩間4次，用於下對上2次。如：

（34）宋君曰：“諾。”(《外儲說右下》)

（35）（衛靈公）乃召師涓而告之曰……師涓曰："諾。"（《十過》）

《戰國策》情況類似，"唯"罕用，大量的是用"諾"，用於上對下、平輩間及下對上的都有，用於下對上的如：

（36）太子送之至門，曰："丹所報，先生所言者，國大事也，願先生勿泄也。"田光俛而笑曰："諾。"（《燕策三》）

（37）齊欲伐魏，魏使人謂淳于髡曰……淳于髡曰："諾。"（《魏策三》）

值得注意的是，《戰國策》常用的還有"敬諾"一詞，以表示尊敬，這是由"諾"發展出來的新用法，它的出現正證明了"唯"的消亡。"敬諾"一詞多用於下對上，也有用於平輩之間，甚至是上對下的。如：

（38）左師公曰……太后曰："敬諾。"（《趙策四》）

（39）魏人有唐且者，年九十餘，謂魏王曰……魏王曰："敬諾。"（《魏策四》）

兩漢以後，又產生了一個新的應承之詞"爾"，也寫作"咊"。《禮記·曲禮上》孔穎達疏："但今人稱諾，猶古人稱唯，則其意急也。今之稱咊，猶古之稱諾，其意緩也。""諾"詞義經歷了第二次變化。由於"諾"顯得莊嚴、恭敬了，"爾"則較隨便。先秦的"唯唯諾諾"此時變成了"諾諾爾爾"：

（40）媒人下床去，諾諾復爾爾。（《古詩爲焦仲卿妻作》）

"唯""諾""爾"這組同義詞的消長和詞義的變化經歷了一個複雜而有趣的過程。

3.4　詞義的引申影響同義詞的詞義

這種類型的詞義變化格式是：A詞有甲、乙兩義，B有甲義，A、B在甲義上是同義詞，則B詞也可能獲得乙義。如：

（41）去好去惡，臣乃見素；去舊去智，臣乃自備。（《主道》）

"舊"，太田方曰："去舊，去巧也。舊，故也。""舊""故"是同義詞，都有陳舊的意思；而"故"又有智巧義，《韓非子·解老》："諸夫飾智故。"所以"舊"又具有了智巧的意思。再如：

（42）太子辭於齊王而歸，齊王隘之。（《戰國策·楚二》）

"隘"本指險要之地，與"阻"同義。而"阻"又有阻止義，故此"隘"也引申出阻止的意思，"齊王隘之"，即齊王阻止太子，不許他回國。

四、反義詞之間相互影響

詞義相反的兩個詞，有時在詞義引申上也相互影響。如："多""少"；在表數量上，二者意義相反。而"多"又引申出"稱贊"的意思：

（43）說者爲之舉其過而見其惡而多其不行也。（《說難》）

（44）彼自多其力，則毋以其難概之也。（《說難》）

"少"受其影響，也引申出與"稱贊"相反的意思：

（45）此之謂無益之臣，吾所少而去也，而世主之所多而求也。（《奸劫弑臣》）

（46）赴險殉誠，死節之民也，而世少之曰失計之民也。（《六反》）

這樣，"多""少"又在新的意義上構成反義詞。

同義詞與反義詞詞義引申上的相互影響，有人稱之爲"同步引申"或"詞義滲透"，有較多論述。

原載《語言文化教學論文集》，北京語言學院出版社，1995 年。

上古漢語的習慣用語

古漢語的特點除了表现在語音、詞彙和語法上以外，我們還應注意其特有的習慣用語。習慣用語是指從字面上無法理解，而是有其固有的、約定俗成的含義的語句。如：

三甥曰："亡鄧國者，必此人也。若不早圖，後君噬齊，其及圖之乎？圖之，此爲時矣。"鄧侯曰："人將不食吾餘。"對曰："若不從三臣，抑社稷實不血食，而君焉取餘。"（《左傳·莊公六年》）

這段話，我們若衹從語句的字面上理解，結果一定是不知所云。其中包含有幾個習慣用語：噬齊（臍）、不食吾餘、社稷不血食、取餘。

"噬齊"，即使知道"齊"通"臍"，也難解。晋杜預注："若齧腹齊，喻不可及。"

"不食吾餘"，唐孔穎達疏："食，謂啖之。爲甥設享而因享害之，所有餘食，更爲人設之，將賤吾，不肯復食。"這種解釋是否合理，很難判定。但從整體上我們可以知道，這句話的意思是：人們將鄙視我，唾棄我。

"社稷不血食"，"血食"指用犧牲祭祀，字面意思：社稷（土地神和穀物神）

得不到祭祀。而實際意思是説：諸侯國要滅亡。

“焉取餘”，去哪兒取得剩餘。這是順着上文“不食吾餘”而來的，意思是：哪裏還有你目前的地位和尊貴呢？

由此例，我們可以清楚地看到慣用語句的特點，最突出的就是要突破字面，從其精神實質上把握其真正含義。有些我們還可以從字面上探出點兒消息，像“社稷不血食”；而有的詞句則不可解了，“不食吾餘”，孔穎達的分析着實令人疑惑，這樣的語句就不必去尋根究底了。正像現代的衆多俗語一樣，心裏“七上八下”，這個人“不三不四”，非要搞清楚“七”“八”是什麽意思，“三”“四”指的是什麽，都衹能是徒勞，而且也没有必要。

書面語中出現了這樣的慣用語句説明了什麽？它説明這樣的書面語同口語是接近的。没有實際語言爲依託，很難想像會有如此的無本之木，所有的慣用語，都是來自活生生的口語，貴族化的書面語創造不出這樣的語句，規範化的書面語衹會按照規範去組詞造句，衹有口語不知道什麽是語言規範，無拘無束中自會生出有生命力的、有表現力的“怪句子”。

從現存典籍看，上古時期慣用語句相當豐富。由此我們就可以説，上古時期，言文一致的程度比較高。當然，書面語和口語無論什麽時候，都會有一定距離，這是顯而易見的。但是有人説漢語從先秦開始就有文言和口語的區别，歷來就是兩套體系。這我們不能同意。任何一種書面語，其始都是依據口語來的，就像没有形就没有影一樣，慣用語句是一個極好的證明。我們比較一下先秦與後代的仿古之作——文言，可以明顯發現，後世文言中極少有習慣性語句，即使有，也是當時的口語成分。詞語語法規範可以摹仿，而以口語爲基礎的慣用語句是作不得假的。後代有後代的慣用語句，我們從歷代接近口語的各種作品中，都可以讀到大量的慣用語句。可以説，慣用語句越多的作品，越接近口語。後代的文言有的也吸收了當時的口語成分，如唐人文章中的“羅織”，指虚構罪名，陷害好人。但文言中總嫌稀少，而在話本小説戲劇中，就多得多。

上古漢語中的習慣性語句，大致可以分兩類：一類是出於表敬、表謙、委婉等修辭目的的；一類是純粹出於口語習慣的。

第一類最典型的是反映春秋時期諸侯間相互往來的《左傳》中的一些詞句，

類似於今天的外交辭令。有很多固定格式，這可以算是《左傳》語言的一大特點。如：

> 曰："子以君師辱於鄙邑，不腆敝賦，詰朝請見。"對曰："晋與魯、衛，兄弟也。來告曰：'大國朝夕釋憾於敝邑之地。'寡君不忍，使群臣請於大國，無令輿師淹於君地，能進不能退，君無所辱命。"齊侯曰："大夫之許，寡人之願也，若其不許，亦將見也。"（《左傳·成公二年》）

這是齊、晋鞌之戰前雙方的一段對話，雖是刀兵相見，言辭之間仍是講究禮儀的，而柔中有强。"辱於"是"來到"的表敬形式，《左傳》中常見，如"寡君聞君親舉玉趾，將辱於敝邑，使下臣犒執事。"（《僖公二十六年》）"子，晋太子，而辱於秦。"（《僖公二十二年》）"請見""將見"，是指戰場上見。"釋憾於敝邑之地"，意思是侵犯我國，也就是指齊國入侵魯、衛。據《左傳》，成公二年春天，齊侵犯了魯國，這是事實。而齊侵衛却不實，實則是衛想侵齊，結果在路上遇到齊軍，被齊軍打敗。因此魯、衛去晋國請求發兵報仇。晋軍爲了給自己入侵齊國（鞌屬齊地）尋找理由，便説齊侵略了魯、衛。這場戰爭的真正原因是晋卿郤克在魯宣公十七年出使齊國時，遭到齊頃公母親的譏笑，當時同時去齊國的還有魯、衛的使臣，"郤克僂，而魯使蹇，衛使眇，故齊亦令人如之以導客"（《史記·晋世家》）。回國後，郤克就立即請求伐齊，晋君不許。這次是利用齊與魯、衛的爭端以報舊仇。還説什麽"寡君不忍，使群臣請於大國，無令輿師淹於君地"。字面上是説"我國君不忍心看到魯、衛受難，讓我們向貴國請命，還告誡我們不要讓軍隊久留貴國"。這實則是一面宣戰，一面向對方顯示自己的武力。

鞌之戰中韓厥俘齊君的一段話，也屬這種類型。又《隱公八年》中齊、魯、鄭聯軍打下許國後，鄭君對許君的一段話，雖是勝利者對亡國之君，也説得極委婉。

我們再看另一組《左傳》中的例子：

（1）君惠徼福於敝邑之社稷。（《僖公四年》）

（2）寡君願徼福于周公、魯公以事君。（《文公十二年》）

（3）吾子惠徼齊國之福。（《成公二年》）

（4）徼福於大公丁公。（《昭公三年》）

此類“徼福”的句子,《左傳》中有10例。對於這類句子，過去有兩種解釋：一是賜福，一是求福。從詞義來看，“徼”以釋爲“求”爲宜,《左傳》中“徼”常用，皆是“求”義。這也是典型的外交辭令，整個句子的意思是施惠於某國：一種是在戰敗時，請求勝利者寬容，給失敗者一條生路，如（1)(3)；一種是和平時期，表示諸侯間相互友好，同甘苦，共患難，如（2)(4)。

（5）以君之靈，不有寧也。（《僖公二十八年》）

（6）若以大夫之靈，得保首領以没。（《隱公三年》）

“以……之靈”，猶今語“托您的福”，而不能按字面來理解。

（7）若寡人得没于地，天其以禮悔禍于許。（《隱公十一年》）

（8）楚王其不没乎！（《僖公二十二年》）

“得没于地”“没”，同（6)“得保首領以没”意思相同，要理解爲“不受肉刑而得以善終”。

除以上這些基本上形成了習慣的語句外，還有些臨時使用的，如：

（9）臣負羈紲，從君巡於天下。（《僖公二十四年》）

“羈紲”是馬繮繩一類的東西，“負羈紲”，實是説隨君出亡。“巡”是巡行，君外出視察，這裏實指在外逃亡。一表謙，一表敬。

（10）天子蒙塵于外，敢不奔問官守？（《僖公二十四年》）

“蒙塵”是指天子逃亡在外。這種説法後世沿用。

（11）寡君之使婢子侍執巾櫛，以固子也。（《僖公二十二年》）

“侍執巾櫛”是“爲妻”的婉辭，這種表達法也爲歷代文言所承用。

雖然歷代都有類似的辭句，但時代特點都很明顯。以上這些都還有一定的修辭色彩。

第二類則是一般的口語，没有什麽修辭的意義。這是我們閲讀古典文獻時應予以關注的一種語言現象。上舉《左傳·莊公六年》例中的“噬齊”“食吾餘”等就屬此類。再如：

（12）孟嘗君就國於薛，未至百里。（《戰國策·齊四》）

“未至百里”，一般的解釋都是“還差百里没到”，這種解説雖然我們也明白它的意思，但現代漢語中没有這種表達方式，這就是没有注意到文言表達的特殊性。這句話不能按字面直譯，現代漢語中只能説成“離薛還有一百里”之類。

（13）所不與舅氏同心者，有如白水！（《左傳·僖公二十四年》）

（14）若背其言，所不歸爾帑者，有如河！（《左傳·文公十三年》）

誓辭的表達法，有很强的口語色彩。相同的意思，在諸侯間正式結盟時，都是説“有渝此盟，……”，明顯不同。過去人們多是糾纏於“所”“有如”這些詞語的考釋，一定要探究它的意思，結果都没有什麽依據。我們比較一下《史記·晋世家》中的句子：“所不與子犯共者，河伯視之。”《左傳》是“有如白水”，《史記》是“河伯視之”，顯然是漢時已没有春秋時的那種表達習慣了，司馬遷改用了當時可理解的語句。我們既然知道是誓辭，就不必再拘泥於詞句，而以今天相類的語句來理解就行了。

（15）我食吾言，背天地也。（《左傳·僖公十五年》）

“食言”之説早見於《尚書》，“爾無不信，朕不食言”（《湯誓》）。此語沿用至今。對於此詞，很多人試圖加以解釋，皆未果。《爾雅》有“食，僞也”一説，有人引之以爲説，也缺乏證據。但有一點很明確，“食言”所表達的意思是清楚的。爲什麽説“食言”，也不必費力考證。在上古，無疑是可解的，例（15）作“食吾言”，還不是一個詞，《左傳·哀公二十五年》更有：“是食言多矣，能無肥乎？”用這樣的話另有所指，形成雙關語。

上古與“食”有關的慣用語不少，除“食言”外，還有上文提到的“食吾餘”（《左傳·莊公六年》），又如：

（16）令尹孫叔敖勿欲，曰：“昔歲入陳，今茲入鄭，不無事矣。戰而不捷，參之肉其足食乎？”參曰：“……不捷，參之肉將在晋軍，可得食乎？”（《左傳·宣公十二年》）

而“食肉寢皮”（《左傳·襄公二十一年》）的説法，更是大家熟知的。

（17）夫人、大子猶在，而外求君，此必不行。子以疾辭，若何？不然，將及。（《左傳·文公七年》）

（18）君無道，吾官近，懼及焉。（《左傳·文公十六年》）

“及”是“及於難”的意思。“及”本是趕上的意思。這也是上古漢語的一種表達習慣，用中性詞語來表示偏指的意思，而往往是偏向負面，即表達的是説話者不願出現的情況。這也許跟避忌的心理有關。再如：

（19）既不受矣，而復緩師，秦將生心。（《左傳·文公七年》）

（20）戎之生心，民慢其政，國之患也。（《左傳·莊公二十八年》）

“生心”，都是産生貳心、背叛之心。

還有一類中性詞，所表意思隨文而定，没有一律的規則，如上古常用的“何有”：

（21）既而歸喪，焉用之？大夫其何有焉？（《左傳·僖公十五年》）

（22）雖及胡耇，獲則取之，何有於二毛？（《左傳·僖公二十二年》）

（23）能以禮讓爲國乎？何有。（《論語·里仁》）

（24）由也果，於從政乎何有？（《論語·雍也》）

（25）默而識之，學而不厭，誨人不倦，何有於我哉？（《論語·述而》）

“何有”，不同語境下含義有差異。因此對於這樣的詞語，就要仔細玩味整體的語氣，看所表達的是什麽傾向。同樣是“何有”，同樣是在《論語》中，可能表達的是截然相反的意思，《里仁》《雍也》篇中，意思是“没有什麽困難的”，即是肯定的傾向；（23）例，《集注》：“何有，言不難也。”（24）例，《集注》：“能取其長，皆可用也。”而在《述而》篇中，却表現了孔子的謙虚，有否定的傾向。（25）例，《集解》：“何有於我，言何者能有於我也。三者已非聖人之極至，而猶不敢當，則謙而又謙之辭也。”

又如“啟”：

（26）狄固貪，王又啟之。（《左傳·僖公二十四年》）

（27）臣聞天之所啟，人弗及也。（《左傳·僖公二十三年》）

（28）疆埸無主，則啟戎心。（《左傳·莊公二十八年》）

“啟’，本是“開”的意思。上3例都是用於抽象的引申義，（26）例可釋爲“縱容（他們進犯中原）”。（27）例意思是佑護、幫助。（28）例是“誘使（他産生背叛之心）”的意思。（26）（28）例明顯有否定的傾向，（27）則是肯定傾向。

（29）報施救患，取威定霸，於是乎在矣。（《左傳·僖公二十七年》）

（30）敗楚服鄭，於此在矣。（《左傳·宣公十二年》）

"於是（乎）在矣""於此在矣"，用現代習慣説法就是"在此一舉"。古、今的説法也很難從字面上一一對應。

以上這兩類習慣表達法，涉及古代的文化習俗、交往習慣，以及古漢語的表達習慣等諸多方面，也是學習古漢語時除詞彙、語法之外的一大難點。

原載《語文研究》1996年第4期。

説“餕”

我們先看一段《左傳·莊公六年》中的文字：

> 三甥曰：“亡鄧國者，必此人也。若不早圖，後君噬齊，其及圖之乎？圖之，此爲時也。”鄧侯曰：“人將不食吾餘。”對曰：“若不從三臣，抑社稷實不血食，而君焉取餘。”

其中“不食吾餘”，杜預注：“言自害其甥，必爲人所賤。”孔穎達疏：“爲甥設享而因享害之，所有餘食，更爲人設之，將賤吾，不肯復食噉吾之餘食也。”

雖然孔穎達的疏證説得很清楚，但如果不了解這段話所涉及的一個古代禮俗“餕”，我們還是不能深刻理解這段話。

“餕”的意思是“剩餘的食物”，也常做動詞用，表喫剩餘的食物。由於在上古時期“餕”被用於特定的場合，並被賦予了特定的人文附加義，使之成爲上古禮俗的重要組成部分。“餕”在上古時期主要用於祭祀禮儀和家庭禮儀中。

一、祭祀之“餕”

祭祀是上古的重要政治活動之一，關乎天下及諸侯的統治，是權力和威望的象徵，因而儀式極其隆重。儒家經典中的“三禮”，即《周禮》《儀禮》《禮記》，有很多這方面的記載。儒家正是利用了這種國家大典來貫徹其禮治思想。我們可以通過祭祀中的一個重要環節“餕”來對此做些揭示。

祭祀中的“餕”是指“祭祀之餘”。《禮記·祭統》:“夫祭有餕，祭之末也。不可不知也。”上古帝王的宗廟祭祀，即祭祀祖先時，有“尸”象徵祖先享用祭品。《禮記·郊特牲》:“尸，神象也。”何休《公羊傳·宣公十一年》注:“祭必有尸者，節（藉）神也。禮，天子以卿爲尸，諸侯以大夫爲尸，卿大夫以下以孫爲尸。”《禮記·大學》:“是故君之所不臣於其臣者二：當其爲尸，則弗臣也；當其爲師，則弗臣也。”

祭祀時，由“佐食”進獻食物，供“尸”享用，以表死去的祖先接受供奉。“尸”享用以後，所剩下的祭品就是“餕”，要由參加祭祀的人分享。實際上，處理“餕餘”是祭祀活動的尾聲，但也絲毫不能馬虎，“是故古之人有言曰：善終者如始，其是已。”(《禮記·祭統》)某種意義上説，“餕餘”的重要性一點兒也不遜於進獻祭品。進獻祭品是對死人的尊崇，“餕餘”則是對臣民顯示君權的至高無上。這裏表現出非常嚴格的等級制度。《禮記·祭統》:“是故尸謖（起），君與卿四人餕。君起，大夫六人餕，臣餕君之餘也。大夫起，士八人餕，賤餕貴之餘也。士起，各執其具以出，陳於堂下，百官進（汉鄭玄注：進當爲餕，聲之誤也），徹之，下餕上之餘也。”

“餕餘”在整個祭祀活動中占據重要地位，禮儀隆重莊嚴，等級分明。表明君臣、貴賤、上下之分，下對上是絶對服從，“餕其餘”。在這有着濃重神秘色彩的祭祀活動之中，使人感到君臣、貴賤之分是神授的，是不可更改的。莊嚴壓抑的儀式，給人的暗示是必須遵循“規矩”，好像一切本來就應該如此。這種震撼力是極其强大的，其力量可以説是任何武力所達不到的。這與某些宗教的神秘力量很相似，都是營造一定的氛圍，使人感到自身的渺小，而渲染某種超自然的力量的强大和無所不在。從這裏我們可以看到某些奴隸社會的影子，貴族是世襲，貴賤、尊卑是天定的，不可或變。因而祭祀活動的重要性就不言而喻了，它是維護國家秩序的一種有效手段，儒家推崇“禮治”的道理正在於此。

禮儀也很講究張弛之道，在過分壓抑之時，也給人以希望。既然貴賤是一定的，那麼下接受上之“餘”，也就要感恩戴德了。“餕餘”同時也象徵着上對下的施惠，以其餘賜於下。“所以别貴賤之等，而興施惠之象也。”（《禮記·祭統》）臣民們接受“餕餘”，也就是認可了上下尊卑之序，服從統治。

祭祀活動就是君王統治的象徵，“廟中者，竟（境）内之象也。祭者，澤之大者也。是故上有大澤，則惠必及下。顧上先下後耳。……故曰：可以觀政矣。”“可以觀政”是祭祀的中心，祭祀服從於統治的需要。祭祀祖先，貢獻祭品。鬼神以其餘賜予大家。“尸亦餕鬼神之餘也。”（《禮記·祭統》）先人賜福，是“澤之大者”，即最大的恩惠。通過依次“餕餘”，以象徵這種恩惠普遍施及衆人。

儒家的政治思想深深地滲透其中：一方面是“臣餕君餘”“賤餕貴餘”“下餕上餘”，君君、臣臣的等級自然得到體現；而另一方面，却是“惠必及下”，臣民老老實實接受統治，也自然會有你的好處。

二、家庭之“餕”

而“餕餘”在家庭禮儀中，則體現的是“尊親”思想。

從結婚後的第二天起，新媳婦侍奉公婆進餐，“舅姑入於室，婦盥饋。”（《儀禮·士婚禮》）舅姑，公婆。公婆吃完後，媳婦接着吃，也就是“餕餘”。“婦徹，設席前，如初西上。婦餕，舅辭易醬，婦餕之饌。”（同上）如同祭祀一樣，這種“餕餘”一是反映了上下的人倫，同時也表示長輩對晚輩的施惠。“舅姑卒食，婦餕餘，私之也。”（《禮記·郊特牲》）鄭玄注：“私之，猶言恩也。”孔穎達疏：“所以食竟，以餘食賜婦者，此示舅姑相恩私之義。”自此之後，媳婦要一直這樣侍奉公婆。“父母在，朝夕恒食，子婦佐餕，既食恒餕。父没母存，冢子御食，衆子婦佐餕如初。”（《禮記·内則》）

家庭中的等級是君臣等級的縮影。祭祀中要渲染上下尊卑的一定，家庭中同樣要强加給人以父子上下不平等的觀念，並且也是天經地義的。

祭祀中的“餕餘”明“尊君”，家庭中的“餕餘”明“尊親”，其義一也。

本文開頭所引《左傳·莊公六年》中鄧侯的“不食吾餘”，及三甥的“焉取餘”，都與“餕餘”有關。楚文王路過鄧國，鄧侯設宴款待，三甥勸鄧侯在宴會上用計策殺掉楚王。鄧侯説，我在宴會上殺了楚王，就没有人“食吾餘”了。也就是説無人餕餘，“餕餘”所表現的是君臣上下的等級制度，“食其餘”就是尊君的體現，没有人食其餘即是無人擁戴，失去國君的尊崇了。而三甥的回答針鋒相對，鄧國日後必被楚滅，國滅之後，鄧的祖先就得不到祭享了，國君您又哪裏還有什麽“餕餘”呢？

鄧侯、三甥所説的“餘”，一是宴享之“餘”，一是祭享之“餘”，但在這裏實質上是一致的，都反映的是“君君、臣臣”的等級觀念。鄧侯怕失去君位，無人“餕餘”。三甥也正是抓住這一心理，諸侯國都不存在了，哪裏還有國君呢？楊伯峻著《春秋左傳注》：“此句有省略，意謂吾若於此時殺楚王，人將唾棄我。不食餘，古代俗語，賤視唾棄之意。”也未得肯綮。楊伯峻注中還引了兩個例子，《漢書·元后傳》云：“受人孤寄，乘便利時，奪取其國，不復顧恩義。人如此者，狗猪不食其餘。”又《世説新語·賢媛》篇載卞太后駡魏文帝之言曰：“狗鼠不食汝餘，死故應爾。”言“狗猪”，言“狗鼠”，是説連畜生都不會理睬你，極言受人唾棄之甚。今俗語中尚有“猪狗不食其餘”，都來源於“餕餘”之禮。

上古儒家所確立的禮儀中，“餕餘”是其中一個重要内容，其中滲透的正是儒家倫理道德中的“忠孝”思想。“夫祭之爲物大矣，其興物備矣。順以備者也，其教之本與？是故君子之教也，外則教之以尊其君長，内則教之以孝於其親。”（《禮記·祭統》）“夫祭有十倫焉：見事鬼神之道焉，見君臣之義焉，見父子之倫焉，見貴賤之等焉，見親疏之殺焉，見爵賞之施焉，見夫婦之别焉，見政事之均焉，見長幼之序焉，見上下之際焉。此之謂十倫。”（同上）

由“餕餘”一道，正可以看出儒家政治思想中“治國”與“治家”一致的本質特徵，祭有“餕餘”，家也有“餕餘”。而且，二者所體現的精神也是如出一轍，一是“君君、臣臣、父父、子子”的上下、尊卑的等級觀念，一是“惠必及下”的安撫臣民、子孫的統治術，何其驚人地相似。由以上分析我們可以看出，這並不是偶然的。

後世的君王、大家族的尊長，也都常采用賜其“餘”的方式來籠絡人心，正是上古時期“餕餘”禮俗的延續。

三、餘論：胙、脤、膰

上古典籍中還有個相關的詞“胙”，《漢書·郊祀志》：“胙餘皆燎之。”顔師古曰：“胙爲祭餘酒肉也。”也是祭之餘，那麼，“胙”與“餕”是什麼關係呢？

同爲祭餘，“餕”是祭祀當時吃剩下的，離開了祭祀的場合，也就無所謂“餕”了。也就是説，“餕”只用於祭祀的場合，上古典籍所有的與祭祀有關的用例都是如此，没有例外。而“胙”恰恰一般都不用於敘寫祭祀的場面，一般是指祭祀中用過的、祭祀後拿回來的酒肉。因是祭祀用過的，所以古人也很看重，常用以饋贈、賞賜。《左傳》一書，直接詳細描寫祭祀場面的内容極少，因而這本書中未出現“餕”，但“胙”則多次出現。《僖公四年》：“姬謂大子曰：‘君夢齊姜，必速祭之。’大子祭于曲沃，歸胙于公。”杜預注：“齊姜，大子母。言求食。”“胙，祭之酒肉。”這是晋太子申生祭祀他的母親齊姜，把祭祀用的酒肉送給他的父親晋獻公。

再如《左傳·僖公九年》：“王使宰孔賜齊侯胙，曰：‘天子有事于文武，使孔賜伯舅胙。’”杜預注：“有祭事也。”《史記·周本紀》：“九年，致文武胙於秦孝公。”裴駰集解：“胙，膰肉也。”這兩條都是周天子祭祀周朝先王文王、武王之後，賞賜諸侯祭餘酒肉。這種賞賜非同一般，含有特殊的意義。

按上古禮儀，天子祭於宗廟、社稷，賜祭肉於同姓。《周禮·春官·宗伯·大宗伯》：“以脤膰之禮，親兄弟之國。”鄭玄注：“脤膰，社稷宗廟之肉。以賜同姓之國，同福禄也。”同“餕餘”一樣，賜祭肉是“同福禄”，共享社稷、祖宗賜予的福祚。賈公彦疏：“凡受祭肉者，受鬼神之佑助。”賜同姓諸侯，是因爲有共同的祖先。《春秋·定公十四年》：“天王使石尚來歸脤。”而上文提到的《左傳·僖公九年》周天子賜胙齊侯，《史記·周本紀》周天子賜胙秦孝公，都不是賜予同姓，這又是爲什麼呢？

在周朝，可得到祭肉賞賜的諸侯除了周的同姓外，還有宋國。《左傳·僖公二十四年》：“宋，先代之後也。于周爲客，天子有事脤焉。”宋是商朝的後裔，而周朝先王本是商朝的大臣。所以宋國“于周爲客”，周天子對宋格外優待。同樣，齊、秦之君得到祭肉，也是於禮有加。齊國是姜姓諸侯，太公始受封於齊。秦是贏姓諸侯，《史記》稱是“帝顓頊之苗裔”。《左傳》孔穎達疏：“今賜齊侯，是尊之比二王後也。”二王，指商、周。齊桓公在管仲的輔佐下，稱霸天下，率諸侯尊周天子，如“命燕君復修召公之政，納貢於周”(《史記·齊太公世家》)。所以周天子一方面感謝齊尊周，一方面攝於齊的强大勢力，打破陳規，賜予祭肉。這在春秋時是獨一無二的。到戰國時，周天子衰敗，就更加依賴勢力强的諸侯了。賜諸侯祭肉的事情有所增加。據《史記·秦本紀》，周顯王時就有兩次賜秦胙：“九年，致文武胙於秦孝公。”“三十五年，致文武胙於秦惠王。”這在春秋時是不可想象的。“二十五年，秦會諸侯於周。”(《史記·秦本紀》) 賜胙的目的顯而易見。

可見，天子賜胙有其特殊的文化意義。無論是在祭祀時“餕餘”，還是在祭祀以後“賜胙”，顯示出的深層內涵是一致的。天子賜胙，是希望保住天子的尊貴地位，讓諸侯認可上下君臣的名分。所以齊桓公、秦孝公等在接受“胙餘”以後，都及時地率領諸侯，向周天子表示臣服之意，不辜負天子對他們的厚愛。“賜胙”表面是“同福禄”，是“於禮有加”，分享社稷、祖宗的佑助；實則是體現上下尊卑，諸侯就要服從天子，不能犯上作亂。天子分封諸侯是爲了加强其統治，而同姓諸侯是天子的核心力量，因而周朝的禮儀是賜胙於同姓。有同姓國的擁戴，天下就穩固了。所以當天子地位較穩定時，就遵循這樣的禮儀。而當局勢發生變化，同姓國不足以維護其地位時，天子就要找一個靠山，雖是異姓諸侯，也要格外降恩“賜胙”，一是申明天子的地位，而更重要的是使之因感恩而利用其勢力，確立天子至高無上的尊貴，率諸侯朝周。

上文《周禮·春官·宗伯·大宗伯》中提到的“脤膰”也是指祭肉。《左傳·僖公九年》孔穎達疏：“脤膰即胙肉也。”《左傳·成公十三年》：“國之大事，在祀與戎。祀有執膰，戎有受脤，神之大節也。”杜預注：“膰，祭肉。”由此可見，“膰”與“脤”是兩個詞，其區別有不同説法。《周禮》賈公彦疏：“鄭衆云：‘脤膰，社稷宗廟之肉。’分而言之，則脤是社稷之肉，膰是宗廟之肉。”意思是説，統而言之，脤膰都指祭肉；析而言之，二者有異，分用於不同場合。而《穀梁傳·定公十四年》說："生曰脤，熟曰膰。"根據典籍的用法，用於社稷與用於宗廟的區別是有的；是否有生熟的不同，從使用上則看不出來。

《左傳·僖公二十四年》"天子有事膰焉"，就是指宗廟祭祀，"膰"，就是上文說的"賜胙"，表"同福祿"之義。而"社稷之肉"的"脤"，還有一層特定含義。《左傳·閔公二年》："帥師者，受命於廟，受脤於社，有常服也。"又《成公十三年》："公及諸侯朝王，遂從劉康公、成肅公，會晉侯伐秦。成子受脤於社，不敬。"上古軍隊出征，要在出發前接受"脤"。所以後代雖然没有這樣的禮儀，但還常以"受脤"表受命出征。

原載《中國文化研究》1999年夏之卷。

文言文今譯

近代學者嚴復在總結漢晉至唐末譯經的實踐和理論後，在我國翻譯歷史上第一個明確提出翻譯標準，他說：

譯事三難：信、達、雅。求其信，已大難矣。顧信矣不達，雖譯猶不譯也，則達尚焉。……此在譯者將全文神理，融會於心，則下筆抒詞，自然互備，至原文詞理本深，難於此喻。則當前後引襯，以顯其意。凡此經營，皆以爲達。爲達即所幾爲信也。《易》曰："修辭立誠。"子曰："辭達而已。"又曰："言之無文，行之不遠。"三者乃文章正軌，亦譯事楷模。故信、達而外，求其爾雅。(《天演論譯例言》)

對文言文的今譯來説，"信"是譯文要準確，要忠實於原作，"達"是譯文的表達要規範通暢，"雅"指譯文的語言典雅、傳神。

"信"是指意思上跟原文相符，不能有錯誤。如：

彼奪其民時，使不能耕耨以養其父母。父母凍餓。兄弟妻子離散。(《孟子·梁惠王上》)

譯文：那秦國、楚國侵占了百姓的生産時間，使他們不能够耕種養活父母，他們的父母受凍挨餓，兄弟妻子東逃西散。

吾王之好鼓樂，夫何使我至於此極也？父子不相見，兄弟妻子離散。(《孟子·梁惠王下》)

譯文：我們國王這樣愛好音樂，爲什麼使我苦到這般地步呢？父子不能見面，兄弟妻子東逃西散。

這兩段都有“兄弟妻子”，譯文照録原文，不妥。“兄弟”，不譯是可以的，“妻子”就不能不譯。原文“兄弟妻子”是四個詞，而到現代漢語裏至多是三個詞。古今“妻子”含義不一樣。“妻子”文言中常是兩個詞，妻子兒女的意思。如要想照顧譯文的節奏，可以譯成“妻兒”。先秦“妻子”作爲一個詞用的極少，《韓非子·外儲説左上》：“鄭縣人卜子使其妻爲褲，其妻問曰：‘今褲何如？’夫曰：‘象吾故褲。’妻子因毁新，令如故褲。”這例可以斷定“妻子”是一個詞。《孟子》中“妻子”常見，都不能當成一個詞看。

象往入舜宫，舜在牀琴。(《孟子·萬章上》)

譯文：象便向舜的住處走去，舜却坐在牀邊彈琴。

“在牀”譯爲“坐在牀邊”，不準確。這裏有兩個問題：一是古代牀的用途；二是古人坐的方式。《説文》：“牀，安身之几坐也。”（從段注本）古人常是坐在牀上的。段玉裁注：“漢管寧常坐一木榻，積五十餘年未嘗箕股，其榻上當膝處皆穿。此皆古人坐於牀而又不似今人垂足而坐之證也。”古人不論是席地而坐，還是坐在牀上，都類似現在的跪姿。所以舜的“在牀”，可譯爲“坐在牀上”，而在注中説明古代的“牀”和“坐”。譯爲“坐在牀邊”，會使人誤解原文的意思。

“達”是指語句的通順，譯文必須是現代白話的規範表達方式。否則，即使每個詞都理解對了，也譯不出好句子。如：

爲之兆也，兆足以行矣。而不行，而後去。是以未嘗有所終三年淹也。孔子有見行可之仕，有際可之仕，有公養之仕。(《孟子·萬章下》)

譯文：孔子做官，先得試行一下，試行的結果，他的主張可以行得通，而君主却不願意行下去，這才離開。所以孔子不曾在一個朝廷停留整整三年。孔子有因可以行道而做官，也有因爲君主對他的禮遇不錯而做官，也有因爲國君養賢而做官。

這段譯文，對原文的理解都不錯，但語句上有缺憾。“不行”譯爲“不願意行下去”，有語病。現代漢語没有“行下去”的説法，可改譯成“不肯繼續施行”。“不曾在一個朝廷停留整整三年”，也跟白話的習慣不合，可改譯成“從來没有在一個朝廷待過三年”。“對他的禮遇不錯”，也不通，可以改譯成“待他不錯”，或是“對他以禮相待”。“養賢”也還有文言氣，可説成“攏絡賢才”或“尊重有才能的人”。

“雅”，是指譯文很典雅，能够傳達出原作的神采，這是三者之中最難把握的。理解正確了，語句也通順了，但整體風格與原作相差較遠，那也不是完善的譯作。如：

> 復行數十步，豁然開朗。土地平曠，屋舍儼然，有良田美池桑竹之屬，阡陌交通，雞犬相聞，其中往來種作，男女衣着，悉如外人。（《桃花源記》）

譯文一：再走了幾十步，忽然開朗了。只見一片平地，有房子，有田，有池，有桑、竹等樹，阡陌一條條地相通，鷄和狗的聲音也可以聽見，其中往來的人，種田的人，男的、女的，所着的衣服，都和外面的人一樣。（《古文筆法百篇》）

譯文二：又走了幾十步，忽然開闊明亮起來。土地平坦，房屋整齊。田很肥沃，池塘裏碧水粼粼，桑樹、竹子之類環抱着村莊。田間小路縱横交錯，到處聽到鷄和狗的叫聲。那裏面的居民來來往往，種田幹活。男女的服裝全部像外面的人一樣。（《文言今譯教程》）

這兩段譯文，意思基本相同，都準確反映了原作的内容。句法上都是通的。相較之下，譯二注意了詞句的工整，力求與原作的風格一致。讀之，幾乎像讀原作一樣，能够感受到世外桃源的恬静、幽美，充分顯示了人間的和樂，更傳神，更符合“雅”的標準。

準確、通暢、傳神，是三個不同層面上的標準，依次遞進。“信”是最基本的要求，譯文要準確反映原義，不能有誤解、曲解。以上舉的錯譯的例子，跟原意或大或小有些距離，輕則使人理解上出現偏差，重則跟原意完全相反。“池塘生春草”，有人譯爲“春天，池塘裏長滿了緑緑的水草”。美則美矣，但不是原作者的意思，古今“塘”的含義不一樣。所以這最基本的要求也是最重要的要求。“通暢”稍進一步。譯文有時不能和原文一一對應，古今有些表達習慣不同，就要做些調整，譯成規範、曉暢的現代漢語。符合“信”“達”這兩條標準，譯文就達到一般要求，别人通過這樣的譯文就能够了解原作的意思了。初學今譯，首先是要在這兩點上下些功夫，闖過這一關，今譯就算已經入門了。

“傳神”是比較高的要求，也不容易達到。古人寫文章講究形神兼備，讀來自覺有一種韻味、神采，或細針密綫，或大開大合。翻譯時能够體會出原文的風格、特色。儘可能地通過譯文傳達出來，這非要用一番匠心不可，有人説翻譯是“帶着鐐銬跳舞”，就是説的這種難處。我們可以把它作爲努力的最高目標。

一、譯文之“信”所涉及的問題

怎樣才能使譯文準確無誤？這涉及以下幾方面問題。

1. 古今詞義差異的問題

古今詞彙中，有同的一面，也有異的一面，總的來説，是異多同少。所以首先要注意古今詞語意義上的不同，儘量從文言詞語之間的聯繫上，掌握文言的詞彙體系，切忌望文生義，或是用現代的意義來理解古書。如：

> 於是更爲之圃，重畦植之。其地近宴息之堂，吏人不此奔走。（元結《菊圃記》）

譯文：因此，我再替它辟了一所場圃，重新種植起來。那地方近於宴會休息的地方，俗吏走不到。

“宴息”譯爲“宴會休息”，不妥。從文義看，宴會與休息之地怎能在一起呢？既有宴會，則往來的人一定不會少，與“吏人不此奔走”也不合。所以從上下文看，“宴”不宜譯爲“宴會”。上古“宴”常用爲安閑義，《左傳·閔公元年》有“宴安酖毒，不可懷也”，後世文言一直沿用。陶淵明《勸農》：“宴安自逸，歲暮奚冀？”“宴息”一語也早見於上古。《易經·隨》：“君子以向晦入宴息。”正是安歇的意思。家中休息的地方，當然是别人不能去的，所以説“吏人不此奔走”。

愈少時，側聞江南多臨觀之美，而滕王閣獨爲第一，有瑰偉絶特之稱。（韓愈《新修滕王閣記》）

譯文：我在小時候，嘗聽説江南地方，有許多登覽的名勝地方，而滕王閣爲第一，有瑰偉絶特的稱謂。

“稱”譯爲“稱謂”，不妥。此宜解爲“稱贊”，《國語·周中》：“君子不自稱也，非以讓也，惡其蓋人也。”“有瑰偉絶特之稱”，可譯爲“有壯麗、雄偉、舉世無雙的美譽”。

九月丁卯，子同生。以大子生之禮舉之，接以太牢，卜士負之，士妻食之。（《左傳·桓公六年》）

譯文：九月二十四日，魯桓公的兒子同出生，舉行太子出生的儀式，桓公接見夫人時用太牢，用占卜選擇士人背太子，士人的妻子給他喂奶。

“舉”，上古無舉行的意思，並且解爲“舉行”，原文“以大子生之禮舉之”也不通。此應是接生、撫養的意思。可以譯爲“用太子出生的禮儀給他接生”。

今乘異產以從戎事，及懼而變，……進退不可，周旋不能。（《左傳·僖公十五年》）

譯文：現在您駕着異國所產的馬從事戰争，遇到意外就會因恐懼而改變常態，……這樣它進退不得，周旋下去又不能。

“周旋”的今譯不當。“周旋”與“進退”相對，指馬車的調轉方向、轉彎。《韓非子·外儲説右下》：“造父御四馬，馳驟周旋而恣欲於馬。”“進退”與轉彎不同，《韓非子·外儲説右下》：“且發矣，驅而進之，輪中繩；引而却之，馬掩迹。”所以《左傳》此句可以譯成“不能進，不能退，也不能够轉彎”。

丞位高而逼，例以嫌不可否事。（韓愈《藍田縣丞廳壁記》）

譯文：縣丞位置高而又拘束，照例要避嫌不可斷事。

譯“逼”爲“拘束”，使文意晦澀不明。這句是説縣丞的地位接近縣令，所以害怕有取代縣令的嫌疑而不敢做決斷。“逼”是靠近、逼近的意思，《爾雅·釋言》：“逼，迫也。”

夫對三公一言，而三公可以無患。（《韓非子·難三》）

譯文：對於三公用一句話就可以使他們没有禍患。

譯“對”爲“對於”，不確。先秦“對”没有用爲介詞“對於”的，此用文言中“對”的常用義“回答”，“對三公一言”即“以一言對三公”，“對”帶雙賓語。“對”帶賓語先秦也常見，同是《韓非子》中就有“臣笑叔向之對君也”(《難二》)，“三公問夫子政一也，夫子對之不同，何也？”(《難三》) 所以可以譯爲“用一句話回答三公就可以使他們没有禍患”。

翻譯還要注意現代漢語中同義詞的選擇，要仔細體味原作的意思，如：

往之女家，必敬必戒，無違夫子！（《孟子·滕文公下》）

譯文：到了你家裏，一定要恭敬，一定要警惕，不要違背丈夫。

“戒”有警惕的意思，但放在這裏，與原義不大相合。不若譯爲“小心”爲好。“警惕”只有提防遭到損害的意義，而這句話是告誡女子到丈夫家，需謹慎，不要觸犯了公婆、丈夫。

古者文王處豐、鎬之間，地方百里。行仁義而懷西戎。(《韓非子·五蠹》)

譯文：古時文王在豐、鎬時，土地方圓一百里，實行仁政。西戎歸附。

“地方”文言中常見，此譯“方”爲方圓，不確。方圓一百里，是指周長一百里，“方百里”是指長和寬各有一百里，二者相差很大，宜譯爲“一百里見方”。要注意“方圓”和“見方”含義不同。

御者且羞與射者比，比而得禽獸，雖若丘陵，弗爲也。(《孟子·滕文公下》)

譯文：駕車人尚且以同壞的射手合作爲可耻，這種合作得禽獸縱是堆積如山，也不肯幹。

譯“比”爲“合作”，也不確。“比”在文言中是個貶義詞，“君子周而不比，小人比而不周。”(《論語·爲政》) 朱熹注：“比，阿黨。”所以按意思，可以譯爲“趕車的尚且以逢迎射手爲耻”。這樣就同下文“枉道而從彼”相呼應了，這裏孟子是以御者自比，表明自己不願放棄自己的王道而屈從逢迎諸侯國君，以取得高官厚禄。

知罪辟罪以止威。陰使時循以省衷。(《韓非子·八經》)

譯文：了解其過錯，而以刑法治其罪。限止他的勢力，暗地派人時時考察大臣是否忠誠。

此譯“衷”爲“忠誠”，不準確。“衷”在文言中一般是中性詞，内心的意思，與“忠”有别。所以此宜譯爲中性的“思想”“内心”等。“省衷”，考察其内心。

曹大子其有憂乎，非歎所也。(《左傳·桓公九年》)

譯文：曹太子恐怕有憂慮吧，這裏不是歎息的地方。

譯“憂”爲“憂慮”，在此句中不準確。憂慮，言其内心有憂愁之事。而此意是説曹太子將要遇到令人擔憂的事情，要有禍患。服虔注：“古之爲享食，所以觀威儀，省禍福。‘無喪而戚，憂必讎焉。’今太子臨樂而歎，是父將死而兆先見也。”第二年，曹桓公就死了。所以這句話並不是説曹太子當時有憂慮。曹太子的歎氣可能是無意識的，但正是這種無意識的動作預兆了他將有憂患之事。《左傳》中像這樣的預兆很多。“曹大子其有憂乎”可譯爲：“曹太子恐怕將有禍患吧！”

今譯中注意古今詞義差異時，要顧及兩個方面。一是要根據上下文意，準確理解原文，二是要在現代漢語中選擇恰當的詞語表達出這個意思。二者都不可忽視。以上誤譯的例子就是既誤解了原詞的意思，又在表達時選詞不當。

2. 句讀的問題

古書大多數没有句讀，這給我們讀古書帶來很多困難。在什麽地方斷句，對理解文義至關重要。自古以來，句讀就是文人注意的對象。楊樹達《古書句讀釋例》云：“句讀之事，視之若甚淺，而實則頗難。《後漢書·班昭傳》云：‘《漢書》始出，多未能讀者。馬融伏于閣下，從昭受讀。’何休《公羊傳序》云：‘講誦師言，至於百萬。猶有不解，時加釀嘲辭。援引他經，失其句讀，以無爲有，甚可閔笑者，而不可勝記也。’觀此二事，句讀之不易，可以推知矣。”如果是翻譯没有標點的古文，那首先就要過句讀這一關。通句讀，主要從文意上去斷句，有時好像屬上、屬下均可，那就要再聯繫整篇的語意、語法結構、行文習慣等。甚至要關係到人名、地名、官名等專用名詞。現在常見的古書，大多有標點本，但我們在使用時也要留心誤點的情況。比較同書的不同標點本，其間往往有些斷句不同的地方。有的對文意理解没有影響，就可任選一種。而兩種點法在語意上有差異的，則要擇善而從。如《韓非子·説林下》：“宫有堊，器有滌，則潔矣。”一本點作“宫有堊器，有滌則潔矣”，就不符文意。楊樹達《古書句讀釋例》舉了一百多例點錯的句子，可見即使是古時的大家也不免有誤讀的情况。所以，不管是有標點，還是没有標點的古文，譯時都要存有留心其句讀的想法。

3. 歷史詞的問題

語言中有所謂的歷史詞，是指它們所表示的事物、概念現在已經不存在，這些詞在現代語言中死了，即現代語言中没有對應的詞。每一種古代的語言都存在相當數量的歷史詞，文言也如此。它們只表示古代特定的歷史階段中存在的事物和概念。因爲没有對應的現代詞，翻譯時一般只能保留，如古代特有的器具、官職、爵位、科舉、社會階層、典章制度等等。例如：

齊王好竽，有求仕於齊者，操瑟而往，立王之門，三年不得入。（韓愈《答陳商書》）

譯文：齊王喜歡聽竽，有人想到齊國去做官，帶着瑟往齊國去。立在齊王的門外，三年没能進去。

至州之七日。詔以中書舍人太原王公爲御史中丞，觀察江南西道。（韓愈《新修滕王閣記》）

譯文：到袁州第七天，天子下詔，叫中書舍人太原王公做御史中丞，視察江南西道。

上例中的“竽”“瑟”“詔”“中書舍人”“御史中丞”等，都是歷史詞，譯時保留原詞。

有的歷史詞，可以用簡單的詞語説明的，譯時也可用説明性的詞語，但切不可過於繁複，否則不如照録原詞。如：

婢，魏孺人媵也。（歸有光《寒花葬志》）

譯文：這個丫頭，是魏氏的陪嫁丫頭。

環堵蕭然，不蔽風雨，短褐穿結，箪瓢屢空。（陶淵明《五柳先生傳》）

譯文：一座很舊的房子，連風雨也遮不了。短布衫也破了洞，打了結。盛食物的器具，常常是空的。

例中的“媵”“褐”“箪瓢”等歷史詞，分别以解釋語對譯。

歷史詞也有不同的情況，對於一般的古時常用詞，現代的人比較熟悉些。這些一般是表類屬的詞語。如弓、箭、君、臣、鐘、磬等。而生僻的，指具體事物的詞，人們就陌生些，如古代的弓就有很多名稱（弩、弧等），古代的船也有很多名稱（舫、舠、艃、舴艋、艨艟等）。所以對於偏僻的歷史詞，除了用説明語對譯外，還可以用常見的歷史詞對譯，這樣也能達到使人讀懂的目的，而又不失譯文的準確性。如：

昔者趙簡子使王良與嬖奚乘，終日不獲一禽。(《孟子·滕文公上》)

譯文：以前，趙簡子命令王良替他的寵幸小臣叫奚的駕車去打獵，整天打不到一隻獸。

夫弩弱而矢高者，激於風也。(《韓非子·難勢》)

譯文：弓的張力很小但射出去的箭很高，那是借助於風的力量。

“嬖”譯爲“寵幸的小臣”，“弩”譯爲“弓”，讀起來意思就顯豁得多，盡管“臣”“弓”也是歷史詞。

還有些同義的歷史詞，也可以互相對譯，如天子——皇帝。但也要注意其歷史階段性，如秦以前只稱“天子”，不稱“皇帝”，只能説“西周天子”，不能説“西周皇帝”；秦以後，二詞的意思才相同。既可以説“唐朝天子”，也可以説“唐朝皇帝”。

以上幾種方法都是很準確的。但有時遇到有些歷史詞，不譯則過於生澀，又不能用簡短的説明語，這時可斟酌采用現代相類似的事物、概念來對譯。這種譯法要嚴格限制，不可濫用。如：

楚有祠者。賜其舍人卮酒。(《戰國策·齊二》)

譯文：楚國有個人在祭祀之後，送給他的舍人們一杯酒。

今有人於此，舍其文軒。鄰有敝輿，而欲竊之。(《墨子·公輸》)

譯文：如今有一個人，他丢下自己的好車不坐，却去偷人家的破車。

例中“卮”，譯爲“杯”；“軒”“輿”譯爲“車”，而其實同現代的“杯”“車”都有區别，但不譯的話，讀起來就很難明白。

翻譯歷史詞時，最易出現的問題是，没有歷史詞的概念，隨便用現代事物對譯歷史詞。歷史詞的特點就是有嚴格的歷史階段性。同樣是文言，不同的時代，一個詞的含義就可能不同。所以掌握歷史詞，重要的是掌握其適用的時代，不可混同。如：

都城過百雉，國之害也。先王之制，大都不過參國之一，中五之一，小九之一。(《左傳·隱公元年》)

譯文：都城超過三百丈，便是國家的禍害。先王規定的制度：大城的面積不能超過國都的三分之一，中等的不能超過五分之一，小的不能超過九分之一。

冬，淳于公如曹，度其國危，遂不復。(《左傳·桓公五年》)

譯文：冬天，淳于公到曹國，估計他的國家危險，於是就不回國了。

漢東之國隨爲大，隨張必棄小國。小國離，楚之利也。(《左傳·桓公六年》)

譯文：漢水東邊的國家隨國最大，隨國要是自傲，必然拋棄小國。小國離心，就是楚國的利益。

以上幾例，以“國家”譯“國”，就是誤譯歷史詞。先秦的國，都是分封的諸侯國，與現代意義的國家完全不同，也毫無相似可言。無論從民族，還是從版圖來看，都不能與現代的國家等同，秦漢以後，基本上是大一統的局面，這時的國家倒和現代的國家差不多。所以遇到先秦古籍中的“國”，或是照録原詞，或換成另一同義詞“諸侯國”，而不要譯爲“國家”。與此類似的詞還有“君”“王”“后”“夫人”等等。另上舉第一例把“都城”理解成現代意義的都城也不對，“城”是城墻，“都”即下文的“大都”之“都”，城市的意思，可譯爲“城市的城墻超過三百丈”。

4. 用典的問題

文言中的用典，也要根據不同的情況，恰當翻譯。如果這個典只作爲一個詞語來使用，没有更深的用意，那就照直根據其含義，譯成意思對應的普通詞就可以了。如：

盈虛倚伏，去來之不可常。或將大有爲也，乃始厄困震悸。（柳宗元《賀進士王參元失火書》）

譯文：事物的消長，人的禍福、來去都没有一定。有時將大有作爲之前，必定先有極不得意的事。

楚人屈原，含忠履潔，君匪從流，臣進逆耳。（蕭統《文選序》）

譯文：楚國人屈原，胸懷忠誠，志行高潔，楚君不能聽從善言，而屈原偏去勸諫。

“盈虚”,《易》:“天地盈虚，與時消息。”言事物的消長。“倚伏”,《老子》:“禍兮福所倚，福兮禍所伏。”指禍福。這些都直接譯出詞語所表示的含義，從譯文中看不出用典的痕迹。

還有一種明用典的情况，即借用某一故事，來作爲證據，進行説理或叙事。這同引用比較接近。用典一般只是簡單提及此事，而没有具體細節。譯時，只要按字面去譯，適當添加少量詞語，因是明確稱引，所以也容易理解。如：

而浮生若夢，爲歡幾何？古人秉燭夜游，良有以也。……群季俊秀。皆爲惠連；吾人咏歌，獨慚康樂。……如詩不成。罰依金谷酒數。（李白《春夜宴桃李園序》）

譯文：而人生如做夢，一般能够有多少快樂的日子？古人點了蠟燭，夜裏也要游宴，確實是有道理的啊！……兄弟們，都很俊秀。好像是謝惠連；只是我們這一班人，做的詩歌慚愧趕不上謝靈運。……凡是詩做不成的，照金谷園的老例子罰他喝酒。

秉燭夜游，指《古詩十九首》:“生年不滿百，常懷千歲憂。晝短苦夜長，何不秉燭游。爲樂當及時。何能待來茲。”惠連俊秀，指晋人謝惠連曾受族兄謝靈運贊美；康樂，即謝靈運，以山水詩著名。金谷罰酒，指晋石崇在金谷園宴客賦詩，作不出的要罰酒三斗。

蓋文王拘而演《周易》；仲尼厄而作《春秋》；屈原放逐，乃賦《離騷》；左丘失明，厥有《國語》；孫子臏脚，兵法修列；不韋遷蜀，世傳《吕覽》；韓非囚秦，《説難》《孤憤》;《詩》三百篇，大氐聖賢發憤之所爲作也。（司馬遷《報任安書》）

譯文：周文王遭到拘禁，因而推演出《周易》；孔子政治上不得志，因而編寫了《春秋》；屈原被流放，才寫出《離騷》；左丘明雙目失明，才有了《國語》；孫臏遭受臏刑，而修撰了《孫臏兵法》；吕不韋被免相國，遷居到四川，世上才得以流傳《吕覽》；韓非囚禁在秦國，寫出了《説難》《孤憤》等名篇。《詩經》也是聖哲賢人爲抒發疾憤而作的。

這些用典，一般不需要再加以解釋，如果讀者想更詳細地了解典故的內容。可以參看相關的典籍，譯文就不需要再做過多的發揮，照字面譯已基本上傳達了文意。

用典中比較難譯的，是暗用的事典。這種典字面上看不出來，但照字面的意思去理解，却又解釋不通。有的甚至句句是典，若不明出處的話，簡直不知作者所云，如墜五里霧中。這種用典多見於長篇的韻文之中，如駢文、賦等。今譯時，没有固定的法式，關鍵在於一明典故出處，二明作者用意。從這兩方面入手，靈活處理。一般不能照字面譯，而是攝取其大意，改換、添加字句，以傳達出作者所要表達的意思。如：

燕歌遠別，悲不自勝；楚老相逢，泣將何如！畏南山之雨，忽踐秦庭；讓東海之濱，遂餐周粟。（庾信《哀江南賦序》）

譯文：離別金陵，逃向異地，悲傷不堪。老朋友相逢，也只有抱頭痛哭，但哭泣又有何用！本想獨善其身，遠離禍亂，不意受命出使別國。故君被迫讓位，而我又不能守節，却在新的朝廷做了官。

這是一篇駢文中的一段，短短幾句話，可處處用典，理解起來很不易，翻譯更是艱難，"燕歌"是離別的典，《戰國策》記載荆軻爲燕國去刺殺秦王時，燕人送別，歌曰："風蕭蕭兮易水寒，壯士一去兮不復還。"後人遂以燕歌狀離別之意。曹丕有《燕歌行》，王褒有《燕歌》，多傷別之作。相逢而泣，用《後漢書·逸民傳》事，張升棄官回鄉，遇故友相抱而泣，感歎政治鬥争的殘酷。"南山之雨"，用《列女傳》事，"南山有玄豹，霧雨七日而不下食者，何也？欲以澤其毛而成文章也，故藏而遠害。"是"潔身遠害"的意思。"讓東海之濱"是篡位的典故。戰國時，田和把齊康公逼到海濱，而篡奪了君位，建立了田齊政權。"餐周粟"，周武王滅商後，商朝遺民伯夷、叔齊不願爲周民，不食周粟，餓死在首陽山。這句意思是自己不能像伯夷、叔齊那樣守節，而在新的朝廷做官。

這樣的文字，今譯以後，與原作的風格差距較大，只能概括原文的大概意思。如果與原文字面太接近，反而既失其韻味，又表達不出意思。所以不如離其形而得其意。這也是不得已的辦法。只是譯文可在語句上稍作修飾。

5. 句不離篇的問題

字句的理解，一定要注意到整篇的意義，也就是一般所說的"句不離篇"。

一個句子離開了具體的篇章，孤立地看，往往有好幾種意思。文言簡潔，省略成分多，多義詞多，這種現象就更突出。如：

陳亂，民莫有鬥志，若先犯之，必奔。(《左傳·桓公五年》)

譯文：陳軍的陣勢一亂，士兵就没有鬥志，若先攻打他們，他們必定逃竄。

從譯文看，這幾句話的關係很模糊，“陳亂，民莫有鬥志”，是已有的事實呢，還是一種推測？從譯文看，只是一種推測，那先攻打陳軍的理由就不充分。我們聯繫上文來看，才能知道“陳亂”的真正含義：“五年春正月，甲戌，己丑，陳侯鮑卒，再赴也。於是陳亂，文公子佗殺大子免而代之，公疾病而亂作，國人分散，故再赴。”陳國軍隊是在國内發生動亂的情況下，被周天子招來攻打鄭國，所以没有鬥志。因此，這句話應譯爲：“陳國有内亂，士兵没有鬥志，若先攻打他們，他們必定逃竄。”這樣句意就很順了。

秋，諸侯復伐鄭。宋公使來乞師，公辭之。(《左傳·隱公四年》)

譯文：這年秋天，諸侯軍再次攻打鄭國，宋殤公派人來討救兵，魯隱公謝絶了。

“救兵”是解救遭受進攻者的軍隊，而上文明言諸侯各國伐鄭，宋國是去打别人，而宋公“乞師”，顯然不是討救兵，而是請求援兵，幫助諸侯各國的軍隊去攻打鄭國。可以譯爲：“宋君派人來請求派兵支持，魯君謝絶了。”

初，公築臺臨黨氏，見孟任，從之，閟。(《左傳·莊公三十二年》)

譯文：起初，魯莊公修建高臺面對着黨氏家，可以看見孟任，眼盯着她走路，孟任閉門拒絶。

“從之”的譯文與下文不協，莊公若只看孟任，爲何竟有“閉門拒絶”呢？可以譯爲：“一天，看見了孟任，就去追逐她，孟任閉門拒絶。”

臣聞之，無喪而戚，憂必讎焉。無戎而城，讎必保焉。(《左傳·僖公五年》)

譯文：臣聽説，没有喪事而悲傷，憂愁必然相仇怨。没有兵患而築城。國内仇敵必然據而守衛。

“憂必讎焉”的譯文很不明確。上句是“無喪而戚”，而“讎”字正是應“戚”字的，“讎”有相應、相合的意思，在這裏不能理解爲仇怨。意思是説憂愁之事一定會與悲戚相應。可以譯爲："没有喪事而悲傷，禍患一定會隨之而來。"這句話是爲以後晋國多年混亂的情况做鋪墊的。

有時，不僅涉及上下文，而且還得聯繫整部典籍的體例。如：

夏，城中丘，書不時也。(《左傳·隱公七年》)

譯文：夏天，在中丘築城，《春秋》記載違背農時。

秋，大雩，書不時也。(《左傳·桓公五年》)

譯文：秋天，爲求雨而舉行大雩祭，《春秋》記載不是按時節舉行祭祀。

秋八月壬申，御廩災，己亥，嘗。書不害也。(《左傳·桓公十四年》)

譯文：秋季八月十五日，儲藏祭祀穀物的糧倉發生火災。八月十八日，舉行嘗祭。《春秋》記載没有損害。

這幾例都有"書……也"這樣的句式，在《左傳》中這種句式極多，這是傳體特有的句式。根據上面的譯文，好像"書"後面是《春秋》記載的内容，這是誤解了原文，經文中根本没有什麽"不時""不害"的記載。我們知道，傳是爲解經而做的，與經緊密聯繫，有些内容是擴充經的，而有些内容是解釋原因的，"書……也"是典型的解釋原因的句子。以上譯文正是没有把握住《左傳》的這個體例，而産生了偏差。標點上也不準確，如果把這些句子標點爲："書，不時也。""書，不害也。"就比較清楚了。上舉第一例可譯爲："夏天，在中丘築城，《春秋》之所以記載這件事，是因爲占用了農時。"上舉第二例可譯爲："秋天，爲求雨而舉行大雩祭。《春秋》記載這件事，是因爲祭祀舉行得不是時候。"上舉第三例可譯爲："秋季八月十五日，儲藏祭祀穀物的糧倉失火。八月十八日，舉行嘗祭。《春秋》記載這件事，是因爲没有造成大的損失。"

我們進行今譯時，必要時可以在上文、全篇、全書這樣的大背景下去理解，遇到文脉不暢，或是上下文難以解釋時，要擴大範圍去尋找與之有聯繫的内容，形成篇章中的呼應，以避免誤解、誤譯。

6. 利用古注的問題

閱讀古書，離不開古注。一方面我們要尊重、依賴古注。如果原文有古人的注解，一定要參考，不可棄之不顧，只憑自己的理解去翻譯。另一方面，也不可迷信古注，如果有足够的證據説明這個注不對，可以立新説。重要的古籍一般都有很多家注本，對有些詞語的理解可能各不相同，面對這種情況，我們就要做一番鑒别的工作。擇其善者而從之。翻譯不像注釋，注釋可以幾説並存，注者可以表明自己的傾向，也可不做選擇。但今譯時，必須要有自己的選擇。譯文中不可以出現幾説並存的現象，這就需要我們謹慎一些。

另外，我們還要對於今人新的研究成果給予足够的重視。由於現在研究的條件和方法都有很大發展。地下出土了很多珍貴的文字材料，由此在一些方面糾正了古人的誤解。這樣的新成果要積極吸收。如《戰國策·趙策四》有"左師觸讋願見太后"，清王念孫《讀書雜志》中根據其他典籍的多例引文，證明"觸讋"系"觸龍言"之誤合，但並没有引起人們的足够重視。1973 年在長沙馬王堆漢墓出土的帛書（後定名爲《戰國縱横家書》）正是寫作"觸龍"，證明王念孫之説確實無疑。我們在今譯時就應據之訂正，而不必沿誤。又如：

劌曰："未可。"下視其轍，登軾而望之，曰："可矣。"（《左傳·莊公十年》）

譯文：曹劌説："不可以。"他下車察看了齊軍的車轍，又登上車前的横木瞭望了敵情，然後説："可以了。"

此例，這種傳統解釋早有人提出了異議。登上軾，讓人很難理解。幾乎是不可能有的事情，軾是人站在車上時手扶的横木，人怎能站在上面？重新標點一下，便很合情理了："下，視其轍；登，軾而望之。"可譯爲："他走下車，仔細察看了齊軍兵車車輪留下的印迹；登上車子，扶着車前的横木瞭望了敵情。""軾"做動詞，是文言中常見的用法。這種理解，較之傳統解釋更有説服力，是值得信從的。

自始合，而矢貫余手及肘，余折以御，左輪朱殷。（《左傳·成公二年》）

譯文：從開始交鋒，箭便射穿了我的手，一直穿到臂肘，我折斷了箭仍堅持趕車，血把左邊的車輪都染成黑紅色了。

"貫余手及肘"，譯文也依據傳統解釋，不確。"及"此應理解爲連詞，是説他手和肘部分别中箭了。《史記·齊太公世家》："射傷郤克，流血至履。克欲還入壁，其御曰：'我始入，再傷，不敢言疾，恐懼士卒，願子忍之！'"明有"再傷”，是兩處受箭傷。此句可改譯爲：“箭便射穿了我的手和胳膊肘。”

初，公築臺臨黨氏，見孟任，從之，閉。而以夫人言許之，割臂盟公，生子般焉。（《左傳·莊公三十二》）

譯文：起初，……莊公答應立她做夫人，於是孟任割破胳膊和莊公盟誓。後來生了子般。

楊樹達《古書句讀釋例》：“顧炎武《左傳杜解補正》云：‘此當以“夫人”爲句，公許以立之爲夫人也。“許之”，孟任許公也。’今按顧讀是也。”顧炎武已對此句提出了正確的理解：“以夫人言許之”，古文没有這種表達法，若依傳統解釋，則應作“以夫人許之”。此句應從顧讀，可以改譯爲：“莊公答應立她做夫人，她才同意。於是割破胳膊同莊公盟誓，後來生了子般。”

當然，對於新説，像對待古注一樣，也需進行甄别，不是每説都必從。一般這些新成果大多散見於各類著作和文章，利用它們有一定的困難，這需要我們平時留心注意收集。

今譯古文時，有時會遇到校勘中的一些問題，例如古書中有誤字，如果能够確認，今譯時可以據改後的正確字句，在注中加以説明。如：

弱子扞弓，慈母入室閉户。（《韓非子·説林下》）

譯文：體弱的兒子拉弓射箭的話，慈愛的母親也會跑回家關起門。

《讀書雜志》：“弱子扞弓之扞，當作扜，字從于，不從干。扜弓，引弓也。《説文》：‘弙，滿弓有所向也。’字或作扜。《大荒南經》：‘有人方扜弓射黄蛇。’郭注曰：‘扜，挽也。音紆。’……弱子扜弓，則矢必妄發，故慈母入室閉户，若作扞禦之扞，則義不可通。”此説既有事理分析，又有他書引證，可謂已成鐵案。所以譯文徑譯爲“拉弓射箭”。

古書還常見缺字的情況，少則缺一兩個字，多則十幾字、幾十字。缺的較多的，上下文義不連屬，無法補上。譯時也照原文空缺，不要憑臆測添加。只缺一兩字的，文意還是顯豁的，可以根據上下文在譯文中補上空缺，注中可説明。

總之，要儘量利用校勘的成果，以求譯文的理通字順。也有據字面很難解釋、歷代注家也都存疑的情況，譯時或是空缺，在注中説明；或是據大意予以推測、試譯。這雖然有違“信”的原則，但這種極少的情况是允許這樣處理的。

二、譯文之“達”所涉及的問題

譯文除做到與原文字詞上的準確對譯外，還要考慮譯文本身的文從字順，即“達”。翻譯一般分爲直譯和意譯兩種。直譯是要求緊扣原文，譯文的字句與原文要基本上對應；每一詞、每一句都要落在實處。意譯則没有這種限制，只要大意上與原文相合，允許譯者在一定範圍内有發揮。

文言散文今譯要求直譯。但我們對直譯要有正確的理解。要求字句基本對應，而不是絶對對應。必須一一對應的話，是一定行不通的。文言和現代白話雖然相距不遠，可以簡單地理解爲同一語言的不同歷史階段，而不是兩種語言，但它們是兩套不同的書面語。二者在語句結構上、表達方式上都有差異。我們要做到譯文的自足，即能脱離原文單獨存在；從現代漢語的角度去考察它，不能有語病，更不能造出一種介於文言與白話之間的東西。

1. 調整語句結構

文言的句子結構與白話有一些差異，從今譯的角度看，要注意的主要有：白話中賓語多在動詞後；而文言中，在一定的條件下，賓語可以放在動詞前。白話中一般做狀語的一些介詞結構，文言中多數位於動詞後，做補語。文言中有些名詞性的詞組是屬概念在前，種概念在後，也與白話不同。總之，語句在排列次序上與白話不同的，譯時都要根據現代漢語的習慣加以調整。如：

無敵於天下者，天吏也。然而不王者，未之有也。(《孟子·公孫丑上》)

譯文：天下無敵的人就叫“天吏”，如此而不能統一天下的，是從來不曾有過的。

王之好樂甚，則齊國其庶幾乎。(《孟子·梁惠王上》)

譯文：王如果非常愛好音樂，那齊國便會很不錯了。

臣聞之胡齕曰：……(《孟子·梁惠王上》)

譯文：我曾從胡齕那裏聽説……

馬之千里者，一食或盡粟一石。(韓愈《雜説四》)

譯文：一日跑千里的馬，一頓有時會吃掉一石穀子。

海内之地方千里者九，齊集有其一。以一服八，何以異於鄒敵楚哉？（《孟子·梁惠王上》）

譯文：現在海内土地總面積約九百萬平方里，齊國全部土地不過一百萬平方里。以九分之一的力量跟其餘的九分之八爲敵，這和鄒國跟楚國爲敵有什麽分别呢？

上例中加點的部分，在語序上與現代的表達習慣不同。這些譯文都比較靈活地處理了這種差異，做到了既準確傳達文意，又語句曉暢通達。

還有一些因修辭的原因而語序上有變化的情況，如並提、感歎句等，譯時也可酌加調整。對於感歎句、疑問句的語序，可以有不同的處理。如“何哉，君所謂踰者？”（《孟子·梁惠王下》）可譯成：“是什麽呢，您所説的超過？”也可譯成：“您所説的超過，是指什麽呢？”因爲在現代白話中，感歎句、疑問句的語序也可有變化。再如：

戰而捷，必得諸侯。若其不捷，表裏山河，必無害也。（《左傳·僖公二十八年》）

譯文：戰勝了，我們一定可以在諸侯當中稱霸。就是打不勝，我們晉國外有黄河，内有太行山之險，也一定不會受什麽損害呀。

師之耳目，在吾旗鼓，進退從之。（《左傳·成公二年》）

譯文：士兵的眼睛都看着我們中軍的旗幟，耳朵都聽着我們的戰鼓，進退都聽從指揮。

何哉，君所爲輕身以先於匹夫者？（《孟子·梁惠王下》）

譯文：您不尊重自己的身份，而先去拜訪一個普通人，爲的是什麽呢？

2. 調整詞語搭配

古今漢語在詞語搭配上也有不同的地方。文言中的句子，即使結構上與現代白話一致，但有時每個詞對應翻譯之後，白話的句子就不通。這時就要做適當調整，把譯文句子理順。如：

及連穀而死，晋侯聞之，而後喜可知也。（《左傳·僖公二十八年》）

譯文：子玉走到連穀，自殺了。晉文公聽到後，喜悦的表情從他臉上就可以看出來。

以其爲大子之室與潘崇，使爲大師。（《左傳·文公元年》）

譯文：把他做太子時住的宮室贈給潘崇，還叫他作太師。

上舉第一例中“而後喜可知也”，譯文做了處理，“而後”并入上句译为“聽到後”，“喜”譯成“喜悦的表情”，“知”譯成“看出來”。如果照字面譯成“然後喜悦可以知道”，就不通了。上舉第二例如按字面譯成“把他做太子的宮室”，也不通；譯時要加上“住”，才符合白話的習慣。再如：

晋侯濟自泮，會於夷儀，伐齊，以報朝歌之役。（《左傳·襄公二十五年》）

譯文：晋侯渡過泮水，和諸侯國君在夷儀會合，討伐齊國，報復朝歌那次戰役。

現代白話中“報復”的賓語只能是報復的對象，所以説“報復朝歌那次戰役”，就不通。所以要改譯爲“因朝歌一仗被齊打敗而進行報復”。《左傳》中，“報”後多跟表原因的内容，如“以報考伯之師也”（《襄公二十五年》）、“以報平陰之役”（《襄公二十三年》）等，都不能照字面的詞序譯。

3. 補足省缺

文言有簡潔的特點，除了多用單音節詞以外，還有大量的成分省略。還常見詞語活用、名詞做狀語等簡潔的表達方式。

對於成分省略，譯時要酌情予以補足，但不需有省即補，因爲白話中也有成分省略的情况。如主語的省略，前後主語一致時，一般就可以不補。前後主語有變换時就可適當添加主語。介詞及介詞賓語的省缺一定得補。謂語的省略，與前句謂語相同時也可不補，否則即補。除了句子成分外，文言複句中一般很少用關聯詞，譯時也要據文義酌補。白話中關聯詞語的作用較大，有時缺了關聯詞，句子就顯得不明確，語氣也突兀。總之，譯文要表達明白，不能有語義模糊不清的地方。如：

及莊公即位，爲之請制。公曰：“制，巖邑也，虢叔死焉。佗邑唯命。”請京，使居之，謂之京城大叔。（《左傳·隱公元年》）

譯文：到了莊公做鄭國國君的時候，（姜氏）替共叔段請求制地做封邑。莊公説：“制邑，是個險要的地方，從前東虢的國君就死在那裹。如果要别的地方，我都唯命是從。”（於是，姜氏又替段）請求京地做封邑，（莊公）就叫（共叔段）住在那裏，（時人）稱他爲“京城太叔”。

若果行此，其鄭國實賴之，豈唯二三臣？（《左傳·襄公三十一年》）

譯文：如果真的這樣做下去，整個鄭國確實就有依靠了，豈止（有利於）我們這些人？

必死是間，余收爾骨焉。（《左傳·僖公三十二年》）

譯文：（你們）一定會死（在）這兩個山頭之間，我以後到那裏收你們的屍骨吧。

晉軍函陵，秦軍氾南。（《左傳·僖公三十年》）

譯文：晉軍駐扎（在）函陵，秦軍駐扎（在）氾南。

不義不暱，厚將崩。（《左傳·隱公元年》）

譯文：（他身爲臣子對君）不義，（作爲弟弟對兄長）不親，（即使）地方占多了，（也）必然崩潰。

謚之曰“靈”，不瞑，曰“成”，乃瞑。（《左傳·文公元年》）

譯文：定謚號爲“靈”，眼不閉。（改定謚號）爲“成”，才閉上眼睛。

天下有道，小德役大德，小賢役大賢；天下無道，小役大，弱役强。（《孟子·離婁上》）

譯文：政治清明的時候，道德不高的人（被）道德高的人役使，不太賢能的人（被）非常賢能的人所役使。政治黑暗的時候，勢力小的（被）勢力大的役使，力量弱的（被）力量强的役使。

以上例中括弧裏的詞語，都是補足的省缺成分。

詞語多功能是文言的特點之一。與白話相比，文言詞語在用法上較靈活，名詞、形容詞可以具有動詞的用法和意義，可以帶賓語；白話中一些不能帶賓詞的動詞，在文言中也可帶賓語；白話中不可做狀語的普通名詞，文言中可以做描述性的狀語；如此等等。這些用法上的差異，翻譯時都要添加適當的詞語，結構上有時也要做些調整，以合於白話的表達習慣。如：

故君爲社稷死，則死之；爲社稷亡，則亡之。（《左傳·襄公二十五年》）

譯文：所以國君爲國而死，那麼就跟他一起死；爲國逃亡，那麼就跟他一起逃亡。（服虔注：謂以公義爲社稷死亡也，如是者，臣亦隨之死亡。）

君民者，豈以陵民，社稷是主。（《左傳・襄公二十五年》）

譯文：作爲百姓的國君，難道是用他的地位來陵駕於百姓之上嗎？是爲主持諸侯國。

王不聽，後三年吴其墟乎。（《史記・越王勾踐世家》）

譯文：大王不聽從的話，三年後吴國要變成廢墟的。

如齊王之不信趙，而小人奉陽君也。（《戰國策・燕二》）

譯文：如果齊王不信任趙國，而把奉陽君看成小人。

有人置繫蹄者而得虎。（《戰國策・趙二》）

譯文：有一個人安放了一個可以夾住獸蹄子的工具，夾住了一隻虎的蹄子。

乃令出裘發粟與飢寒。（《晏子春秋・内諫篇上》）

譯文：於是命令拿出皮衣和糧食給那些挨餓受凍的人。

今不救趙，趙有亡形。魏無楚憂，是楚魏共趙也。（《戰國策・楚一》）

譯文：現在不救趙國，趙國就有滅亡的可能；而魏國没有來自楚國的憂患，實是楚國、魏國在聯合進攻趙國。（鮑彪注：如與魏共攻之。）

齊使以爲奇，竊載與之齊。齊將田忌善而客待之。（《史記・孫子吴起列傳》）

譯文：齊國的使者認爲孫臏是個奇才，偷偷地把孫臏藏在車上一同回到齊國。齊國大將田忌對他很好，用客禮對待他。

項莊拔劍起舞，項伯亦拔劍起舞，常以身翼蔽沛公，莊不得擊。（《史記・項羽本紀》）

譯文：項莊拔出劍來表演劍術，項伯也拔出劍與他對舞，常常用身體掩護沛公。項莊没有機會刺殺沛公。（翼蔽，像鳥張開翅膀一樣蔽護，此意譯爲“掩護”。）

文言活用極靈活，要根據上下文來判斷其用法和意義，今譯時做相應的處理。有時一個詞在不同的句子中用法不同。如：

巴人叛楚，而伐那處，取之。遂門于楚。（《左傳・莊公十八年》）

譯文：巴人背叛了楚國，進攻那處，占領了它。於是就進攻楚國都的城門。（杜預注：攻楚城門。）

一人門於句鼆，一人門於戾丘，皆死。（《左傳·文公十五年》）

譯文：一個在句鼆守衛城門，一個人在戾丘守衛城門，都戰死了。（杜預注：有寇攻門，二子禦之而死。）

沛公欲王關中。（《史記·項羽本紀》）

譯文：沛公想在關中稱王。

縱使江東父老憐而王我，我何面目見之？（《史記·項羽本紀》）

譯文：即使江東父老可憐我而擁立我爲王，我又哪裏有臉面再見他們呢？

另外，還有些修辭格，譯成現代白話時，也要適當增加詞語。如：

且是人也，蠭目而豺聲，忍人也。（《左傳·文公元年》）

譯文：並且這個人，長着一雙蜂似的眼睛，有着豺狼般的聲音，是個兇殘的人。

公入而賦："大隧之中，其樂也融融！"姜出而賦："大隧之外，其樂也洩洩！"（《左傳·隱公元年》）

譯文：莊公和姜氏進入隧道，賦詩道："隧道之中，快樂呀融和。"他們走出隧道，賦詩道："隧道之外，快樂舒暢。"（服虔注：入言公，出言姜，明俱出入，互相見。）

4. 適當削繁

文言以簡潔爲主，但也有少數繁複的表達方式。句法上，也有比白話繁的形式，如文言動賓間有時加"於"，而白話中沒有，不及物動詞後加無義的"之"等。這些情況下，今譯時要加以刪削，不要爲顧及原文，而使得譯文囉唆累贅。只要意思表達清楚了，譯文也儘量簡潔明快。如：

公懼于晋，殺子叢以説焉。（《左傳·僖公二十八年》）

譯文：魯君害怕晋國，殺了公子買來取悦晋國。

秋七月丙申，振旅。愷以入于晋。（同上）

譯文：秋天七月丙申這一天，勝利歸來，高唱凱歌進入晋國。

天油然作雲，沛然下雨，則苗勃然興之矣。（《孟子·梁惠王下》）

譯文：天瞬間布滿烏雲，嘩嘩下起大雨，禾苗就會很快立起來了。

填然鼓之，兵刃既接。棄甲曳兵而走。（同上）

譯文：戰鼓咚咚響起來，一開始交鋒，就丟下盔甲拖着兵器逃跑。

左右默然莫對，管燕漣然流涕。（《戰國策·齊四》）

譯文：左右的人都不説話，管燕難過得流下眼泪。

乃喟然歎曰："莫樂爲人君，惟其言而莫之違。"（《韓非子·難一》）

譯文：就歎息説："没有什麼比做國君更快樂的了。因爲他説的話没有人敢違抗。"

公泫然出涕曰：不亦悲乎？ 寡人有國而田成氏有之。今爲之奈何？（《韓非子·外儲説右上》）

譯文：齊景公流着眼泪説："不也太傷心了嗎？我的諸候國而田成氏要篡奪，現在怎麽辦呢？"

聞枹鼓之聲，惟恐不勝。（《説苑·指武》）

譯文：聽到戰鼓的聲音，只怕不能取勝。

上舉第一、二例譯時删動賓間的"於"。第三、四例的"興之""鼓之"的"之"都無義，也不譯。第五、六、七例動詞前有描述性狀語，用白話也很難譯出，也删除。第八例"枹鼓"，這裏意思上只是"鼓"，即所謂的偏義複詞，譯時删掉了"枹"。這些都是文言比白話繁複的例子。删除後，並没有影響原文的語義。

文言虚詞中有部分在白話中有對應的表達方式，這主要是意義較實的虚詞，如代詞、副詞、介詞、連詞等。這些詞譯時只要譯成對應詞就行了。但還有些文言虚詞譯不出，或者説很難譯出，不容易找到對應的虚詞，這就可采用不同的處理方法。

一是以實譯虚。句末語氣詞有的表示的意思比較實，如"也"，可表判斷、表原因等，那就用相應的實詞，或是意義較實的虚詞來譯。如：

冬，齊師滅譚，譚無禮也。（《左傳·莊公十年》）

譯文：冬天，齊軍滅掉了譚國，是因爲譚國對齊無禮。

另外，有些句中的代詞也可根據情況譯出它的内容，這也是"以實譯虚"。

二是意義極虚的成分略去不譯，如句首語氣詞、詞頭、襯字等。如：

夫戰，勇氣也。(《左傳·莊公十年》)

譯文：打仗，靠的是勇氣。

5. 忌文白夾雜、生造詞語

文言今譯常見的毛病是受原文詞句的影響，有些文言詞没有譯出，或是用文言詞和白話詞或語素拼揍成新的詞語。一篇譯文中若有尚未消化的文言詞，出現生造詞語，就會影響語句的順暢，應注意避免。如：

連稱有從妹，在公宮，無寵。(《左傳·莊公八年》)

譯文：連稱有個從妹，在襄公的宮中，不被寵幸。(現代白話不稱“從妹”，應譯成“堂妹”。)

宋人請之，宋公靳之。(《左傳·莊公十一年》)

譯文：宋國人向魯國請求釋放南宮長萬，南宮長萬回到宋國後，宋閔公用話戲愧他。(戲愧，生造詞。可譯爲“羞辱”。)

違命不孝，棄事不忠。雖知其寒，惡不可取。子其死之。(《左傳·閔公二年》〉

譯文：違背父命就是不孝，抛棄國事就是不忠。雖然知道國君的心裏寒薄，不忠不孝的惡名不可取納，您還是爲此而死吧。(寒薄、取納，都是生造詞。可譯爲：雖然知道國君對你有惡意，但人不能有不孝不忠的惡名。)

薦五味，羞嘉穀，鹽虎形，以獻其功。(《左傳·僖公三十年》)

譯文：進上五味的嘉肴，獻上嘉穀的糕點，鹽的形狀像老虎，用來象徵他的功業。(進上、嘉穀，白話中都不用。可譯爲：進獻美味的菜肴和優質糧食做的飯食，鹽的形狀像老虎，用來象徵他的功業。)

於是初獻六羽，始用六佾也。(《左傳·隱公五年》)

譯文：魯國從第一次獻演六羽樂舞，就開始使用六行舞人。(獻演，生造詞。可譯爲：這是第一次用六羽樂舞，從此開始使用六行舞人。)

只要稍加留心，避免文言詞的雜人，不出現生造詞，還是比較容易做到的。主要是今譯時一定要有這種意識。出現失誤，往往並不是没讀懂原文，也不是現代漢語的修養差，而是譯時很少講究措辭，只顧湊出詞來表達意思。我們在今譯初稿完成後，可以通讀一下譯文，在措辭上加以修飾，使譯文暢達明了。

三、譯文之“雅”所涉及的問題

要使譯文能反映原文的神韻，提高譯文的總體品質，那就要站在更高的位置上，來審視全篇，有時甚至要到文章的外面去汲取營養。“雅”即“傳神”，是對今譯的最高要求。“雅”不像“信”“達”那樣有“硬”的標準，不合“信”“達”的要求我們可以説它是錯誤。“雅”是“軟”的標準，伸縮性大。因而各人處理的方法也有較大差異。這裏提幾個常見的方面：

1. 内部詞語處理的一致性

整篇譯文，或整部書的譯文，前後對相同詞語的譯法要統一。如果處理不一致，從譯文看，就會把原文的一種事物誤解爲多種。如：

君子曰：潁考叔，純孝也。(《左傳·隱公元年》)

譯文：史官評論道：潁考叔是個純粹的孝子。

君子曰：宋宣公可謂知人矣。(《左傳·隱公二年》)

譯文：君子説：宋宣公可以説是了解人了。

君子曰：石碏，純臣也。(《左傳·隱公四年》)

譯文：史官評論這件事説：石碏是一位純直的大臣。

君子曰：鄭莊公於是乎可謂正矣。(《左傳·隱公十年》)

譯文：君子評論説：鄭莊公在這裏可以説合于正道了。

以上四段譯文，“君子”，或譯爲“史官”，或保留原詞。這兩種處理方法分别看都是可以的，但整篇譯文中應統一。“君子曰”“君子謂”是《左傳》作者對史實加以評説的一種方式。後世叙事文多借用這種體例。《史記》有“太史公曰”，《聊齋志異》有“異史氏曰”等，譯時都可照録。

還有一種情況，原文中對於同一事物用了不同的詞，如果這種不同是由於某種原因，如《左傳》中晋文公在外逃亡時稱他爲“公子重耳”，回國主持晋國後，稱“晋侯”“晋文公”等，譯時可以保留這種不一致。如果只是不同的稱法，没有特殊的原因，那就應該在譯時統一起來，否則看譯文就弄不清它們之間的關係。如：

楚屈瑕將盟貳、軫，鄖人軍于蒲騷，將與隨、絞、州、蓼伐楚師。

莫敖患之。（《左傳·桓公十一年》）

譯文：楚大夫屈瑕要和貳、軫兩國會盟，鄖國人把軍隊駐扎在蒲騷，要和隨、絞、州、蓼四國進攻楚國軍隊，莫敖很擔心。

從譯文看不出屈瑕與莫敖有什麽關係，其實是同一個人的兩種稱呼，莫敖是他的官職。所以，譯時最好能一致，可以合稱爲“莫敖屈瑕”，或就簡單地稱“屈瑕”，這樣讀譯文就更明了。

2. 慣用語和某些修辭格的處理

文言中的一些習慣用語，在現代漢語中已不這樣説。譯時比較難辦。如果照字面譯出，不能説是錯誤，但並没有傳達出原文的含義。還有一些文言中特有的修辭方式也是這樣。如：

鄧侯曰：“人將不食吾餘。”對曰：“若不從三臣，抑社稷實不血食，而君焉取餘。”（《左傳·莊公六年》）

譯文一：鄧侯説：“這樣做人家就會不吃我的剩餘。”三個人回答説：“如果不聽我們的話，社稷之神就得不到祭享，國君到哪裏去取得剩餘呢？”

譯文二：鄧侯説：“這樣做的話，别人會唾棄我。”三個臣子回答説：“如果不聽從我們的意見，我們的諸侯國就要滅亡，國君您又哪裏還有什麽體面和地位呢？”

天威不違顔咫尺，小白余敢貪天子之命無下拜？（《左傳·僖公九年》）

譯文一：天子的威嚴不離開顔面咫尺，小白豈敢貪得天子的命令，而不下拜。

譯文二：天子的威嚴無處不在，時刻審視着我們。小白哪敢貪圖天子的命令，不下拜呢？

若以大夫之靈，得保首領以没。（《左傳·隱公二年》）

譯文一：如果依賴大夫們的威靈，寡人得以保全首領而善終。

譯文二：如果托了您們的福，我得以不遭刑戮而善終。

今問諸使者，曰“師未及國”，非寡人之所敢知也。（《左傳·隱公五年》）

譯文一：現在向使者詢問戰況，回答説“軍隊還没有打到國都”。這就是寡人所不敢知道的了。

譯文二：現在向使者詢問戰况，回答説“軍隊還没有打到國都”，那我就不必過問了。

“能行大事乎？”曰：“能！”（《左傳·文公元年》）

譯文一：潘崇説：“能幹大事吧？”商臣説：“能！”

譯文二：“敢發動兵變，奪取君位嗎？”回答説：“敢！”

這幾例，譯文一都是照原文直譯的，我們讀了譯文以後，簡直可以説是不知所云。譯文二，采用了意譯輔助的方法，直接譯出它的含義，這是合理的變通，保留原義，而變换表達方式，這是對古代慣用語進行今譯的有效方法。慣用語是較難處理的一個問題，下面再舉兩個譯得較好的例子：

以萬乘之國伐萬乘之國。簞食壺漿以迎王師，豈有他哉，避水火也。如水益深，如火益熱，亦運而已矣。（《孟子·梁惠王下》）

譯文：以齊國這樣擁有萬輛兵車的大國來攻打燕國這樣擁有萬輛兵車的大國。燕國的百姓却用筐盛着乾飯，用壺裝着酒漿，來歡迎您的軍隊。難道會有别的意思嗎？只不過是想逃開水深火熱的苦日子罷了。如果他們的災難更加深了，那麽是統治者由燕轉爲齊罷了。

嬰所不唯忠於君利社稷者是與，有如上帝！（《左傳·襄公二十五年》）

譯文：嬰如果不親附忠君、利國的人，有天爲證！

慣用語及一些修辭手法，是今譯中最棘手的問題，有些内容甚至是無法準確傳達的。如修辭中的諧音雙關、拈連等，因爲這種修辭已超越了語義的範圍，純粹是形式上的雕琢。這時今譯是無能爲力的。照字面譯了以後，原文的整體藝術效果完全喪失了。這是今譯的“死角”“禁區”。這裏試舉一例：

董叔將娶於范氏。叔向曰：“范氏富，盍已乎？”曰：“欲爲繫援焉。”他日，董祁訴於范獻子曰：“不吾敬也。”獻子執而紡於庭之槐。叔向過之，曰：“子盍爲我請乎？”叔向曰：“求繫，既繫矣；求援，既援矣。欲而得之，又何請焉？（《國語·晋語九》）

全文精采處就在“繫援”二字。董叔想通過裙帶關係求得“繫援”（照顧、提拔），結果是得到了另一種“繫援”（捆起來，吊在樹上）。這樣的內容，今譯是很難“傳神”的。

3. 風格的一致

文言除了總的特點之外，與白話文一樣，各篇又有其不同的風格。從大的方面説，風格主要與體裁及題材有關，散文與韻文、古文與駢文、詩與賦、政論與游記、慶賞與祭吊等等，就存在從内容到形式的一系列差異。今譯時，也要把傳達原文的風格放在重要的位置。

韻文的今譯比散文難，無論是賦還是詩詞，首先明顯的是形式上的特點。當然今譯不可能再保持原來的形式，但措辭及韻律和節奏上可以多考究一些。從白話的角度來看，詞語也有雅、俗的區別；節奏上雖是白話中多複合詞，但同樣可以構成單雙音節的交替或複叠。其次，不同類型的韻文表現方法也有不同。賦是繁複、鋪陳。寫江河，就恨不能用上所有帶水旁的字；寫離情，差不多要把古今所有分别的故事都提到。詩是或言事，或盡情，言簡而意豐。詞則回環往復，曲盡心緒。自然，今譯時對於賦也要極力鋪張，不要遇到大量的同義詞、類義詞、同類事時就用概括的言辭去統攝，這樣會損害其神韻。反之，譯詩就不能有什麽申發，儘量循規蹈矩。譯詞又需細膩一點兒的筆觸。這些都是一般的情況，例如詞也有大開大合的。

形式之外。如再能顧及内容，就趨於完美了。同樣是詩，“國破山河在”與“江城如畫裏”，情調就不一樣。譯時在節奏的緩促、字音的響沉上就有斟酌的必要。散文也一樣，譯文句式的選用，語句的長度等都影響到風格、情趣的表達。

從風格上要求譯文，就不僅是被動的譯述，而含有一定的創作因素。特别是韻文，一般語句上省略成分多，句子結構靈活，語義上跳躍性大，就給翻譯留有較大的創作餘地，不太像散文翻譯那樣要求字字落實，因而可供選擇的範圍也廣。對於譯者創作成分的多少，也要注意把握，如果走得太遠，那就是寫詩了，而不是譯詩。一般要求句與句之間的對應，句中的重點詞要求落實。句式和用詞可以靈活一些，增改的内容儘量少。

∷ 參考文獻 ∷

陳蒲清《文言今譯教程》，岳麓書社 1986 年。
胡懷琛《古文筆法百篇》，湖南人民出版社 1984 年。
吕叔湘《中國文法要略》，商務印書館 1956 年。
吕叔湘《文言虛詞》，上海教育出版社 1959 年。
馬建忠《馬氏文通》，商務印書館 1983 年。
王守謙等《左傳全譯》，貴州人民出版社 1990 年。
楊伯峻《孟子譯注》，中華書局 1960 年。

原載《新文化古代漢語》第二册，廣西人民出版社，1995 年。

文言文寫作

作爲古代書面語的文言，是以秦漢時期的口語爲基礎的。口語在不斷發展變化，而文言的基本面貌没變，它同口語之間的距離越來越大。後代的文言同先秦散文相比，也有些細微差異，口語對它也産生了一點兒影響，不斷有新詞語進入文言。同時，一些先秦有細微差别的詞語，由於後人没有實際語言爲依托，對這些微妙之處没有感性認識，因而逐漸混同了。所以，文言實際上對先秦語言除了取捨外，多少還有些扭曲，又雜入了後代語言的成分。在這麽長的歷史中，還逐漸形成了一些文言特有的表達方式，如用典等。

今天我們學習文言，目的是認識和繼承傳統文化，同時也是爲了培養自身的文化修養，爲了加深對文言的認識。進行文言寫作是十分必要的，讀和寫是兩種方向不同的行爲，寫可以促進讀的深入，“寫然後知困”。一般的文言閲讀，衹是注意到古今漢語在詞語、句式上的對應關係，而忽略了古人在表達上的特點，這樣有時就抓不住文言的“神”，而衹得其形。如《太平廣記》(卷第十八)上有這樣的話:“(楊伯丑)見公卿不爲禮。人無貴賤，皆汝之。”用現代白話説就是“人不論是貴是賤，他都稱人家‘你’”。這樣一來，原來的含義就没有表達出來。古代的“汝”不能簡單地對應於現代的“你”。把文言譯成白話時，當然也衹能譯成“你”，但如果寫作文言的時候，就絶不能把現代的“你”都寫成“汝”，而須區分不同的情况。因爲在文言中，“汝”是極隨便、極不尊重的稱呼。

文言同現代白話的差異是多方面的，不能僅從字句方面着眼，它們是兩套不同的表達體系，衹有進行一些文言寫作方面的實踐，纔能具體全面地體會到文言的神韻，纔能真正懂得文言。

我們提倡在學習古漢語的時候，練習文言寫作，衹是爲了更好地閲讀，不是一般意義上的提倡文言文。

文言文的特點可以簡單地概括爲“簡潔”“典雅”這四個字。

同白話相比，文言簡潔的特點是明顯的。首先，文言詞以單音節爲主。雖然漢語詞彙很早就有豐富的複音詞了，但文言中一直是單音詞多。口語中的複音詞到了文言中就往往省成單音節，即使是後來產生的新事物，也時有做這樣減省的，如“電報”，省作“電”，“發來電報”，就是“來電”。其次，文言中多緊縮句式。如《論語》有“不憤不啓，不悱不發”，意思是“不憤則不啓，不悱則不發”，前後是假設關係;《韓非子》中有“不飛不鳴”，意思是“既不飛又不鳴”，是並列關係；而《左傳》中的“不義不暱”竟有兩種解釋，有人認爲是“既不義又不暱”，並列關係，也有人認爲是“既然不義，則不暱”，推斷因果關係。這樣“不A不B”的句式，可能還能表示其他關係。類似的緊縮句式在文言中是極普遍的。另外文言省略句子成分的情況也很普遍，在一定條件下，各種成分都可省略。

文言的簡潔也造成了語義含糊的問題，但一般説來，在一定的語境中，文言還是語義明確的，衹是它對上下文依賴性很强。一個句子脱離了具體的上下文，語義就會含糊起來。所以文言的省減也不是隨意的，也是以表達明確爲前提的。

典雅是人們避熟忌俗的心理造成的。從語詞本身來説，並無雅與俗的不同，人們對日常生活中常用詞語有鄙俗的感覺，而對書面語、古語詞就覺得雅一些。例如人們感覺“我”俗一些，“吾”雅一些，其實這兩個詞的歷史几乎一樣長；“狗”就俗，“犬”就雅，其實“狗”這個詞早在先秦就有了。文言的典雅同它脱離口語有關。當然也不是説白話文就没有典雅的篇章，白話經過錘煉同樣可以雅，衹是文言在這方面更突出。

現代書面語中，需要簡潔、典雅的時候，往往就輔以文言成分。如寫電報時，越簡越好。“非常想念”就是“甚念”，“已經到了上海”就是“抵滬”。再如我們在征婚啓事中常見“欲尋一位……爲伴”，這樣的句式，既簡又雅。

用文言寫作，忌半文半白。這同白話文忌摻雜生硬的文言成分一樣。文言和白話文是兩個不同的書面語體系，互相摻雜，會有不諧調的感覺。

作爲書面語，我們主要從詞彙和語法結構兩個方面來把握文言。

文言詞彙系統是半封閉的，有一部分固有成分，包括古今通用的基本詞彙，以及同現代詞語相對應的、以先秦漢語爲基礎的常用詞，還有文言虚詞。除了固有成分外，歷代都還有些表現特有事物的詞語，這些詞語隨時補充進詞彙體系，以適應表達的需要。其中虚詞體系幾乎是完全封閉的，也是詞彙中同現代白話差異最大的部分。要用文言寫作，首先就要積累文言詞語，重點是文言虚詞和常用詞。注意詞義的古今差異和古今同義詞語的對應。

文言文的語法結構源於秦漢散文，同現代漢語相比差異比較大。需要注意的有：賓語的位置、判斷句、被動句、介詞結構的位置、感嘆句等等。文言的句子一般比較短，修飾語比較少；現代漢語長句多，修飾語多，有些受印歐語的影響。文言表達時，儘量少用長句子，更忌修飾語過長、過多。

文言體系是相對獨立的，它源於秦漢散文又不同於秦漢散文。秦漢散文一般説來是以現實語言爲依托的，因此有較强的地域性、時代性、個性。而文言是選取了這些散文中超時空的共有成分，而捨棄了那些有個性的東西，相對來説具有更强的共通性。所以我們讀後代的文言，要比讀先秦的散文感到容易。同時，這些共通的成分也是幾千年來漢語中生命力最强的部分。它們中有很多以各種形式保留在現代漢語中。如有的詞意思發生了變化，有的詞成爲語素，有的語句變成凝固結構（如“走馬觀花”等）。

我們對文言體系有了這麼一個總的印象之後，可以發現，文言也是明白曉暢的。我們寫文言時要遵循平易的文風，而不必從字典裏找些生僻的詞語填在裏面，弄得不通順。詞語不一定都是越古越好，句式不是越繁複越好，而是要選擇古人最常用、最通用的部分來表達。雖然是仿古，但上古的詰屈聱牙是要捨棄的。而更多地參考後世的文言作品，一定要打消寫得别人看不懂纔是好文言的想法。簡單地説，文言既要合古，又要融通。它能够千百年没有大的變化，跟它的這種特點也有關係。

下面，我們再從語句、篇章兩個方面，談談文言表達中的具體問題。

一、語句的表達

1. 近義詞的選用

文言詞彙是多年積累的産物，近義詞、同義詞相當豐富。有些，我們可以從語義的細微差别、表達色彩的不同、句法作用的不同來區别它們。在使用時務求準確，一般不可用錯，否則表達的意思就有誤。而有些從共時的角度來看，没有多大的差别，是不同時期産生的同義詞，使用時就要服從文言表達的習慣。爲了表達時能選擇適當的詞語，我們學習文言時，就不能衹停留在對意思的了解上，而要進一步了解每一個詞的色彩、用法等，摸透古人遣詞造句的習慣，詳察其微妙之處，力求精確、傳神，而不能衹顧詞義上的對應。

古漢語詞有表達具體的特點，這主要表現在部分名詞、動詞上，尤以動詞爲突出。如：洗頭要用"沐"，洗身上用"浴"，洗手用"盥"，洗脚衹用"洗"。王充《論衡·譏日》："盥去手垢，浴去身垢。"而洗其他的東西，可用動賓結構，動詞可用"洗""濯""浣"等。"沐"後也有帶賓語的，但習慣和白話不同，白話説"洗頭"，文言用"沐髮"。這些近義詞都在語義上有點兒差别，一般不能替换使用。文言表達中這樣的近義詞不少。如：見、視、觀、睹、眺、望；聞、聽；攀、援（緣）、登；寢、卧；獲、得；呈、獻；言、語；等等。

同義詞在用法上的差異容易被忽略。詞能够做什麽成分、能够和哪些詞搭配，都有一定的習慣。屬於詞類用法上的好辨，難的是大類之中還可按用法分出小類，而且就是同一小類中的詞用法上也可能有異。如"何如""如何"，用现代白話説都有"怎麽樣"的意思，用来詢問動作的方式、事物的性狀，以及徵求他人意見。但使用時有差異。做狀語時，一般用"如何"，如"怎麽樣纔能渡過河呢？"（如何則可渡？）"怎麽樣做这件事呢？"（如何而爲之？）而做定語時，就要用"何如"，如"他是怎樣的人呢？"（彼何如人也？）《史記》中有這樣的句子：“我，何如主也？”意思是“（你認爲）我是什麼樣的君王呢？”如果用作謂語，兩詞都可用，一般語義没有差别，“我想去爬山，怎麼樣？”（吾欲登山，如何？）（吾欲登山，何如？）文言中，做謂語時，用“何如”的多些。

後世的文言作品，基本上是仿古性質，没有多少從實際語言中来的感性知識。古人寫文言是在大量閲讀古代作品的基礎上，完全靠感覺来模仿。這樣就不可能在詞的用法上完全遵從秦漢語言的習慣。在近義詞的把握方面也出现了一些偏差。對比较明顯的差異感受較深，大致還能符合先秦語法，如“吾”“我”在用法上的區别等。而對大部分有細微差别的近義詞则忽略了，如“弗”與“不”、“毋”與“勿”等。在他们的文章中，常可見不符合先秦語法的情况。我们寫文言時，力争能符合秦漢語言的習慣，多注意體會近義詞用法上的不同。

近義詞的選擇還有一種習慣倾向。有些後世口語中常用的詞，如船、頭、病、狗、樹等，實則它們産生得也較早，先秦時期都存在了。應該説這些詞同樣屬於古漢語詞。但是上古有同這些詞語義相應的更古的詞，如舟、首、疾、犬、木等。（其中“疾”“病”二詞上古語義有差别。戰國末期以後成爲同義詞）人們在寫文言時，一般選用“舟”“首”等這些更古老的詞語。也就是説，選擇同義詞時，有避熟的倾向。而秦漢散文中反而是“舟”“船”“頭”“首”等都用得很多，没有偏向。這就是仿古心理的结果。这種習慣倾向我們也要遵從。需要注意的是，“舟”“首”這樣的詞，雖是歷史悠久，但後世一直沿用。在白話中，它们也大多以語素的形式存在，人們對它们並不感到太陌生。選用这些詞，並不違背文言平易的文風。

同樣，選擇同義詞時，還要照顧到行文的通暢明了，而忌用比较生僻的詞語。古漢語有些詞語，出現在某些典籍中，使用得不普遍；或是在古漢語某一時期用得較多，而後世文言中很少使用。這些詞不宜選用。它們或是古代的方言詞，或是某一特定時期的詞語，没有獲得通用的性質。如《荀子》中有“绝江河”的説法，我們表達這樣的意思就不如乾脆説“渡江河”。表示同意、答應的應答之詞，上古有“唯”，中古以後又有“爾”，但都不如“諾”用得普遍。雖然這三個詞在不同的時期有不同的色彩差異（上古“唯”尊，“諾”卑；中古“諾”尊，“爾”卑），我們现在可以不必遵從這些區别，因爲這些差異都是有特定的歷史時期作爲條件的。因而，我们可以一律用“諾”，而不要用“唯”“爾”。又如《論語》中有“廋”，是隐藏的意思。我们也寧可用“隱”“藏”，而不要用“廋”。

選择同義詞，既要“避熟”，又要“忌僻”，實則二者並不矛盾，它们都服從“通用”這一總的原則。

近義詞、同義詞的選擇主要就包括以上兩方面内容：一是語義、用法、色彩等有差異的近義詞的選择，使表達更準確；一是用法基本相同的同義詞的選擇，避熟忌僻，使表達曉暢通達、典雅，語體風格上保持一致。

2. 詞語的活用

文言中實詞的用法比白話靈活，除了名詞、動詞、形容詞的功能常有交叉，有使動用法、意動用法等之外，文言實詞還有許多複雜的活用。这是使表達簡潔的一個重要手段。我們平日可注意積累文言的表達方式，在寫作文言時恰當運用。下面舉例性地談幾點。

文言表達中，使動用法和用“使”的兼語形式是共存的，有時衹能用“使”的形式，有時是兩種形式都可用，這中間有個大致的规律。從語義上看，如果是表達命令、派遣一類的意思一般用“使”，采用兼語句式。如，“讓他打開門”（使之啓户）。而要表達通過動作使一事物發生變化，則可以使用使動形式。如，“把他的書藏起来讓他發火”（藏其書而怒之）；“囤積货物，使價格升高”（囤積而高其價）；“救活他”（生之）；“打死它”（死之）；“把它吃完”（盡之）。一般否定句不能用使動形式，而衹能采用兼語表達。如“讓他不要去”（使之勿往），“使老百姓不再爲貧窮發愁”（使民不復憂贫）。從句法結構上說，使用使動形式也有些限制條件。使動形式的謂語一般是不及物動詞、形容詞，也有些是名詞，及物動詞较少。如，“摇動果樹使樹上的果實掉下来”（震木而落其實）；“吹哨子使同學們集合到一起”（鸣笛而聚諸生）；“把聲音放低一點兒”（低其聲）；“把枕頭墊高一點兒睡覺”（高枕而卧）。使動形式的謂語一般都比較單純，很少有複雜的狀語、補語等，並且不能同時有兩個并列的謂語。如，“把房子蓋得高些”（高其居）。但“把房子蓋得又高又大”，就衹能說“使其居既高且廣”，而一般不說“高且廣其居”。

使動用法的使用有一定的條件，用使動形式可以使語句更精練，顯示文言的特色。因而，凡符合條件的，要儘量使用使動形式，不要因其限制太多便乾脆放棄。大致説來，兼語形式和使動形式適用的範圍各不相同，衹是使動形式的範圍略窄一些而已。

從語義關係看，使動結構中賓語和謂語是主謂關係。還有些白話中是謂語前用介詞結構做狀語的形式，文言可用動賓形式。如，"爲他開門"（啓之）；"對他發怒"（怒之）（與"使他發怒"的形式一樣）；"爲這件事發愁"（憂之）；"從車上掉下來"（墜車）；等等。

而白話中的動賓結構，文言中有的可以衹用名詞賓語表達。如，"發電報"（電）；"燕子在樓上築巢"（燕巢於樓）；等等。有些動詞可以用進行這個動作的工具表示。"用鞭子打他"（鞭之）；"看他"（目之）；等等。還有處所、方向也可表動作，如"懷裏揣着書"（懷書）；"過了十字路向西走"（過十字路而西）；等等。

當然，不是所有的動作的受事、工具、處所、方向等都可代動詞。而能代動詞的也不僅限於受事、工具、處所、方向。我們運用時可以抱定一個總原則。若動詞與其相關的名詞之間可選擇的範圍很小，在一定的語境下，可以形成一一對應的關係，那就可用這個名詞來代這個動作。因爲在這樣的條件限制下，不會有語義模糊或歧義的情況。表方向的詞一般可以自由地表動作，它衹可能有向這個方向運動的意思，不會有别的含義。

3. 單音與複音

漢語詞的複音化傾向由來已久，先秦時期漢語的複音詞已初具規模了，雖然還並不發達，但數量上、構詞方式上都很可觀了。到中古以後，更是有了進一步的發展。不過文言好像是對複音化的發展視而不見，自始至終單音詞占絶對主導地位。白話中用一個詞組表達，而文言用單音節詞的，也常見。

如果一個事物有單音與複音兩種表達方式，文言一般要選用單音節形式，在白話中是雙音節，而在文言中是單音節的極多。可分爲兩類，一是完全不同，如眼睛（目），太陽（日），鬍子（鬚），野鷄（雉），便宜（廉），下棋（弈），小牛（犢），砍柴（樵），打水（汲），洗頭（沐）。二是文言詞包含在白話的表達方式中，如螃蟹（蟹），翅膀（翅），月亮（月），嘴唇（唇），皮膚（膚），眉毛（眉），螺螄（螺），螞蟻（蟻），蚯蚓（蚓），鯉魚（鯉），桌子（桌），椅子（椅），鼻子（鼻），叔叔（叔），姑姑（姑），星星（星）。

文言中的複音詞不多，絶大部分是雙音節。構詞方式基本上和白話相同。文言中有一些類似詞綴性質的虚詞，如單音節的時間詞後，常有助詞，並且有習慣上的選擇。一會見（頃之），突然（俄而），現在（今者），過去（昔者、曩者），这些形容詞、副詞後常用“然”，有些動詞、名詞後也用，也偶有用“爾（而）”的。這樣的狀語或謂語有很强的描述性質。如：有亭翼然、愴然而泣、怡然自樂、倏爾而逝、飄然而至等。上古名詞前綴“有”，後世文言一般衹在提到上古朝代名及一些極少的習慣用法時用，如有商、有夏、有司；也有用在後代的朝代名前的，如有唐、有宋，有清一代，能産性較差。文言中詞綴不多。現代白話中比較純粹的後綴“子”“兒”“頭”，雖然在中古前後都産生了，但文言中一般不用。

在抒情狀景時，可用叠音詞以盡其意。叠音詞也有很强的描述性。文言里這種叠音的方式也没有多少能産性，一般不能隨意生造，基本是沿用文言中已有的。如：“以其昏昏，使人昭昭。”（《孟子·盡心下》）“風蕭蕭兮易水寒。”（《戰國策·燕策》）再如，悠悠、依依、霏霏等。聯綿詞的作用也類似於叠音詞，在文言中出現的頻率不高，能産性也很弱。好在文言聯綿詞很多在白話中也用，所以掌握起來並不太難。如，猶豫、參差、逍遥、陸離、玲瓏、斯須、須臾、浩蕩、顛沛、滂沱等。

文言中的複合詞多是一些歷史較久的，或是表達後世産生的新事物的新詞語，一般都是唯一的表達方式，即没有對應的單音節形式。像“國家”這個詞，戰國末就産生了，可文言中還是多用同義的單音詞“國”。文言複合詞的結構以聯合、偏正的居多，也有少數動賓結構的，主謂和動補結構的就極少了。結構類型發展不平衡，這是上古漢語的遺迹。如，天下、權貴、用事、奔走、法度、規矩、君子、公子、文章等，都是聯合式或偏正式。

4. 表敬形式

寫作文言時，若涉及其他人，一般要用尊稱，不能簡單地用人稱代詞。現代白話中常用“你”“他”等第二、三人稱代詞，而文言中用得較少，“爾”“汝”“彼”等都有輕視的含義，是很不尊敬的。《北史·陳奇傳》：“（游雅）嘗衆辱奇，或爾汝之，或指爲小人。”平輩之間，用“爾”“汝”稱人，等於是羞辱他。所以，衹有長輩對晚輩，或是上級對下級，偶可用，那也是極隨便、不禮貌的。有時非常親密的朋友之間，不拘小節，也可用，所以古人有所謂的“爾汝交”。

古人表尊稱可稱字、號，這在古代是很普遍的。一般説來，稱號比稱字更尊敬。有一種説法認爲稱字是尊之以父輩，而稱號是尊之以祖父輩。現代有些人還有字、號，如王力先生，字了一。

但是現在大多數人没有字、號，那就得用其他方法。最常見的是采用表敬的名詞，如兄、君、先生、閣下、足下、夫人、女士、小姐等。涉及對方的親屬，也常用名詞表敬，如令尊、令堂、令郎、令嫒、尊夫人、令親、令兄、令妹等。對第三個人，也可用名詞性的表敬形式，如李君、王先生、吴女士、鄧小姐等。

此外，稱對方的事物、行爲等，也可用表敬形式，如大札、大作、高見、貴體、貴恙、貴國、光臨、賜教等。也並不是所有的名詞、動詞都有表敬形式，没有的也不必硬造。

相對來説，自我的謙卑，也就是對對方的尊敬。所以，一般是表謙形式同表尊形式同時運用。

文言有第一人稱代詞“吾”“我”“余”等，但這些詞常用於一般叙述，對别人使用第一人稱時，就須用名詞性的謙稱。如僕、愚、在下、晚生等。古代最常見的謙稱形式是稱自己的名，但現代一般没有字、號和名相對，所以也就顯不出稱名表謙的意思了。

同表敬相對，稱自己的親屬、事物、行爲時，也都可用表謙形式。如家父、家母、家慈、家嚴、舍妹、舍侄、家兄、犬子、内人、寒舍、茅舍、伏惟、竊以爲、愚見、管見、拙文等。

表敬與表謙主要用於直接面對對方，如書信中等，在一般性的叙述文中用的不多，使用時要注意適度，不可過分追求。有少部分詞，表敬的程度上有差異，如生日、生辰、誕辰，去世、逝世、仙逝，等等。要注意使用得體，不可盲目使用最高程度的詞。

5. 現代事物的表達

我們練習文言寫作，當然主要是寫我們所熟悉的現代生活，因此常常會遇到古代所没有的現代事物，文言詞彙中没有對應詞語。這時我們通常采用兩種方法：一是使用簡縮的形式，如電話、電報都可省爲“電”，電報有時也省稱“報”；自行車、汽車、大車都可省爲“車”；飛機可以省成“機”。實則現代也常使用一些文言的表達形式，如來電、發報、乘車、騎車、登機等。

第二種辦法就是直接使用現代的表達形式，這也是很有必要的。簡略的説法使用時有很多限制，不可濫用。在上下文中，要使表達的語義明確。因此，更多的是用現代詞表達。如出租車、計算機、自由市場、電視、録像、通信衛星等。

6. 虚詞的選用

用好虚詞，是寫好文言的關鍵。整個文言的虚詞體系跟白話的完全不同，文言虚詞數量不多，有些類甚至可以全數列舉出來，但用法相當靈活。有很大一部分文言虚詞，白話中没有與之相對應的詞，屬文言所獨有。並且文言中虚詞出現的頻率極高。

文言中句首可用語氣詞，這是與白話不同的。句首語氣詞通常在篇章結構上起很大作用。發表議論的時候，可先用一“夫（fú）”字引起下文。如：“夫以子之不遇時，苟慕義强仁者，皆愛惜焉，矧燕趙之士，出乎其性者哉！”（韓愈《送董邵南序》）有一引發議論的發語詞，行文就覺不突兀，有頓挫。“今”“今也”，本是時間詞，後虚化，表議論的由遠及近，先叙他事，而以“今”“今也”轉入本題。“今”字以前的内容衹是起個鋪墊的作用，“今”以後的内容纔是議論的中心。前後的内容有順承的，也有轉接的。如“臣等身被堅執鋭，多者百餘戰，少者數十合，攻城略地，大小各有差。今蕭何未嘗有汗馬之勞，徒持文墨議論，不戰，顧反居臣等上，何也？”（《史記·蕭相國世家》）前述野戰，後述蕭何不戰，前後轉接。“夫道一而已矣。……今滕，絶長補短。將五十里，猶可以爲善國。”（《孟子·滕文公上》）先述治國道理是同樣的，後述滕國，順接。“蓋”，用於總結性或推論性的話語前，“蓋”本有大概的意思，用它引出作者的論斷，便顯得比較舒緩，而没有武斷的感覺。如“朕聞：蓋天下萬物之萌生，靡不有死。”（《史記·孝文本紀》），“蓋上世嘗有不葬其親者，其親死，則舉而委之溝壑。……”（《孟子·滕文公上》）

對文章的篇章結構起作用的還有連詞。如在引起他事的時候，可以用“若夫”“至若”等詞發端，表明下文内容是另説一事。這樣可以使全文意雖斷而神相連，既達到了想説他事的目的，又不使文章有割裂之感。如：

然則北通巫峽，南極瀟湘，遷客騷人，多會於此。覽物之情得無異乎！若夫霪雨霏霏，連月不開，陰風怒號，濁浪排空。日月隱耀，山岳潛形，商旅不行，檣傾楫摧，薄暮冥冥，虎嘯猿啼。登斯樓也，則有去國懷鄉，憂讒畏譏，滿目蕭然，感極而悲者矣。至若春和景明，波瀾不驚。上下天光，一碧萬頃。沙鷗翔集，錦鱗游泳。岸芷汀蘭，鬱鬱青青。而或長烟一空，皓月千里，浮光耀金，静影沉璧。漁歌互答，此樂何極。登斯樓也，則有心曠神怡，寵辱皆忘。把酒臨風，其喜洋洋者矣。（范仲淹《岳陽樓記》）

前一“若夫”，從總述覽物之情，切入具體的由景生情，是爲一轉。後一“至若”，由愁景憂思，進入麗景暢懷，是爲轉中之轉。我們可從中體會這兩個連詞對全文結構的作用。學會在議論狀景之時，怎樣發端，怎樣轉説。

“且”在句首一表進層，並且的意思；一表另起一義，况且的意思。另外，“且夫”“今夫”也常見，作用和單用“今”“且”略同，語氣上更强一些，引起的多是總括性的議論，與單用“今”“且”多議論眼前具體事實略有區别，如“今夫天下布衣窮居之士，身在貧羸……”（《漢書·鄒陽傳》），“且夫水之積也不厚，則其負大舟也無力。”（《莊子·逍遥游》）

句末語氣詞，在文言中使用得很普遍，可能有近一半的句子都有句末語氣詞。同白話文不一樣，句末語氣詞可分爲表肯定與表疑問（附表感嘆）兩大類。

表肯定語氣的句末語氣詞，並不是説衹用於肯定句中，而是説它表示一種“一定這樣”的語氣。肯定句、否定句，甚至是疑問句中都可用。這主要包括“也”“矣”這兩個詞，古人説：“也之與矣，相去千里。”它們都表肯定語氣，但神采迥異。

“也”表描述性、解釋性語氣，較舒緩。如，“小王是安徽人”（王君，安徽人也），“人在這個世界上，一輩子匆匆忙忙，像是從縫隙中看見馬跑過一樣，衹是一閃”（夫人居世間，猶騏驥之過決隙也）。否定句而結以“也”字的，文言中比肯定句還多，因爲一般否定句更需要加强確定的語氣。如“由是觀之，無惻隱之心，非人也；無羞惡之心，非人也；無辭讓之心，非人也；無是非之心，非人也。”(《孟子·公孫丑上》)

唐代歐陽修的《醉翁亭記》，以全篇幾乎句句用“也”而被稱頌。清代文章評點家林西仲評道：“計自首至尾，共用二十個‘也’字，句句是記山水，却句句是記亭，句句是記太守，讀之惟見當年雍熙氣象，故稱絶構。”下面節引一段：

> 峰回路轉，有亭翼然臨於泉上者，醉翁亭也。作亭者誰？山之僧智仙也。名之者誰？太守自謂也。太守與客來飲於此，飲少輒醉，而年又最高，故自號曰“醉翁”也。醉翁之意不在酒，在乎山水之間也。山水之樂，得之心而寓之酒也。

“也”字語氣緩，適合於鋪排，悠閑、雍熙的神韻，正是由“也”字傳達出來的。杜牧的《阿房宫賦》中，“明星熒熒，開妝鏡也。緑雲擾擾，梳曉妝也。渭流漲膩，棄脂水也。烟斜霧横，焚椒蘭也。雷霆乍驚，宫車過也。轆轆遠聽，杳不知其所之也。”一句一“也”字，宫中奢華景象表現得淋漓盡致。

我們欣賞這些名篇中虚詞“也”所傳達出的神采，可以更深地體會它的用法。因爲虚詞没有什麽實義，所以要多從所表達的語氣來决定怎樣使用它，僅僅從句法結構上考慮是遠遠不够的。

“矣”，表示叙述語氣，動感强，常有新情况出現的含義，語氣比較急促，宜於叙述事物發展的過程。同白話中的句末語氣詞‘了”的一些用法相當。如，“鷄叫了，天亮了”(鷄鳴矣，天曉矣)。

《詩經·大雅·生民》：“誕置之寒冰，鳥覆翼之。鳥乃去矣，后稷呱矣。實覃實訏，厥聲載路。”這是叙述周代始祖后稷出生後遭遺棄，而受到牛羊群鳥的庇護。后稷爲什麽會遭遺棄，後人疑莫能明。齊佩瑢《訓詁學概論》根據虚詞“矣”，提出了自己的看法。“后稷呱矣”，后稷呱呱地哭泣了。“矣”表新情况的出現，那麽后稷哭是在群鳥去後纔有的，那他可能是剛出生的時候不會哭泣，父母以爲不祥而遺棄他。這是個很有意思的推斷，且言之成理。據一虚詞而解千古之疑案，確是善讀書者。

“也”與“矣”一静一動，使用時要注意其區别。《左傳·成公十六年》：“‘皆聚于中軍矣。’曰：‘合謀也。’‘張幕矣。’曰：‘虔卜於先君也。’‘徹幕矣。’曰：‘將發命也。’‘甚囂且塵上矣。’曰：‘將塞井夷竈而爲行也。’‘皆乘矣，左右執兵而下矣。’曰：‘聽誓也。’”這是兩個人的對答之辭，一人敘述所見之變化，句末皆用“矣”字；一人給他解釋行動的内容，則句末皆用“也”字。兩兩相對，區別是明顯的。

“耳”“而已”用在句末，表前面所述内容是唯一的。如：“萬事俱備，衹欠東風”（諸事皆備，所缺者唯東風耳）；“别的没有什麽，衹是有些餓”（無他，唯飢耳）。有時可表輕蔑語氣。“他衹不過是個小科長，怎麽能這樣横行霸道”（彼，科長耳，何能横行若此）；“他的兒子不過是個作家，没什麽了不起”（其子，僅作家耳，有何哉）。《史記·淮陰侯列傳》中“若雖長大，好帶刀劍，中情怯耳”，就是這種用法。

唐代柳宗元在《復杜温夫書》中論文言虚詞時説：“所謂乎與也哉者，疑詞也；矣耳焉也者，决辭也。”文言表疑問的句末語氣詞主要有乎、與（歟）、哉、耶（邪、也）等，用法不同。

一般疑問句，句末以用語氣詞爲常，常用“與”“乎”，二者語氣基本一致。如，“你知道他的名字嗎”（君知其姓名乎），“那個地方出産花生嗎”（其地産花生歟）。《論語》中有“管仲知禮乎？”“是孔丘之徒與？”都是這樣的用法。

選擇疑問句，句末常用“乎”“歟”“邪”等。從語氣上看，跟一般疑問句相似。如：“我們是在宿舍看書呢，還是去公園玩兒呢”（吾其讀於室邪，抑之公園而游邪）。《莊子·盜跖》：“知不足邪？意知而不能行邪？”《莊子·齊物論》：“不知周之夢爲蝴蝶與？蝴蝶之夢爲周與？”《孟子·滕文公上》：“滕，小國也，間於齊楚，事齊乎？事楚乎？”這三個語氣詞中，“乎”的語氣略强些。

特殊疑問句，即句中有疑問詞的句子，一般句末不用語氣詞。如，“什麽時候去”（何時而往）。如果用了表一般疑問語氣的“乎”“邪”“歟”等，疑問的語氣就舒緩一些。如《莊子·秋水》：“然則何貴於道邪？”像下面這樣的句子：“君之所讀何書也？”（你讀的是什麽書？），“先生處勝之門下，幾年於此矣？”（《史記·平原君列傳》）句末“也”“矣”仍然是分别表判斷與陳述，疑問的語氣來自句中的“何”“幾”等疑問詞。

正反疑問句，句末也以不用語氣詞爲常，而衹用否定詞“否”“無”“未”等結句。如，“世界上有没有冬天打雷的”（世間有冬雷者否）；“現在桃花開了没有”（今者桃樹已花未）。

反問句中，通常要有句末語氣詞。常用的是“乎”和“哉”。語氣緩者用“乎”，促者用“哉”。反問句一般句中有表反問的副詞“豈”“獨”“曾”“寧”等，或是有表反問的否定詞語“不亦”“能無”“不似”等，或是有疑問代詞“安”“何”“孰”等。如，“正確的意見能不聽從嗎”（議而是，能無從乎）；“我們難道可以衹看到錢財而忘掉道德嗎”（吾豈可見利而忘義乎）；“大雁怎麼能同麻雀一樣呢”（鴻鵠豈可與燕雀等哉）。《論語·學而》：“學而時習之，不亦説乎？”《列子·湯問》：“孰爲汝多知乎？”《孟子·滕文公上》：“巨屨小屨同賈，人豈爲之哉？”句中有疑問代詞時，有時可不用句末語氣詞，《戰國策·魏策三》：“何求而不得？何爲而不成？”

感嘆句有與疑問句相通的地方，一般用句末語氣詞“哉”“夫”等，二者略有語氣輕重的差别。感嘆句大致有兩種，一種是句中有表感嘆的成分，如“何”“一何”等，用在動詞、形容詞的前面。因其本身有表感嘆的詞，句末也可不用感嘆語氣詞，而可用表確定的語氣詞。如《漢書·東方朔傳》：“受賜不待詔，何無禮也！拔劍割肉，壹何壯也！割之不多，又何廉也！歸遺細君，又何仁也！”而更多的感嘆句是句中没有其他表感嘆的詞語，那句末的感嘆語氣詞是必需的。這種句子還常把感嘆的成分提前，如《顔氏家訓·教子》：“異哉，此人之教子也！”《禮記·檀弓》：“仁夫，公子重耳！”《論語·八佾》：“管子之器小哉！”王羲之《蘭亭集序》：“後之視今，亦猶今之視昔，悲夫！”句式變换後，有時感嘆句也可不用感嘆語氣詞。如《史記·張儀列傳》：“王甚憎張儀，雖然，亦厚矣，王之托儀於秦也！”《列子》：“甚矣，汝之不惠！”此兩例之“矣”，乃是表叙述，並不是表感嘆的語氣詞。因其句式的變化，所以也可明顯看出是感嘆句。

句末語氣詞，是傳情達意的要點。改變一個句末語氣詞，全句所表達的意思可能就會完全改觀。故用時要十分謹慎，得仔細揣摩。不同的語氣詞所傳遞的聲氣有異，而有時會出現需要表達多重語氣，這時可以複叠兩個，甚至是三個不同的語氣詞，以求表達的完善，充分體現語氣詞的效果。如《左傳》有“尚矣哉！能歆神人，宜其光輔五君以爲盟主也！”是叙述語氣與感嘆語氣的叠加。《論語·子張》：“就有道而正焉，可謂好學也已。”是陳述性判斷與叙述語氣的複叠。《莊子·人間世》：“此何木也哉？”是判斷語氣和疑問語氣的複叠。

文言的句中語氣詞不多。句中如果有較長的停頓，或要表突出，可以用“者”“也”等詞。一般來説這些詞是可有可無的，衹不過用了以後，減少一些突兀的感覺，使語句的節奏感更强。句中語氣詞可以用在前一分句後、主語後、時間狀語後等。

相對來説，表關係的虛詞要容易掌握一些。白話基本上有與之相對應的詞語，並且有好些在現代書面語中還在用，如則、若、而、然等。

文言的嘆詞與白話差異也較大，也没有白話裏那麽發達。像白話裏的“哎呀”“哦”“哎喲”等，一概不能用在文言中。文言中的嘆詞衹有先秦兩漢時期發展起來的幾個，如：嗚呼（於戲等）、嗟乎、嘻、嗟、咄、噫等。其中“嗚呼”最常見，並且還有好幾種異體，一般表悲哀、慨嘆等情緒。《左傳·哀公十六年》：“嗚呼！哀哉，尼父！”表慨嘆還可用“嗟乎”，《史記·陳涉世家》：“嗟乎！燕雀安知鴻鵠之志哉！”表示不滿可用“噫嘻”，《史記·魯仲連傳》：“噫嘻！亦太甚矣，先生之言也！”表示斥責，可用“咄”，《史記·滑稽列傳》：“咄！老女子！何不疾行！陛下已壯矣，寧尚須汝乳而活邪？尚何還顧？”表驚訝語氣，可用“嘻”，《左傳·定公八年》：“從者曰：‘嘻！速駕！’”嘆詞衹是模擬情緒激烈時不由發出的聲音，所以什麽情緒用什麽嘆詞並不是很固定的，衹是有個大概分界，有時會隨着語氣的程度而變化。情緒很强時，可以叠用幾個嘆詞，如李白《蜀道難》：“噫吁嚱！危乎高哉！蜀道之難難於上青天。”隨着語音的變化，現在一般人也無法通過嘆詞的發音來體會其所表達的情緒，我們使用時，也衹能是遵從古人的通常習慣。如“嗚呼”，上古還有表贊美語氣的，但後世文言不用，而常用“嘖嘖”表贊嘆。

7. 句法結構

現在一般的説法是古今漢語在句法上差異不大，這是從古漢語的角度出發而産生的一種錯覺。確實，把文言翻譯成白話的時候，句法結構上的變化不多。但是，如果我們把立足點放在現代白話，情况就大不一樣了。用現代人的思維方式來寫文言，就會發現白話中大量的表達形式在文言中没有。這其實不難理解，仿古的文言在句法上同秦漢散文相比，變化很少。句法是抽象的，不像詞彙，有了新事物，必得增減；結果是口語的句法日新月異，同書面語越來越遠。句法的發展是革除的少，而新增的多。一般的感覺是易注意到舊成分的變化，而忽略新成分的進入。這就是我們産生錯覺的原因。

現代人練習寫文言，實則是把腦中的白話轉譯成文言句式。除了一般句子主語在前、謂語在後這樣的大勢古今基本没變外；其他，諸如賓語的處理、狀語的表達、補語的内容和形式等，古今都很不相同。稍微具體一點兒説，像白話中的把字句、動詞的態、陳述性狀語、絶大部分補語、複雜定語等，用文言表達的時候，都得改變句式。總的看，白話的句子比文言要複雜得多，各種修飾成分錯綜複雜。有些複雜定語，我們可以勉强按原句式寫成文言，而實際上在古人的文章中絶見不到這樣的句子。

判斷句是古今都有的句式，但表達方式不同。一般把文言判斷句總結爲“……（者）……也”式，這有一定的片面性。

表達判斷句的時候，要根據不同的語氣選擇不同的形式。一般有陳述性的、叙述性的、疑問性的三種情況。上文已述，句末語氣詞“也”，主要表陳述性語氣，屬静態，而一般的判斷句正是静止的陳述。所以，多用句末語氣詞“也”表示。如“陳勝者，陽城人也，字涉。吴廣者，陽夏人也，字叔。”（《史記·陳涉世家》）用“也”語氣較緩。如所要表達的語氣稍促，可以省掉“也”。如“慎到，趙人。田駢、接子，齊人。環淵，楚人。”（《史記·孟子荀卿列傳》）

表叙述性語氣的判斷句，有兩種情況。如果表示變化後的結果，用句末語氣詞“矣”。上文已述，“矣”表動態的叙述，表新情況的出現。如：“上目送之，召戚夫人指四人者曰：‘我欲易之，彼四人輔之，羽翼已成，難動矣。吕后真而主矣。’”（《史記·留侯世家》）此述吕后與戚夫人争權，争立己子爲太子。至此時大局已定，“吕后真而主矣”，一“矣”字道出了結局，“吕后已真正是你們的主人了”。“嗟呼！此真將軍矣。”（《史記·絳侯世家》）這是漢孝文帝贊嘆周亞夫的話，先去的兩個軍營如同兒戲，至亞夫營則壁壘森嚴，“此真將軍矣”，表明新情況的出現，前面的兩個將軍都不是真將軍。這樣的語氣，我們常會碰到，如：

“小張已經是教師了”（張君已教師矣），“已經是星期三了”（已星期三矣）。另一種是一般敘述句，用動詞“爲”“是”表達。如，“桀溺曰：‘子爲誰？’曰：‘爲仲由。’”（《論語·微子》）“鈞是人也，或爲大人，或爲小人，何也？”（《孟子·告子上》）

我們試比較一下：

孟嘗君怪之。曰：“此誰也？”（《戰國策·齊策》）

“子爲誰？”（《論語·微子》）

一語氣緩而閑雅，一語氣促而隨便，表達的意思相同而語氣有差異，我們要仔細玩味，以選擇適當的形式。

“是”表判斷，先秦已出現，但由於後世成爲口語中表達判斷的主要形式，所以在文言中反而用得不多，這也與文言的“避熟”傾向有關。

疑問語氣的判斷句，一般句末用“也”“與”“邪”，也有句末不用語氣詞的。如：“此是何種也？”（《韓非子·外儲説左上》），“管仲非仁者與？”（《論語·憲問》），“虎兕出於柙，龜玉毀於櫝中，是誰之過與？”（《論語·季氏》），“問桓公曰：‘敢問公之所讀者何言邪？’公曰：‘聖人之言也。’”（《莊子·天道》），“吾聞之周生曰：舜目蓋重瞳子，又聞項羽亦重瞳子，羽豈其苗裔邪？”（《史記·項羽本紀》）

爲了加强判斷的語氣，謂語前還可加副詞“乃”“即”，相當於白話的“就”；或加“必”“亦”，相當於白話的“一定”。如：“乃歌夫長鋏歸來者也。”（《戰國策·齊策》），“此亦妄人也已矣。”（《孟子·離婁下》）否定形式一般是謂語前加“非”，如：“江河之水，非一源之水也；千鎰之裘，非一狐之白也。”（《墨子·親士》）

句子成分的省缺也是文言簡潔的一個原因，不管是白話還是文言都可以省略句子的某些成分，但很多在白話中是必不可少的成分在文言中可以沒有。文言省略的條件常見的是承前和蒙後，這是容易理解的。在一段文字裏，如果意義明確的話，一般衹在開頭的時候表明動作者，而以後很少再出現主語，衹出現動詞謂語。如《鄭伯克段于鄢》（《左傳·隱公元年》）開頭的一段，述鄭武公與武姜事，絕大部分句子沒有主語。幾個人物之間的關係交待以後，各個動作的施事者都是明了的。我們用文言表達時，一段話中相同的主語一般不要重複出現。前面出現後，後面就可以適當省略。如果是幾個並列而結構相類的句子，那後面的句子可以省略與前句相同的謂語、賓語、定語等。如："郤子至，請伐齊，晋侯勿許。（郤子）請以其私屬（伐齊），（晋侯）又勿許。"（《左傳・宣公十七年》），"具以春秋對，毋以蘇秦縱横（對）！"（《漢書・嚴助傳》），"上醫醫國，其次（醫）疾。"（《國語・晋語》）句中括號裏的部分，原文都省略了。

介詞的賓語在白話中一般是必須有的，而文言中介詞結構在動詞前，如果介詞賓語是代詞"之"，那就把介詞直接放在動詞前面，而不出現介詞賓語。如："衣食所安，必以（之）分人。"（《左傳・莊公十年》），"陳勝起山東，使者以（之）聞。"（《史記・劉敬叔孫通列傳》），"曩者吾與（之）論劍，有不稱者，吾目之。"（《史記・刺客列傳》）如果不是出現在謂語動詞前一般要有介詞賓語。

有些在白話中要用介詞的地方，文言中可以不用，主要是表示處所、對象、工具一類的意義，多在動詞後，也有在動詞前的。如："晋軍（於）函陵，秦軍（於）氾南。"（《左傳・僖公三十年》），"楚莊王圍鄭，鄭告急（於）晋。"（《史記・晋世家》），"（以）箕畚運於渤海之尾。"（《列子・湯問》），"死馬且買之（以）五百金，况生馬乎？"（《戰國策・燕一》），"其北陵，文王之所辟風雨也，必死（於）是間。"（《左傳・僖公三十二年》）一般説來，在這些地方用上介詞，也是可以的。有些學者認爲有時不用介詞是出於古人的表達習慣，而不是省略。不過目前還不能確知什麼情況下必不用介詞。

白話中，兼語句的兼語成分一定要有；文言中，兼語成分如果是代詞"之"，可以不用，"令""使"後直接跟動詞。"請京，使居之，謂之京城大叔。"（《左傳・隱公元年》），"不如早爲之所，無使滋蔓。"（同上），"乃令工人作爲金斗，長其尾，令可以擊人。"（《史記・張儀列傳》）

語序上，值得注意的是否定句中的代詞賓語和疑問句中的疑問代詞賓語一般放在動詞前。先秦兩漢基本如此。雖然東漢以後的口語作品中這些代詞賓語多在動詞後了，而文言作品還保持着先秦的語言習慣。疑問代詞做介詞（除"於"以外）賓語時，也都在介詞前。如"此吾故人陈慥季常也，何为而在此？"（蘇軾《方山子傳》）

介詞結構的位置是個比較麻煩的同題，一般衹有個大致的傾向，没有一定。文言常用的介詞有“於”“以”“爲”“與”“自”等，“於”字組成的介詞結構以用在動詞後爲常，如立於庭、卧於室、長於記憶等。“以”字結構以位於動詞前爲常，引介工具時，也可以位於動詞後，如以卵擊石、以貧廢學、以錢與之、買以五百金、愛人以德等。“爲”“自”所組成的介詞結構也主要位於動詞前面，如：“天下熙熙，皆爲利來；天下攘攘，皆爲利往。”（《史記·貨殖列傳》），“自古至今，所由來遠矣。”（《史記·三王世家》）

白話中的補語，大多用文言表達時就得改用其他句式。如用“得”的程度補語，一般是把補語變成謂語，如“他跑得很快”（其行也速）。如果程度補語是動詞性的，以及可能補語、結果補語等，則一般要用連動式表示。如“聽得懂”（聞而輒曉）；“高興得跳起來”（樂而雀躍）；“打敗他們”（戰而敗之）。有人以爲《左傳·莊公二十八年》“齊侯伐衛，戰敗衛師”中“戰敗”是動補式，這是誤讀古書；此句應讀爲：“齊侯伐衛，戰，敗衛師。”動補式在先秦已有萌芽，兩漢時有了較大的發展，後世文言作品中也有出現。不過有時很難跟連動式區别開。從表達的角度看，這種區别並不重要。兩詞間可以加“而”連接，也可直接連接。

二、篇章組織

寫作文言，如果詞句方面基本上過關，那就達到了文言最基本的要求了，即所謂的“文從字順”。篇章方面的要求是精益求精。文言從立意到謀篇布局，跟現代的白話文都是一致的。但在文章風格、表現方法等方面，文言也有自己的特色。

1. 文氣的體現

文言多短篇小制。幾千字的已是大文章了。百把字，甚至幾十字的小文都可見。不像白話文，動輒萬言，一萬字的小説也還衹是短篇小説。文言，作者所致力追求的是文章的氛圍，講究文氣是文言風格方面的一個重要特點。古人凡談文必及文氣，可見文氣是文言的骨幹。文氣通暢、充沛是一篇好的文言文的必備條件。文氣是讀者所感受到的文章首尾一貫、一瀉千里的氣勢，是作者所傾注的情感的外泄。文氣體現在很多方面，具體地就落在結構安排和語句組織上。

首先全篇要有一個“神”，即一個集中的表達中心。要表達的主題不能太多，行文也不能太散。全篇的每一段，甚至是每一句，都密切圍繞着這個“神”，不能有游離，處處都落在這個點上。不論是游記、政論、小品，還是祭文、叙跋等，作者都着力表現一個“理”、一個“情”。好的叙事文必也是如此。唐代劉禹錫的《陋室銘》，是千古流傳的名篇，這方面就很突出。全文的中心是一個“德”字。文不長，具録如下：

> 山不在高，有仙則名；水不在深，有龍則靈。斯是陋室，惟吾德馨。苔痕上階緑，草色入簾青。談笑有鴻儒，往來無白丁。可以調素琴，閲金經。無絲竹之亂耳，無案牘之勞形。南陽諸葛廬，西蜀子雲亭。孔子云：“何陋之有？”

清文評家林西仲説：“言有德之人，室藉以重，雖陋亦不陋也。起四句以山水喻人，次言室中之景、室中之客、室中之事，種種不俗，無他繁苦。即較之南陽草廬，西蜀玄亭，匪有讓焉。蓋以有德者處此，自有不同者在也。末引夫子何陋之言，隱藏君子居之四字在内。”全篇無一字落空，有比喻，有描寫，有對比，有用典，對陋室的描寫，也隱藏着“不俗”在裏。結句更是出奇制勝，表面看去是推翻“陋”字，而實意在“德”字。《論語·子罕》：“子曰：‘君子居之，何陋之有。’”君子，有德者也。確是神來之筆。

其次，文章各部分過渡要自然、順暢。這並不是説衹能從正面去寫，文中有波瀾是可以的，並且也是可貴的。難的就是既要有波瀾，又要順暢。很多名篇給我們在這方面做了榜樣。韓愈的《送董邵南序》，是有名的善於轉折的篇章，先録其文：

> 燕趙古稱多感慨悲歌之士，董生舉進士，連不得志於有司。懷抱利器，鬱鬱適茲土。吾知其必有合也。董生勉乎哉！夫以子之不遇時，苟慕義强仁者，皆愛惜焉。矧燕趙之士，出乎其性者哉！然吾嘗聞風俗與化移易，吾惡知其今不異於古所云邪。聊以吾子之行卜之也。董生勉乎哉！吾因之有所感矣，爲我弔諸君之墓，而觀於其市。復有昔時屠狗者乎？爲我謝曰：明天子在上，可以出而仕矣。

《古文觀止》評此文說：“始言董生之往必有合，中言恐未必合，終諷諸鎮之歸順，及董生不必往。文僅百十餘字，而有無限開闔、無限變化、無限含蓄，短章聖手。”第一個“董生勉乎哉”是正面的，等於說“你好好努力吧”；第二個“董生勉乎哉”則是反面的，等於說“你要好自爲之呀”。全文三個層次，表面看去是一再勸勉董生，而實則是從勸勉到挽留的一個逆轉過程。因其表達很含蓄，所以全文很順，轉折是在不知不覺之中完成的。文言文層次都很明顯，開始練習寫文言時，不必過分追求波瀾，先以平直順暢爲主。待寫作的經驗稍豐富後，再適當有些變化。興起變化的方式也很多，除上舉的例子外，還有正反對照、反證法等，可在學習文言及寫作實踐中不斷摸索總結。

語句的排偶也是文氣充沛的手段之一。講究排偶是文言的一大特色，說理和抒情的散文都是這樣。排偶是指連用兩個或兩個以上字數和句式都大致相同的句子。衹有兩句的，一般叫偶句，兩句以上的叫排句。這樣整齊的排偶句也是漢語的特點之一。怎樣使用排偶句呢？

一是意思相反的兩組內容儘量使用排偶句式。反義的偶句相互對照强烈，正面、反面的意思都更加突出，說理則更透徹，描景則更鮮明。如“天之道損有餘以補不足，人之道損不足以奉有餘；有功者必賞，有罪者必誅；譽者不能進，非者弗能退”。再如上引范仲淹《岳陽樓記》中，就用了一組句子與另一組句子對偶，描繪不同的景與不同的情：“若夫霪雨霏霏……登斯樓也……至若春和景明……登斯樓也……”。兩相對照，使悲者愈覺其悲，喜者愈顯其喜。這樣大段的偶句，則關係到全文的結構，比衹是一句對一句有更大的意義。

二是爲了加强語氣，可以使用意思上相同或相近的句子組成偶句。從語義上看，前後有點兒重複，似無必要；但從表達說理的角度看，强化了氣勢，有力量。如：“無能之士在廷，愚污之吏處官。”（《韓非子·孤憤》）同類的事理，也常以排偶句表達。這樣的句式有時是由個別的事理，而顯示一般的道理。如：“登高而招，臂非加長也，而見者遠；順風而呼，聲非加疾也，而聞者彰。”（《荀子·勸學》）表明善於利用外部條件，即其下文“君子生非異也，善假於物也”的道理。“不積跬步，無以至千里；不積小流，無以成江海。”（同上）說明積少成多的道理。“蓬生麻中，不扶而直；白沙在涅，與之俱黑。”（同上）說明環境影響的作用。也有衹是一般同類事物的排偶句。如:“富貴不能淫，貧賤不能移，威武不能屈。”(《孟子·滕文公下》),“詖辭知其所蔽，淫辭知其所陷，邪辭知其所離，遁辭知其所窮。”(《孟子·公孫丑上》)

文言表達一個道理，常喜歡用比興、借喻的方式使用排偶句式，含有一定的推理作用。如:“不登高山，不知天之高也；不臨深溪，不知地之厚也；不聞先王之遺言，不知學問之大也。”(《荀子·勸學》),“水之以涯，其無水者也；富之以涯，其富已足者也。”(《韓非子·説林下》)

排偶句式的作用一是對照，一是强化語勢。它不僅是一種修辭手段，而且是一種推斷、説理的方法，産生意在言外的效果，在對照和强化中，顯示出耐人尋味的道理，富有含蘊的美感。

使用排偶句要注意一點，切勿以辭害義，不要衹顧及形式上的工整，而忽略了表義的明確，偶句儘量要自然，不可“刻意”求工。偶句中，結構上可以有些超越正常語法的表達方式，如語序可稍靈活，詞語的功能也可有些伸展。但這種非正常的變化一定要嚴格控制，越少越好，影響語義表達的就寧不用排偶。如《韓非子》中有“不合參驗而行誅，不待見功而爵禄”,“爵禄”是“予爵禄”;“畏誅罰而利慶賞”,“利”是“以……爲利”。這些都是符合文言習慣的變化。而像“主利在豪傑使能，臣利在朋黨用私”，前句就很難理解(舊注：豪傑之人有才能然後使之矣);“寂乎其無位而處，漻乎莫得其所”,“寂漻”是聯綿詞，却分爲兩處。這都影響表達，不宜效仿。順便提一下一種互文形式。如“越官則死，不當則罪。”(《韓非子·二柄》),意思是：越官則死、罪，不當則死、罪。爲了避免重複而上省“罪”，下省“死”。這種互文表義也較模糊，使用時也要謹慎。清代的王先慎就是没有明白這句是互文，竟改了《韓非子》原文(改上句“因兼罪典衣與典冠”之“與”爲“殺”),這就與原文表義不明有關。還有些古代文言、詞賦中的互文竟造成了千古迷案，誤導後世多少人去尋覓，不可不慎。

2. 崇尚實録

文風樸實，内容多屬實録，也是文言風格方面的特點之一。清代的大學問家紀曉嵐在《閱微草堂筆記》中評論蒲松齡的《聊齋志異》時，説蒲松齡寫了很多人家閨闥之中、牀笫之間的事和言論，這些内容别人怎麽能知道呢？所以認爲《聊齋》多虚妄，不切實際。這樣的評論今人看起來，會覺得很可笑、很荒唐，可寫文言的人持這種觀點的並不少。從這裏我們恰可窺見文言講求實録的特點。即使是《聊齋》，狐鬼之事，也是常常標明這是某人親歷，或是某人親口告訴“我”的。不管這話是真是假，都反映了其追求實録效果的心理。文言中的游記、政論等講求實際是明顯的，就是那些志怪小説，也多是從旁觀的角度，或是從自述的角度去寫，極少描寫自述者以外的人的心理活動。所寫内容都似可徵之實際。怪異之事皆像是親眼目睹。白話小説就自由些，可以轉换角度，描寫不同人的心理，好像都正在發生。古代的白話小説同現代的白話小説相比，也可明顯看出文言的影響。現代小説描寫更加細膩，透視人物内心及隱秘的行爲更加突出了。這是文學發展的結果。在先秦時期，文章幾乎全爲實際而作，或政論，或叙事，絶少虚擬的内容。諸子表達其理想，間或有點兒虚寫，但也是以寫實的方式寫虚的内容。以實寫虚也是後世文言的普遍特點。

我們練習文言寫作，也主要選取紀實的内容，以一個固定的角度叙事、説理、抒情。這樣在表達上會順暢些，也容易駕馭。如果采用現代小説類型的題材，寫起來就會比較困難。人稱的轉换、描寫與叙述的銜接等，都較難處理。

3. 修辭方式的選用

用典是文言修辭中一個特殊的手段，有點兒類似今天用成語的方法，但更靈活、更複雜。用典可以使文章的容量增大，一個詞表達的可能是一大段話的意思。但用典也是古代文人賣弄學問的手段，散文中一般用典不太多，駢文、詞賦中用典較多。典故的出處範圍極廣，既有經典中的，也有筆記小説中的。不明出典的話，會不知整篇文章説的是什麽内容。所以好用典又可以算得上古代文人的一個惡習，它是造成文言晦澀的重要原因。我們不提倡在寫文言時用典。用典固然有它的好處，但弊病更多。古代讀書人都習於經典，他們熟知的典故，今人也多不知所云。如果用典的話，現代一般人是無法讀通的。這種用典也是以辭害義的一種表現。古人也有反對因用典而損害文義的。《顔氏家訓·文章》:“《詩》云:‘孔懷兄弟。’孔，甚也。懷，思也。言甚可思也。陸機《與長沙顧母書》述從祖弟士璜死，乃言:‘痛心拔腦，有如孔懷。’心既痛矣，即爲甚思，何故言‘有如’也！觀其此意，當謂親兄弟爲孔懷。《詩》云:‘父母孔邇。’而呼二親爲‘孔邇'，於義通乎？" 這樣的用典毫無意義。既没有增加表達的内容，又有損文義。像《論語》有"三十而立"，就以"而立"代指三十；有"友于兄弟"，就以"友于"代指兄弟。全不合文法。"而立"竟還由此成了一個詞。《聊齋志異》是一部很有成就的文言小説集，但也未能避免這一弊病。言侄子則言"猶子"(《禮記·檀弓》:"兄弟之子，猶子也。")，説驢，則曰"衛"(據羅願《爾雅翼·釋獸》，晋衛玠好騎毛驢，所以後人稱驢爲"衛")，這些都讓現在一般的讀者頭痛。

我們這裏説不用典，不包括那些已經成爲漢語的詞或成語的部分，如而立、不惑、守株待兔、愚公移山、拔苗助長等。這些詞語已進入現代漢語，是人們所熟知的。用這些詞語是不會妨害表達的。

文言常用的修辭手段大多和白話相類，衹是用語不同。如明喻，白話用"像""如同""仿佛"等，文言用"如""若""譬""猶"等。如"以若所爲，求若所欲，猶緣木求魚也。"(《孟子·梁惠王上》)，"以地事秦，譬猶抱薪而救火也。薪不盡則火不止。"(《戰國策·魏策三》)其他如雙關、借代、誇張、象徵等，表達上也都没有多少特别的地方，用起來比較容易。

有的學者把文言的一些表達習慣也作爲修辭手段，主要有合叙和連及兩種。合叙，又稱爲並提，是指在主謂、動賓、定中等結構中，前後各有兩個聯合成分分别對應，使句式簡潔明快。如"今人主非使賞罰之威利出於己也。"(《韓非子·二柄》)言賞之利、罰之威。"若赴水火，入焉焦没耳。"(《荀子·議兵》)此言入火則焦、入水則没。這種表達方式因前後衹有兩個成分相互對應，語義上很清楚，不會引起誤解，並且避免了語詞的重複。我們寫作文言時可以采用，如"喝你的酒，吃你買的肉"可以合説成"飲食君之酒肉"。

連及是指叙述中連帶出現了同類的詞語。從語義表達看，這一同類詞語是多餘的。如"禹稷當平世，三過其門而不入。"(《孟子·離婁上》)此禹事，而及稷。"堯舜參牟子。"(《荀子·非相》)世傳舜重瞳，而未聞堯爲重瞳。"堯舜僞以天下讓許由。"(《列子·楊朱》)此又言堯事而及舜。"聞枹鼓之聲，唯恐不勝。"(《説苑·指武》)此因鼓而及枹(鼓槌)。反義詞連用，義有偏指，也屬此類。緩急，急也。愛憎，憎也。利害，害也。楊樹達云:"此種對待之辭，一正一負，連類用時，往往意在負而連及其正。”出現這種情況，常常是爲了顧及音節節奏的和諧。但我們在表達時，要儘量少用這種方式。義有偏指的詞語，如從節奏上考慮的話，倒可以酌情采用，像專名連及的，最好不要用，因爲這有時會損害語義。以上舉的例子都是堯、舜、禹、稷這樣上古有名的帝王，史績具載於典籍，所以不易誤解，但也有理解錯的。《韓非子·五蠹》：“中古之世，天下大水，而鯀禹决瀆。”有一注本説，韓非把鯀列入“聖人”之列，説他也是治水有功的人。這是不明連及而誤解。鯀因治水無功而受到懲罰，史有明文。韓非怎會説他是聖人呢？我們練習寫作時，這種可能損害文義的表達方式一定要少用。

4. 叙事和議論

文言文從題材看，主要有偏重叙事和偏重議論兩種。

叙事的，一般情節進展的節奏很快，動詞使用的頻率較高。動感强，很少有大段的静止描寫。即使是寫景，也是動多於静。如：

> 北涉玄灞，清月映郭。夜登華子岡，輞水淪漣，與月上下。寒山遠火，明滅林外。深巷寒犬，吠聲如豹。村墟夜舂，復與疏鐘相間。（王維《山中與裴秀才迪書》）

此一段幽境，清月、輞水是静態的，遠火、犬吠、夜舂、疏鐘是動態的，相映成趣。同篇中寫春景，更是處處躍動：

> 當待春中，草木蔓發。春山可望，輕鯈出水。白鷗矯翼，露濕青皋，麥隴朝雊。（同上）

寫魚是出游，寫鷗是奮飛，寫露水也着眼於滋潤大地，一切都那麽有活力。

寫作叙事内容的文言文時，要把全副精力用在動詞的選用和錘煉上，動詞運用得準確，是叙事文的必備條件。並且要多從動的角度去叙事、描寫，即使是一些看似静態的景，也要注意挖掘其動態的藴意。像水、雲、月、草、木、花等等。叙事文要求簡潔、明快，忌拖沓，忌旁生枝節、綫索不明。一般是以時間或空間的順序一氣道來，給人一個連續的發展過程，或一個完整的畫面，這就是叙事文所要達到的效果。

論辯的方法，古今一脉相承，今尤勝於古。寫論辯文，首先要講究語句的排偶、推理的連貫。這看似屬形式上的問題，但又是文言加强論辯的重要方法，可以説是論辯藝術的一個方面。排偶是表現文氣的一個手段（參上文），而論辯正需要盛氣以凌人，言語的方陣咄咄逼人而來，常常是不可阻擋的，甚至可以彌補推理上的不足。如："鱔似蛇，蠶似蠋。人見蛇則驚駭。見蠋則毛起。漁者持鱔，婦人拾蠶，利之所在，皆爲賁諸。"（《韓非子·説林下》）這樣整齊句式所做的推理，看似銅墻鐵壁，可能在當時也征服了不少人。其實這是個錯誤的推理，前言"似"，是就其形狀來説的，後言漁者婦人之勇，是就其實質來説的。蛇與鱔、蠋與蠶，形雖似，而實迥異，蛇蠋於人有傷痛之害，而鱔蠶則無侵損之險，如何可以等量齊觀呢？當然，我們用這樣的例子，並不是説推理的科學性不重要，而是强調言語形式在論辯中的作用。

某種意義上説，文言文對形式的追求超過了白話文。這也是我們寫作文言時所應記住的。文言文可以達到全篇不能增減、替換一個字，可謂字字千金。白話文一般不可能有這麽嚴整。達到這樣極高水平的文言并不多，但這應作爲每一個寫作文言的人努力的目標。

論辯文另一個比較高的要求是，在論辯過程中，融入作者的主觀情緒。論辯文容易寫成純客觀的、理性的説理文章，即曉之以理。這是論辯文的基本要求。再進一步，就是輔以動之以情，這就比較難了。要做到情、理互相交融，就非要有熟練的文字功夫不可。更重要的是對所論之事、理有真情實感。古人説"修辭立其誠"。衹有作者情感充沛，纔有可能形諸文字。寫好論辯文，一方面要具備論辯能力，能打動人的情感；另一方面要具備充分表達出主觀思想的文字功夫。這兩方面的條件也是逐漸訓練、培養出來的，有志於寫好論辯文的人，就要在這兩方面進行努力。

需要夾叙夾議的情況也常見，如議論文中需事實爲論據，叙事文中要議論以顯其理，這時就要綜合兩種表達上的要求，注意合理的調配。一篇文章前後風格要一致，不能或密或疏，或急或緩。

:: 參考文獻 ::

胡懷琛《古文筆法百篇》，湖南人民出版社，1984 年。

吕叔湘《中國文法要略》，商務印書館，1956 年。

吕叔湘《文言虛詞》，上海教育出版社，1959 年。

馬建忠《馬氏文通》，商務印書館，1983 年。

原載《新文化古代漢語》第二册，廣西人民出版社，1995 年。

古漢語中名詞的結構義

【提　要】我們把詞在特定的語法結構中獲得的臨時義稱爲"結構義"。結構義有使用靈活、以常用義爲核心、對結構依賴性强和出現有偶然性等特點。古漢語中，名詞的結構義豐富，複雜。用爲一般動詞的，有體用、工具、處所、方向、時間、結果、類比、方式、受事、標準等類别；用爲形容詞的，詞義一般轉爲該名詞代表的事物所具有的特點。本文最後還討論了名詞用爲動詞的一般用法與特殊用法（使動等）的關係、名詞的結構義與名詞做狀語的關係以及結構義與引申義的關係等。

一、結構義

古漢語中，詞語的用法複雜多變，臨時義項相當多。其中有些是在特定的語法結構中臨時獲得的，語法結構對這些詞義有很强的制約作用。如：

（1）歲雖凶敗水旱，使民有所耕艾。(《荀子·王制》)

（2）假舟揖者，非能水也，而絶江河。(《荀子·勸學》)

（3）秦有鄭地，得垣雍，决滎澤而水大梁。(《戰國策·魏策三》)

例（1）"凶敗水旱" 四詞連文，做謂語，"水" 用爲形容詞，與其他三個形容詞並列，意思是 "水多" "澇"。例（2）"水" 處於助動詞 "能" 後，必然用爲動詞，意思是 "游水"。例（3），"水大梁" 與 "决滎澤" 並列，結構相同，都是動賓關係。"水" 臨時有了 "灌" "淹" 的意思。

這些臨時義項都是以它的某個常用義爲中心，受語法結構制約而臨時獲得一些附加意義而形成的，我們稱之爲 "結構義"。

結構義有這樣幾個特點：

1. 使用異常靈活，多變。同詞異用的情况很多，如上例中，"水" 在不同的句子裏具有差别很大的幾個義項。

2. 以某個常用義爲核心。無論結構義如何變化多端，它總是圍繞着某個語義中心，"萬變不離其宗"。

3. 受制於語法結構。結構義體現其特色的是不同於原義的附加意義，這些附加意義都是受制於特定的語法結構，對語法結構有很强的依賴性的。離開了特定的語法結構，結構義則會喪失。

4. 具有偶然性。結構義的出現具有很强的偶然性，有的甚至是只出現過一次。由於穩定性差，結構義很少再次發生變化，不像引申義可以有第二次、第三次引申，形成鏈鎖式的引申體系。

詞在特定的語法結構中獲得結構義是古漢語中比較突出的現象，過去一直着眼於詞性，用 "活用" 來解釋，而忽略了詞義的變化。我們試圖從語法結構和語義兩個方面，以詞義爲中心，探討名詞結構義運行的軌迹。

二、名詞結構義的類别

名詞的結構義類别很多，有用爲動詞義的和用爲形容詞義的兩大類。

名詞用作動詞是古漢語結構義中最多的一類。我們根據詞義變化前後名詞義和動詞義的關係將名詞的結構義分爲以下幾類：

1. 體用。名詞用爲動詞後，詞義轉爲該事物的用途。

（4）王以名使括，若膠柱而鼓瑟耳。（《史記·廉頗藺相如列傳》）

（5）秦恐王之變也，故以垣雍餌王也。（《戰國策·魏三》）

（6）日，並燭天下者也。（《戰國策·趙三》）

這類詞義的轉變是基於人思維中的聯想而實現的，體用是一對聯繫密切的語義。這些名詞一般用途比較單純，用爲動詞時，語義指向單一明確，燭是用來照明的，餌是用於引誘的，如此等等。所以能够這樣使用的名詞是有限的。

2. 工具。以工具表示用這種工具進行的動作。

（7）公怒，欲鞭之。（《左傳·僖公二十三年》）

（8）將入門，策其馬曰……（《論語·雍也》）

（9）十七年，春，晋侯使郤克征會于齊，齊頃公帷婦人使觀之。（《左傳·宣公十七年》）

其中還有個特殊的小類，以動物器官表示這個器官的動作。如：

（10）從左右，皆肘之。（《左傳·成公二年》）

（11）起行酒，至武安，武安膝席曰："不能滿觴。"（《史記·魏其武安侯列傳》）

（12）投之一骨，輕起相牙者，何則？（《戰國策·秦三》）

此類語義上和體用類相似，但也有些差别。這一類動作使用的工具比較專門，選擇性很强，如打馬用"策"，"策"就只用來打馬。動物器官更是如此。二者結合得非常緊密。而上類則不同，它具有單向性，即名詞對動作選擇性强，但反過來則不然，引誘不一定非用餌，照明也可以不用燭。第二點區别是，工具類可以轉換成名詞做狀語的方式，而體用類一般不行。

3. 處所。以動作發生的處所表示動作。

（13）高祖被酒，夜徑澤中，令一人前行。（《史記·高祖本紀》）

（14）周諺有之，匹夫無罪，懷璧其罪。（《左傳·桓公十年》）

（15）大饗之禮，尚玄酒，而俎腥肉。（《史記·樂書》）

4. 方向。以動作的方向、趨向表示動作及其趨向。

（16）美哉，思而不懼，其周之東乎？（《左傳·襄公二十九年》）

（17）寡人之從君而西也，亦晋之妖夢是踐。（《左傳·僖公十五年》）

（18）公在乾侯，言不能外内也。（《左傳·昭公三十一年》）

（19）於是左右既前殺軻。（《史記·刺客列傳》）

5. 時間。以動作進行的時間表示動作。

（20）古人有言曰：牝鷄無晨。（《尚書·牧誓》）

（21）朝朝日，夕夕月，則揖。（《史記·孝武本紀》）

（22）右尹子革夕，王見之。（《左傳·昭公十二年》）

（23）公之未昏于齊也，齊侯欲以文姜妻大子忽。（《左傳·桓公六年》）

在某個時間裏，當然動作行爲是很多的，但某些動作發生的時間固定，逐漸時間和動作之間就形成了一種聯繫，這樣就可以用時間詞表示動作了。

6. 以結果表示動作。

（24）王不聽，後三年吴其墟乎！（《史記·越勾踐世家》）

（25）昧之難，越亂，故楚南察瀨湖而野江東。（《戰國策·楚一》）

（26）美哉禹功，明德遠矣。微禹，吾其魚乎？（《左傳·昭公元年》）

（27）宋人皆醢之。（《左傳·莊公十二年》）

此類結構義一般不能帶賓語，但（25）（27）例都有賓語，這都是特殊用法，使動。

7. 類比。

（28）三里之城，七里之郭，環而攻之而不勝……（《孟子·公孫丑下》）

（29）湯湯洪水滔天，浩浩懷山襄陵。（《史記·五帝本紀》）

（30）褚師出，公戟其手。（《左傳·襄公二十五年》）

（31）王襟以山東之險，帶以河曲之利，韓必爲關中侯。（《戰國策·秦四》）

用這個名詞形象地類比跟這個事物的特徵、用途、形狀等有關的動作。

8. 方式。以動作行爲的方式來表示這個動作。

（32）夫子將有異志，不君君矣。（《左傳·昭公十七年》）

（33）過其友曰，孟嘗君客我。（《戰國策·齊四》）

（34）若不朝夕見，誰能物之。（《左傳·昭公二十九年》）（孔穎達正義："以物名之。"）

（35）如齊王之不信趙，而小人奉陽君也。（《戰國策·燕三》）

9. 以受事表示動作。

分兩種情況，第一種是以受事表示動作及其受事。

（36）夫子之在此也，猶燕之巢於幕上。（《左傳·襄公二十九年》）

（37）關中阻山河四塞，地肥饒，可都以霸。（《史記·項羽本紀》）

（38）遂伐鄭，將納公子瑕，門於桔柣之門，瑕覆于周氏之汪。（《左傳·僖公三十三年》）

此類結構義，能够支配這些名詞的動詞較爲固定，並且動詞多爲意義較寬泛、適用性强的詞語。這類詞，它本身所表達的就是一個動賓結構，所以一般是不能帶賓語的，能够帶賓語的有下列幾種情況：

A. 與事賓語。與事指動作行爲受益或受害對象。如：

（39）吴人曰：宋百牢我，魯不可以後宋，且魯牢晋大夫過十，吴王百牢，不亦可乎？（《左傳·哀公七年》）

（40）（靈公）三十八年，孔子來，禄之如魯。（《史記·衛康叔世家》）

B. 賓語與用爲謂語動詞的原名詞，語義上有隸屬關係。如：

（41）譬如捕鹿，晋人角之，諸戎掎之。（《左傳·襄公十四年》）（賓語“之”指鹿，而“角”是屬於鹿的。）

（42）崔氏堞其宫而守之，弗克。（《左傳·襄公二十七年》）（孔穎達正義：“謂新築女墻而守之”。）

C. 賓語是處所。如：

（43）張儀相秦，謂昭睢曰……（《戰國策·楚一》）

D. 特殊的動賓關係。如：

（44）我爲之範吾驅馳，終日不獲一。（《孟子·滕文公下》）（使“吾驅馳”合規範）

（45）以叔隗妻趙衰，生趙盾。（《左傳·僖公二十三年》）（給趙衰做妻）

第二種是以受事表示動作行爲，語義上不包含受事，所以通常可以帶賓語。如：

（46）援在交阯，常餌薏苡實。（《後漢書·馬援傳》）

（47）使各居其宅，田其田。（《説苑·貴德》）

比較受事類的這兩種結構義，可以觀察這類名詞逐漸動詞化的過程：

（48）a. 壬辰卜，貞，今日不雨。（《殷虛書契前編·三·一五九》）

b. 今我來思，雨雪霏霏。（《詩·小雅·采薇》）

c. 吾聞翟雨穀三日。（《荀子·辨物》）

由不帶賓語，到能帶賓語；由賓語有限制，到限制逐漸縮小，反映了結構義一步步地具有了動詞的全部語法功能，逐步擺脱原名詞的束縛，動詞性逐步加强，動詞化的綫索很清晰。

完成這種動詞化的名詞不多。原因是，結構義普遍使用頻率低，很少有連續演變的情形。能够完全動詞化的都是少數使用較頻繁、在語言中逐步固定、正悄悄躋身於引申義行列的名詞。

10. 以行爲標準來表示行爲、動作。

（49）君子謂宋共姬女而不婦，女待人，婦義事也。（《左傳·襄公三十年》）

（50）段不弟，故不言弟。（《左傳·隱公元年》）

古人重視等級，行爲要符合身份，所以用表示身份的詞表示這種身份的人所應該從事的行爲，有所謂“君君、臣臣、父父、子子”（《論語·顔淵》）的説法。有的還形成了固定用法，如“悌”。這些詞做謂語時都不帶賓語，並且用於否定的占大多數。

以上 10 類是名詞用爲動詞性結構義的主要類别。此外，名詞還可以做形容詞。這種用法的類别不多，最常見的結構義是該名詞所具有的特點。如：

（51）華元曰：去之，夫其口衆，我寡。（《左傳·宣公二年》）

（52）南有玄灞素滻，湯井温谷。（潘岳《西征賦》）

（53）食以草具。（《戰國策·齊四》）

（54）美哉！淵乎！（《左傳·襄公三十九年》）（賈逵云：“淵，深也。”）

（55）喜夜卧者，不能蚤起。（《説苑·談叢》）

這些名詞所表示的事物的特徵一般都鮮明、單一，用爲形容詞後，就具備了形容詞的語法功能，並且常常和其他形容詞相連、相對，體現了結構的制約性。

時或見到一兩例其他類别，如：

（56）高者不旱，下者不水。（《荀子·富國》）（水，水多、澇。）

三、討論

1. 動詞性結構義的特殊用法。

特殊用法，指通常所説的使動、意動等。稱爲特殊用法，是根據動賓關係説的。動詞所帶賓語的類型一般是固定的，如有些動詞以帶受事賓語爲常，還有的動詞以帶處所賓語爲常，如此等等；若是帶了其他類賓語則屬特殊用法。或是這個動詞以不帶賓語爲常，若有時帶了賓語則是特殊用法。總之，是着眼於動詞和賓語的語法關係的。

名詞用爲動詞後，已取得了動詞的資格，就要從動詞的角度出發看問題，因而同樣存在特殊用法。這樣，名詞和特殊用法之間就没有直接關係了，而是通過用爲一般動詞義作爲中介，形成了一種兩個層次的格局。如：

（57）a. 成王聞之，不及履而至於子文之室。（《説苑·至公》）

b. 良業爲取履，因長跪履之。（《史記·留侯世家》）

“履”作爲名詞，是鞋的意思。用爲動詞性結構義“穿鞋”，如例（57）a；再用爲特殊用法，如例（57）b，“履之”，爲之穿鞋。“之”是穿鞋的受益對象。動賓結構“履之”之間的語義關係是與事。但如果着眼於“之”和名詞“履”之間的語義關係，則是領屬關係。而“履之”的本質關係是動賓，即動作和與事的關係，“履”是以動詞的資格來支配賓語的。作爲名詞，它没有資格支配代詞賓語。因此，“履”作爲謂語是否是名詞轉來的，並不重要，名詞“履”和“之”的領屬關係此時不是本質關係。

嚴格地説，只有動詞的特殊用法，常見的“名詞的使動”“名詞的意動”等等提法都是不妥當的。

再舉幾例説明這個問題。

（58）a. 沛公欲王關中。（《史記·項羽本紀》）

b. 縱使江東父老憐而王我，我何面目見之？（同上）

（59）a. 養備而動時，則天不能病。（《荀子·天論》）

b. 時其事，輕其任，以調齊之。（《荀子·王霸》）

（60）a. 則下疑儉俗，而百姓不一。（《荀子·富國》）

b. 不美不飾，則不足以一民也。（同上）

以上每組兩例，一是一般用法，一是特殊用法。

2. 動詞性結構義與名詞做狀語。

先比較一下兩組例句：

（61）a. 今而後知君之犬馬畜伋。（《孟子·萬章》）

b. 而小人奉陽君也。（《戰國策·燕二》）

（62）a. 齊將田忌善而客待之。（《史記·孫子吳起列傳》）

b. 孟嘗君客我。（《戰國策·齊四》）

“客我”即“客待我”，“小人奉陽君”即“小人待奉陽君”。這是以不同的方式表達相同的意義。再如：

（63）a. 誕之寒冰，鳥覆翼之。（《詩·大雅·生民》）

b. 常以身翼蔽沛公。（《史記·項羽本紀》）

（64）a. 北坑馬服，誅屠四十餘萬之衆。（《戰國策·秦三》）

b. 詔郡縣皆坑殺之。（《隋書·食貨志》）

名詞用爲動詞的結構義中，工具、方向、處所、時間、類比、方式這幾類可以轉換爲名詞做狀語的句式。從某種程度上説，由結構義轉換成名詞做狀語，是語言發展的一個趨勢。名詞做狀語比名詞用爲動詞做謂語在表義上更加精確、明了。

3. 結構義與引申義。

結構義有出現偶然的特點，但少數結構義由於使用頻率高而逐漸在語言中固定。如“衣”“王”“雨”等，最終成爲引申義。結構義是引申義的一個來源，是語言中一個活躍、積極的因素。從上古漢語本身來看，其中有些是形態變化，在詞義變化的同時，發音也有變化。嚴格地説，是通過語音的變化表明詞義的變化。如“衣”“王”等。但這可能是遠古漢語的遺迹，在上古漢語中已不普遍。

∷ 參考文獻 ∷

陳承澤《國文法草創》，商務印書館，1983 年。

吕叔湘《漢語語法論文集》(增訂本)，商務印書館，1984 年。
孫良明《古代漢語語法變化研究》，語文出版社，1994 年。
楊伯峻《文言文法》，中華書局，1963 年。
楊伯峻、何樂士《古漢語語法及其發展》，語文出版社，1990 年。
朱德熙《語法講義》，商務印書館，1982 年。

原載《河南大學學報》(社會科學版)1998 年第 1 期。

從《韓非子索引》看編纂索引應注意的幾個問題[①]

索引是文史工作者經常使用的工具書，索引的品質直接影響到我們的工作。《韓非子索引》（周鍾靈等主編，中華書局 1982 年版。以下簡稱《索引》）的出版，填補了《韓非子》研究的空白，給專業工作者帶來了方便。但《索引》反映出來的一些問題，又促使我們對編纂索引的原則進行深入思考。

一、排序

《索引》正文采用音序是一個創新，此前的索引一般都是據字形排序，不管是洪業等采用的中國字庋擷法，還是後來顧頡剛編《尚書通檢》用的四角號碼法。

據音和據形兩種排序方式各有利弊。音序突出的優點是檢字方便，是現今普遍采用的排序法。可是具體到爲古籍編索引，有必要進一步權衡。古籍字詞的標

① 本文所談“索引”是指爲古籍所做的逐字（詞）索引，也稱“引得”。

音歷來争論較多，特别是上古的典籍用字，許多問題還需進一步研究解决，如通假字的讀音。客觀上看，古籍中異讀的字較多，往往一個詞的讀音的確定涉及對其意義的理解。這些問題在《索引》中都充分顯露出來了。

首先，以音序排列，多音字必散列於不同的音下。《索引》中出現了不同音下有相同字句的情况。如“惡”,《韓非子》中有 è、wù 兩個讀音，分别在《索引》的 98 頁和 477 頁，重出的有六條：

則雖索人心以解惡可也

報惡已甚矣

報惡晚也

報惡甚也

是昭公之報惡不甚也

報惡甚者

這六條似應列於 wù 音下，應從 è 音下删去。又“見”有 jiàn、xiàn 二音，分别在《索引》的 206 頁和 487 頁，重出的也有兩條。

其次，由於審音不當，有些字詞排錯了位置。如《索引》60 頁 chén 音“陳”下有：

乃爲陳

陳未成也而吴人至

見荆陳而返

這是三個相連的句子，上文是：“雨十日，甲輯而兵聚，吴人必至，不如備之。”(《説林下》) 據句意，“陳”當讀爲 zhèn，義爲列卒爲陣。

這些問題都是對多音字的音義關係理解有誤造成的。《索引》將聲、韻不同的異讀詞列於不同的音下，而聲韻相同、調不同的則又列於一個詞頭之下，可以説是自亂其例。雖是采用了音序，但又不是徹底的音序。從使用者角度看，這也給讀者檢索統計造成一些麻煩，使之有時就會撲空。《韓非子導讀》(陳奇猷、張覺，巴蜀書社 1990 年) 認爲《内儲説下》“濟陽君還益親之”在“還”詞頭下失收，就是如此。實則並未失收，只是不在 huán 音下，而是在 504 頁 xuán 音下。

據形排序就避開了古籍中漢字讀音複雜的現實。因爲不管怎樣理解，一般不會對字形産生大的分歧，除非是校改原文。當然，對於字形也需謹慎，《索引》中就有字形不當的問題。古漢語中“饑”“飢”二詞有區别，《韓非子》中兩詞都出現過，雖也有通假的情況，但區别還是存在的。而《索引》中没有“飢”，17例“飢”全改爲“饑”，“校勘記”中也没有説明，有失嚴謹。應當立爲兩個字頭。

我們主張古籍索引按形序排，並不就是認爲過去的引得采用的中國字庋擷法值得推廣，這種排序法難以掌握，難以推廣，歷來是貶多褒少。形序法中，目前通用的偏旁部首法和筆畫筆順法，都直接植根於字形，便於采用。四角號碼法有中間過渡環節，不如部首和筆畫直接，因此四角號碼法用於正文的排序還需慎重。另外，依中文拼音排序的音序索引對現代人來説使用方便，因此可以附一個音序詞目首字索引。

二、詞目的確立

前人編的引得，雖然對於專用名詞的處理很科學，但由於時代的局限，對於普通詞缺乏較科學的分析，多數複音詞没有單列爲詞目。古漢語，特别是上古漢語中，單音詞爲主，但複音詞也占有重要地位。《索引》以詞爲收列的最小單位，相對於前人所編索引，做出了可貴的探索。

但區分詞與非詞，又是漢語研究中的棘手問題。反映在《索引》中，首先是把一些非詞成分當成了詞。如486頁“賢者”條下：

人所以謂堯賢者

此例中的“賢者”並不是詞，“者”是句末語氣詞，表提頓，和“賢”不是同一層次的語法成分。“所以……者”是固定結構，表示結果，後續有表原因的句子。《韓非子》中這樣的句子很多：

所以然者，……（《解老》）

彼民之所以爲我用者，……（《外儲説右下》）

則所以勝楚破軍者，……（《難一》）

例中，“者”都是句末語氣詞，不能和它前面的成分組成詞。

又《索引》287頁“男子”條、295頁“女子”條下：

然男子受賀

女子殺之者

這兩例中的“男子”“女子”都不是詞，而是詞組。此語出自《六反》篇：“且父母之於子也，產男則相賀，產女則殺之。此俱出父母懷衽，然男子受賀，女子殺之者，慮其後便，計之長利也。”男子，男孩子；女子，女孩子。

又《索引》302頁“妻子”條：

親戚妻子

此句出自《八經》：“親戚妻子，質也。”妻子指妻子和孩子。“妻子”是並列結構的詞組，也不是詞。

其次，有些雙音詞並没有單立條目，如“舉措”“舉錯”“編著”等。説明以詞立目的原則貫徹不徹底。

三、專用名詞的處理

北平燕京大學引得編纂處於30年代開始編的一系列引得，至今仍有極大的參考價值，他們的經驗要認真借鑒。他們對於專用名詞，不管單音節、複音節，都分立；同實異名者，注互見；同名異實者，分立。方便了使用者。《索引》對此却没有繼承。

首先，單音節的專名没有分立，與一般詞混雜在一起，如“非”條下，有5句指“韓非”：

則非重矣

臣視非之言

臣恐陛下淫非之辯而聽其盜心

臣非非難言也

此臣非之所以難言也

這種情況的例子還很多，再如“陳”（國名）、“越”（國名）、“詩”（書名）等，都宜分立。

其次，同名異實者，没有分立。如“韓子”，在《韓非子》中有三個意思，一指韓國國君：

書言韓子之未可舉

韓子索兵於魏曰

一指韓獻子：

韓子之所斬也

且韓子之所斬若罪人

且韓子之謗已成

一指韓非子：

堂谿公謂韓子曰

韓子曰

《索引》將三人名字列於一條之下，有悖專名分立的原則。

再次，同實異名者未互見。有時一人、一地有幾個不同的名稱，在索引中不列在一起，這時應互注，爲使用者提供方便。如韓非子一人在《韓非子》中有“韓子”“非”兩種稱法，“負羈”又寫作“僖負羈”，都應當注明係一人，以便檢索。

編制索引不僅是資料性的工作，也帶有一定的研究性質。《韓非子導讀》評價《索引》時説：“不足的地方是，凡《韓非子》原文被校改過的文字，没有爲它作索引，這就有失嚴謹了。”“洪業等編纂的各種‘引得’，凡異文，均爲之引得，這一嚴謹的做法，没有被《韓非子索引》所繼承，是不免令人遺憾的。”所言很中肯。

原載《辭書研究》1998年第2期。

《經傳釋詞》的“一條多義”“多條一義”現象及其產生的原因

《經傳釋詞》是清代訓詁大家王引之解説文言虛詞的專著，其中也有其父王念孫的研究成果，通常冠以“家大人曰”，以示區别。這部著作公認是古代虛詞研究最高水準的代表。但由於缺乏明確的語法觀念及辭書編纂理論的指導，表現出一些不同于現代虛詞研究著作的特點。本文只談談其中的“一條多義”和“多條一義”現象，以使大家更方便、更準確地利用這部古代虛詞專著。

《經傳釋詞》的“條”相當於現代虛詞著作的義項。“一條多義”是指一個虛詞的一個義項中包含了多個意思和用法，而“多條一義”是指一個虛詞下所列義項中有幾個義項實則是同一種用法。

一

“一條多義”，即在一個條目中包含兩個或兩個以上用法。這並非《經傳釋詞》所獨有，其他古代辭書中也有這種現象，最早的詞典《爾雅》中就有這樣的條目，古人稱之爲“二義不嫌同條”。在《經傳釋詞》中，這樣的條目不少，值得重視。主要表現在條目中所列例句用法不一致，若不加以分析，易導致誤解。細分有三種情況：

（一）有些條目中既有實詞義，又有虛詞義。

如《卷一》：

《廣雅》曰："與，如也。"《大戴禮·四代》篇曰："事必與食，食必與位，無相越逾。"與，如也。言事必如其食，食必如其位也。《晏子春秋·問》篇曰："正行則民遺，曲行則道廢；正行而遺民乎？與持民而遺道乎？""與"，亦"如"也。……《墨子·兼愛》篇曰："若大國之攻小國也，……又與爲人君者之不惠也……又與今人之賤人，……""又與"，猶"又如"也。襄二十六年《左傳》引《夏書》曰："與其殺不辜，寧失不經。"

此條，《大戴禮》例，"與"是"相當"的意思，動詞；《晏子春秋》例，"與"是表示選擇關係的連詞，"還是"的意思；《墨子》例，"與"即上文的"若"，"比如"的意思，動詞；而《左傳》例，是"與其……寧……"這個固定格式，其中"與"不單獨成詞。這一條中至少有四種不同用法的用例。

（二）一條中的幾種用例雖都是虛詞，但詞性不同。

如《卷九》：

《呂氏春秋·音初篇》注曰："之，其也。"《書·西伯戡黎》曰："殷之即喪。"言殷其即喪也。《詩·旄邱》："旄邱之葛兮！何誕之節兮？"上"之"字，句中語助也；下"之"字則訓爲"其"。言旄邱之葛，何疏闊其節而不相附。……《碩鼠》曰："樂郊樂郊，誰之永號？"言樂郊之民，誰其悲嘆而長號者。明皆喜樂也。《禮記·檀弓》曰："公再拜稽首請於尸曰：'有臣柳莊也者，非寡人之臣，社稷之臣也。聞之死，請往。'"……《莊子·至樂》篇曰："壽者惛惛，久憂不死，何之苦也。"言何其苦也。

此條，《書》《碩鼠》例，"之"是句中語氣詞，表推測語氣；《旄邱》《禮記》例，"之"是第三人稱代詞；《莊子》例，"何之苦也"是感嘆句，"之"是句中語氣詞。這一條中，也至少有三種用法。

（三）一條之中不同的義項同屬一個詞性，但用法不同。

如《卷五》：

家大人曰：及，猶“若”也。《禮·樂記》：“樂極則憂，禮粗則偏矣。及夫敦樂而無憂，禮備而不偏者，其唯大聖乎？”及夫，若夫也。……《管子·大匡》篇曰：“臣聞齊君惕而亟驕，雖得賢，庸必能用之乎？及齊君之能用之也，管子之事濟也。”言若齊君能用之，則管子之事必濟也。《老子》曰：“吾所以有大患者，爲吾有身；及吾無身，吾有何患？”言若吾無身也。

此條，“及”都是連詞。但“及夫”表話題的轉换；而《管子》《老子》例中，“及”都表假設關係。

二

“多條一義”是指分列爲幾個條目的，其實用法完全相同。

如《卷五》：

其，擬議之詞也。《易·困彖傳》曰：“困而不失其所亨，其唯君子乎？”《乾文言》曰：“其唯聖人乎？”《聘禮》曰：“君其以賜乎？”隱十一年《左傳》曰：“天其以禮悔禍于許？”

其，猶“殆”也。《易·復彖傳》：“復其見天地之心乎？”《繫詞傳》：“知變化之道，其知神之所爲乎？”

這兩條，“其”都是表推測語氣的助詞，意思是“大概”“或許”。

又如《卷七》：

如，助詞也。《易·屯》六二：“屯如亶如。”子夏《傳》曰：“如，辭也。”

如，猶然也。若《論語·鄉黨》篇“恂恂如”“踧踖如”“勃如”“躩如”之屬是也。《詩·旄邱》曰：“褎如充耳。”《野有蔓草》曰：“婉如清揚。”義亦同也。

這兩條，“如”都是形容詞詞尾，用法一致。

又如《卷七》：

若，詞也。《易·豐》六二："有孚發若。"《節》六三："不節若，則嗟若。"王《注》並曰："若，辭也。"

若，猶"然"也。《易·乾》九三曰："夕惕若厲。"《離》六五曰："出涕沱若，戚嗟若。"

這兩條，"若"位於動詞、形容詞的後面，表狀態。

三

以上只是列舉了一部分例子。《經傳釋詞》中這樣的例子還有一些，大家在使用時可注意分析。

這種現象，前人已發現了。岳麓書社 1984 年出版的《經傳釋詞》天頭上附有黃季剛（侃）先生、楊遇夫（樹達）先生的批語，其中有數條正是説明這種現象的，如《卷七》"而，猶如也"條，楊案："類似之'如'，假設之'如'，當分列爲是。"《卷九》"諸，乎也"條，楊案："一助詞，一介詞，不當混。"都指明了"一條多義"；《卷七》"若，詞也""若，猶然也"，楊案："二義似同。"《卷八》"肆，遂也""肆，故也"，黃案："同上。"這些則指明了"多條一義"。

這種現象的産生，與《爾雅》一類以訓釋實詞爲主的辭書中"一條多義"産生的原因不一樣。其根源在於訓釋虛詞的方法上。錢熙祚在"跋"中總結了王氏的釋詞之法：舉同文以互證、舉兩文以比例、因互文而知其同訓、即別本以見例、因古訓以互推、采後人所引以相證。今人齊佩瑢先生在《訓詁學概論》中又補充了四例：對文、連文、聲轉、字通。都深得王氏用心。這些方法基本和傳統訓詁學訓釋實詞的方法一致，而虛詞作爲一種語法手段，有其自身的特點。張福祟（世禄）先生曾明確指出，漢語虛詞分表關係和表語氣兩類，顯示段與段、句與句，以及詞語之間的關係，表達各種情感、聲氣。而對虛詞這種"虛""活"的特點，如果像對待實詞一樣，一定要説清它是什麽"意思"，有時是方枘圓鑿，難以契合。

王氏雖説是"貫通經訓，兼及詞氣"（阮元序），但究竟没有明確的語法觀念。從以上所列例子，我們可以看出，他解釋虛詞的着眼點主要是詞，甚至是字。只要是解釋詞字面相同的，就列爲一條；其中有的被釋者既不是詞也不是詞綴。而漢語單音節詞普遍是一詞多義，給訓釋的“一條多義”開了方便之門。《卷一》“與，如也”條，“事必與食，食必與位”與“正行而遺民乎？與持民而遺道乎？”兩“與”雖都可解釋爲“如”，但這個“如”一是相當義，動詞，一是表選擇關係的連詞。本文第一部分所列舉的條目，基本上屬這種情況。

相反，若古代訓釋及異文、互文等材料中總結出的釋義字面不同，則常分立爲不同條目。而同義詞的存在，及“詞也”“語助”這種含糊釋語的采用，又直接造成了“多條一義”的出現。如《卷八》“肆，遂也”“肆，故也”，遂、故，同義。訓釋方法側重於詞的表現形式，而忽視了詞義本身，捨本逐末。如利用互文、對文、異文等材料，就斷定二詞同義，就缺乏内因方面的分析。這一點，我們還可以通過以下現象進一步説明。《經傳釋詞》中有些條目，運用訓詁方法加以證明時用的例證與條目中的其他例子，用法上不一致，使這種證明失去意義。

如《卷三》：

> 家大人曰：有，猶“爲”也。《周語》曰：“胡有子然其效戎狄也？”言胡爲其效戎狄也。《晋語》曰：“克國得妃，其有吉孰大焉。”言其爲吉孰大也。昭五年《左傳》曰：“其爲吉孰大焉。”《孟子·滕文公》篇曰：“人之有道也，飽食暖衣，逸居而無教，則近於禽獸。”言人之爲道如此也。若言“民之爲道也，有恒産者有恒心，無恒産者無恒心”矣。……

此條，運用《晋語》及《孟子》的異文材料證明“有”的“爲”義，但這兩例中“有”的用法與前面《周語》例中“有”的用法不同。這兩條異文材料只能證明“其有吉”等於“其爲吉”、“人之有道”等於“人之爲道”，而不能證明“胡有”等於“胡爲”，儘管王氏對“胡有”的解釋並不錯。書中像這樣的例子也不少。常用的“聲之轉”，也屬同一類型，聲轉只能證明二字音通，而不能從本質上證明二詞用同。

另外，“一條多義”與“多條一義”現象還與漢語有些不同詞性的詞用法上有很多相似之處、難以區分有關。如某些動詞和介詞，《馬氏文通》即論述過它們用法相似的地方，很多介詞正是由動詞虛化而來的。又如介詞和連詞也不易區分，二者有着千絲萬縷的聯繫。直到今天，這些問題仍没有完全澄清。

訓詁方法，對於意義較實的副詞、介詞等，還勉强可以。《經傳釋詞》中精彩處多是這類詞。换句話説，那些有同義詞的，可以明確地表現在互文、異文等材料中，較易整理出來。相反，越是語法意義强、詞彙意義弱的虚詞，越是容易出問題，充分暴露了這些傳統方法在訓釋虚詞上的局限性。如《卷九》："之，猶若也。僖公三十三年《左傳》：'寡君之以爲戮，死且不朽；若從君惠而免之，三年將拜君賜。'……皆上言'之'而下言'若'，'之'亦'若'也，互文耳。"王氏此説，從訓詁角度説是鑿鑿有據，"恨不能起毛、孔、鄭諸儒共證此快論也"（阮元序）。然現代語法學家一致否定了它，楊案："此條未確。"遇到没有同義詞，不能用異文、互文等證明時，《經傳釋詞》有時用"語助""詞也"來解説，其中大部分是可疑的。如《卷三》："一，語助也。"而所舉各例，"一"都是副詞，位於動詞、形容詞之前，有的用與"一何"同，表程度深。又《卷三》："抑，發語詞也。昭十三年《左傳》：晋侯使叔向告劉獻公曰：'抑齊人不盟，若之何？'十九年：寡君與其二三老曰：'抑天實剥亂是，吾何知焉？'"這幾例，"抑"是假設關係的連詞，並非"發語詞"。章太炎先生的《王伯申新定助詞辯》中，對這個問題有很多辨正。

對於訓詁方法在訓釋虚詞上的弱點，王引之似也有所察覺，書中有個别例子明確用複音詞語來區分一詞的幾個義項。如《卷七》："如，猶當也。《宋策》曰：'夫宋之不足如梁也，寡人知之矣。'高注曰：'如，當也。''如'爲相當之當。又爲當如是之當。僖二十二年《左傳》曰：'若愛重傷，則如勿傷；愛其二毛，則如服焉。'"此條，《宋策》例，"如"是"相當之當"，《左傳》以下幾例都是"當如是之當"，區分得很精當。王氏雖知道它們的區别，但仍列於一條之中，這衹能説跟他條目分合的原則有關了。"一條多義"的條目中王氏對絶大多數例句的解説都是正確的，但囿於訓釋方法，没能做出細緻的分析。

四

《經傳釋詞》的這些問題是時代留下的印迹，我們不能苛求古人，王引之作爲一代訓詁大家的地位是毋庸置疑的，微瑕不會掩蓋白璧的光彩。相反，其中有些解説能突破訓詁的樊籬，觸及句法分析，難能可貴。如《卷四》:“惡，不然之辭也。”王氏憑其敏鋭的語感竟體會出了這個感嘆詞的否定意味。《卷五》:“其，狀事之詞也。有先言事而後言其狀者，若‘擊鼓其鏜’‘雨雪其芳’‘零雨其濛’之屬是也；有先言其狀而後言其事者，若‘灼灼其華’‘殷其雷’‘凄其以風’之屬是也。”這樣的高論，即使當代語法學家也不會超過，實是開了現代語法描寫的先河。

通過以上分析，我們可以發現，由於虚詞自身的特點，在訓釋方法上不能與實詞等同。現代語言學的發展，使我們發現了虚詞的語法功用，也爲探討虚詞的用法拓開了新的道路，出現了訓詁方法、句法分析、詞義引申相結合的獨特方法。虚詞的研究還有很多工作要做，需要我們不斷努力。

:: 參考文獻 ::

何樂士等《古代漢語虚詞通釋》，北京出版社，1985 年。

楊樹達《詞詮》，中華書局，1954 年。

張玉金主編《古今漢語虚詞大辭典》，遼寧人民出版社，1996 年。

原載《語苑集錦——許威漢先生從教五十周年紀念文集》，
上海教育出版社，2001 年。

讀書札記三則

【提　要】第一則對傳統認爲“蠶室”是專門爲受腐刑者準備的地方的观点提出異議，認爲“蠶室”就是皇后養蠶處。第二則利用秦漢簡牘材料論證了秦昭王懲罰買牛而爲王禱的百姓的依據。第三則討論了秦簡中“並”與“并”的差異。

【關鍵字】蠶室　塞禱　並　并

一、“蠶室”小考

司馬遷遭宫刑，下“蠶室”，《文選·報任少卿書》張銑注：“蠶室，漢行割刑之室，使其避風養瘡者。”又《漢書·張安世傳》：“初，安世兄賀幸于衛太子，太子敗，賓客皆誅，安世爲賀上書，得下蠶室。”顔師古注：“謂腐刑也。凡養蠶者，欲其温而早成，故爲密室蓄火以置之。而新腐刑亦有中風之患，須入密室乃得以全，因呼爲蠶室耳。”二人説法相同，顔説更詳。都認爲“蠶室”是專門爲受腐刑者準備的，有特定意義的房間。歷來都沿用此説，少有異議。但這種説法值得商榷。

古時“蠶室”乃皇后養蠶處的專名,《禮記·祭義》:“古者天子諸侯必有公桑蠶室。”《東觀漢記·明德馬皇后傳》:“太后置蠶室、織室于濯龍中，數往來觀視以爲娱樂。”也稱“蠶宫”“蠶館”。《後漢書·荀悦傳》:“故在上者先豐人財以定其志，帝耕籍田，后桑蠶宫。國無游人，野無荒業。”曹植《卞太后誄》:“親桑蠶館，爲天下式。”天子、帝后爲表明對農桑的重視，有“籍田”“蠶室”，每年春天都要象徵性地舉行耕種、養蠶的儀式。

那麽，后妃養蠶的“蠶室”跟受宫刑有什麽聯繫呢?

后妃娘娘們是不會每日親自勞作養蠶的，宫女們可能也幹不了太重的體力活，這些重活自然就由一些宦者來做。因而，讓受過宫刑的官員在蠶室勞作，也就順理成章了。這點在記載漢代制度的典籍中也能找到證據。《漢舊儀》:“皇后春蠶，於苑中蠶室養蠶千薄以上，置蠶官令、丞，諸天下官下法皆詣蠶室，與婦人從事。”這裏説得很清楚,“諸天下官下法”，就是受過刑罰的官員，這是委婉的説法,“與婦人從事”的人當然應是宦者。

這種制度可能主要在漢代實行，受宫刑的就去蠶室工作一段時間。所以“下蠶室”就成了受宫刑的另一種説法。後代對這種制度不甚清楚，就把“蠶室”解釋爲一種專門用途的地方了。

《睡虎地秦墓竹簡·法律答問》多處提到“隱官”:“將司人而亡，能自捕及親所智(知)爲捕，除毋(無)罪；已刑者處隱官。”意思是説，已經受到肉刑的，就在官府的隱蔽處服役。當然，這裏所包括的都是政府的官員。就像《周禮·秋官司寇》所説:“墨者使守門，劓者使守關，宫者使守内，刖者使守囿，髡者使守積。”這也是説的有地位的貴族。在《左傳》《韓非子》等典籍中都能找到這樣的例子。受到肉刑後，就不能擔任一般的官職了，即使事後證明是冤案，會被派往當時認爲合適的地方工作。受過宫刑的，理所當然就是“守内”，在後宫中做事。這也是一種“隱官”。

二、爲王禱而獲罪

秦昭王有病，百姓里買牛而家爲王禱。公孫述出見之，入賀王曰:“百姓乃皆里買牛爲王禱。”王使人問之，果有之。王曰:“訾之人二甲。

夫非令而擅禱，是愛寡人也。夫愛寡人，寡人亦且改法而心與之相循者，是法不立，法不立，亂亡之道也。不如人罰二甲而復與爲治。”（《韓非子·外儲説右下》）

秦昭王依據什麽懲罰這些百姓的？我們從出土的秦律中看到下面的材料：“‘擅興奇祠，貲二甲。’可（何）如爲‘奇’？王室所當祠固有矣，擅有鬼立（位）殹（也），爲‘奇’，它不爲。”（《睡虎地秦墓竹簡·法律答問》）這條律文明確説，擅自祭祀禱告，就罰二甲。並解釋説，判定的標準是，這種祭祀禱告如果不是王室本來就有的，就可能獲罪。這可能就是《韓非子》中秦昭王所依據的法律條文。

秦漢時期對牛、馬這樣的力畜十分重視，不得擅殺。漢代戍邊士卒遺留的文書也可見到相關的記載：“建武四年五月辛巳戊子，甲渠塞尉放行候事敢言之，府移使者□所詔書曰：毋得屠殺馬牛。有無，四時言。謹案部吏毋屠殺馬牛者，敢□□。”（《居延新簡》E. P.F22：47A）這也許是秦百姓獲罪的深層原因。牛是當時農業生産的主要工具，牛車還是當時重要的交通運輸工具。另外，重要的祭祀也離不了牛。這一切都賦予了牛極高的價值。如果實際情形像《韓非子》所説，秦百姓每個居民社區都買牛禱告，那也是個不小的數目，至少該有上千頭牛被宰殺，其破壞性不容輕視。所以，不論是從法令的角度，還是從保護重要的生産工具這一角度出發，秦昭王都應該動用刑罰來懲處百姓。

三、《睡虎地秦墓竹簡》中的“并”與“並”

“並”與“并”現都簡化爲“并”，在古代文獻中二字並存，字形有顯著的差别。但很多出土文獻的整理者没有注意到二者的不同，或都寫作“并”，或都作“並”。現在有些學者注意到它們的差異，如在新舊居延漢簡中，“並”主要用爲人名用字，此外還可做時間副詞和介詞，“并”主要用作範圍副詞和時間副詞，以及連詞、動詞。

《睡虎地秦墓竹簡》中共出現“並”字 6 次，整理者都釋寫爲“並”。查原簡照片，字形並不相同：

（1）居貨贖責（債）者，或欲籍（藉）人與並居之，許之。(《秦律十八種》)

（2）同居毋並行。(《秦律雜抄》)

（3）其前謀，當并臧（贓）以論。(《法律答問》)

（4）當并臧（贓）以論，且行真罪、有（又）以誣人論？（《法律答問》）

（5）毋以午出入臣妾、馬 [牛]，是胃（謂）并亡。(《日書甲》)

（6）徙門，數富數虛，必并人家。五歲更。(《日書甲》)

其中，第（1）(2）例，原作“並”，用法都是副詞，意思是一起、同時。

後面4例都作“并”，有3例是動詞,“合并”的意思。“并亡”例，做副詞,“一起”的意思。從用法看，與居延漢簡類似，只是居延簡中“並”做動詞用的僅衹1例，而與此相關表統計“一共”義的例子很多。可見，原本“并”與“並”是有區别的，但很早二字就有混同的趨勢，在傳世典籍中，二字經後人的改竄，其差别已經模糊不清了，衹是在秦漢出土文獻中還可見其不同。

原載《中國文化研究》2006年夏之卷。

簡帛學的研究對象

【提　要】本文主要從三方面討論了簡帛學的研究對象，廓清了目前學界的一些模糊認識。認爲要嚴格界定簡帛學研究範圍，應確定爲二十世紀以後出土的、時代爲戰國至魏晋的、書寫有文字材料的竹木縑帛之類。而金石、盟書等不應納入簡帛學的範疇。

【關鍵詞】簡帛學　範疇

簡帛學，當然研究的對象就是簡牘帛書。但這個看似簡單的問題，目前學界的看法並不一致。比如《竹木春秋》提到，除常説的簡牘外，還有草簡、石簡、帛書、玉簡、墻皮書、古紙文書等。“可以説自戰國至魏晋這一歷史時期，除傳世的典籍文獻外，所有從地下出土的載有文字的遺物，不論漢文或少數民族語言，都可納入簡牘學科研究的領域，統稱爲簡牘。”[①] 沈頌金《二十世紀簡帛學研究》也説：“其研究對象包括自戰國至魏晋這一歷史時期，出土於地下的各種質材不一、形制各異、名稱不同、文字有别、記載有文字的考古遺物，諸如竹木簡

① 王震亞《竹木春秋》，甘肅人民出版社，1999年，第36頁。

牘、帛書、盟書、骨楬、石經、金節、玉版、銅符、紙籍之類。”[①] 簡帛學是否該囊括這些對象，有必要進一步明確。研究範圍的明確，有利於學科的健康發展。我們從以下幾個方面來探討。

一、出土文獻與傳世文獻

簡帛文獻，首先要明確應是出土文獻。過去我們接觸較多的主要是傳世文獻，也就是從古代流傳下來的典籍。雖經歷代毁損，絶大部分圖書不復存在，但流傳至今的仍可以説是汗牛充棟。

出土文獻主要有甲骨卜辭、金文石刻、簡牘帛書、紙質文書等。其中金石出土較早，加之有不少傳世器物，歷代受重視，很早就形成了金石學。而其他則多爲晚近的發現。

王國維 1925 年暑假在清華大學做過一次公開演講，就是後來在《清華周刊》350 期上發表的《最近二三十年中國新發現之學問》一文，後經過改定，收入《静庵文集續編》。他指出："古來新學問起，大都由於新發現。有孔子壁中書出，而後有漢以來古文家之學；有趙宋古器出，而後有宋以來古器物、古文字之學。"王國維認爲在當時的最近二三十年有四大發現："今之殷墟甲骨文字，敦煌塞上及西域各處之漢晋木簡，敦煌千佛洞之六朝及唐人寫本書卷，内閣大庫之元明以來書籍檔册。此四者之一已足當孔壁、汲冢所出。"[②]

簡帛的出土，漢代以來不斷見於記載，如孔子壁中書、汲冢竹書等。但古代出土的簡帛實物今天都看不到了，而流傳下來的整理本存在諸多疑問，其研究也應歸入古籍整理，即傳世典籍研究，而非簡帛學研究範疇。簡帛學的研究對象是二十世紀以來出土的，今天還可見實物的簡牘、帛書等。

國内出土的簡牘，還有部分非漢文的。王國維的這次演講，還講了"中國境内之古外族遺文"。故也有人稱之爲"五大發現"。主要有梵文、佉盧語、吐火

① 沈頌金《二十世紀簡帛學研究》，學苑出版社，2003 年，第 8 頁。
② 傅杰編《王國維論學集》，中國社會科學出版社，1997 年。

魯語等，包括石刻、簡牘、紙文書等。有些是與漢文簡牘同時出土的，如二十世紀初斯坦因在新疆、甘肅等地所獲。其中，非漢文的簡牘，應納入簡帛學研究範圍。衹是現在從事這方面研究的學者還不多。

此外，還有中國境外出土的簡帛文獻，如朝鮮平壤漢樂浪郡木札、韓國咸安城山山城木簡、日本奈良平城宫木簡，甚至英國、意大利等歐美國家也有簡牘出土。[①] 這部分文獻，如果是用漢字書寫的，與中國古代文化，特别是漢晋之前的文化相關的，應歸入簡帛學，衹是目前符合這一條件的不多。

二、時代

中國的簡牘帛書是什麽時候開始使用的？目前還是個謎，甚至可能是永遠也無法解開的謎。

目前所見成批的最早的上古文獻當屬甲骨卜辭。有專家推測，當時的一般圖書形態，應當是簡策，《尚書·多士》載："惟殷先人，有册有典。"甲骨文中就已經有了"册""典"，其字形有人認爲正像編聯的簡册，也有學者認爲像編聯的甲骨。一直到晋以後普遍采用紙質書籍，簡册作爲圖書的歷史，至少有一千多年。而甲骨、金石等都是文獻載體的特殊形態。現在可見的最早簡册，是戰國早期的曾侯乙墓出土的遣策。

帛書一直是較貴重的，使用少，且不易保存，出土實物相對于簡牘來説數量很少。目前最早的是出土於長沙子彈庫的"楚帛書"。

從出土情況看，簡帛實物主要用於從戰國至魏晋時期，更早的還没有發現。簡帛學研究的對象也可大致框定在這個範圍内。上承甲骨、金文，下啓唐宋紙質典籍。魏晋以後的簡帛也偶有出土發現[②]，但一般簡帛學不再關注。

---

① 參大庭脩《木簡在世界各國的使用與中國木簡向紙的變化》(《出土文獻研究》第四輯，中華書局，1998 年。又載《漢簡研究》，廣西師範大學出版社，2001 年。沈頌金《二十世紀簡帛學研究》，第 8 頁。

② 謝桂華《中國出土魏晋以後漢文簡紙文書概述》，《簡帛研究》2001（上、下），廣西師範大學出版社，2001 年。

三、書寫而非鑄刻

目前很多學者把時間作爲確定簡帛學研究範圍的重要尺度，如前面我們提到的《竹木春秋》《二十世紀簡帛學研究》等，這值得進一步討論。

現有的從戰國到魏晋時期的出土文獻，種類繁多。除簡帛外，大宗的如：①金文，如湯餘惠編《戰國銘文選》（吉林大學出版社，1993年），孫慰祖、徐谷甫編《秦漢金文彙編》（上海書店，1997年）；②石刻，如石鼓文、詛楚文、中山國守丘刻石、繹山刻石、泰山刻石、琅琊刻石、會稽刻石、萊子侯刻石等，東漢的石刻文字就更多了，像熹平石經、曹全碑等長篇大制；③璽印、封泥，羅福頤主編《古璽彙編》（文物出版社，1981年），孫慰祖主編《古封泥集成》（上海書畫出版社，1994年），周曉陸、路東之編《秦封泥集》（三秦出版社，2000年）；④貨幣文字，張頷《古幣文編》（中華書局，1986年）；⑤盟書，主要有侯馬盟書、温縣盟書等。還有些陶文、瓦書等。

這些出土文字是否都屬簡帛學研究的對象，很有必要討論。

我們覺得，它們絶大部分不能納入簡帛學的範圍。金文、石刻以及璽印、封泥、貨幣文字，應屬金石學範疇。戰國以後的金文，雖没有商周金文的篇幅大，不屬於金文的主體，但有其特色，已經引起了很多學者的關注。相對而言，石刻文獻不太受重視，文字多屬隸書等今文字，時間的跨度也很大，内容多是墓志等。

金文、石刻以及璽印、封泥、貨幣文字，都是鑄刻而成，或是與鑄刻有關。而簡帛文獻是用筆書寫而成的，有明顯的差異。唐以後，有學者以爲簡牘上的字是刀刻的，則是一個極大的誤會。目前出土的簡牘都是墨書，未見有刀刻的。

盟書，也稱載書。侯馬盟書、温縣盟書，據研究都是春秋時期晋國之物，參加盟誓的人，舉行儀式，把誓詞寫在玉版上，殺牲祭祀，挖坑放進祭牲，加玉版於其上，埋在地下。以取信于鬼神，加强内部的團結。材質雖是石片，但並非刻的，而是寫的。因而，把它歸入刻石還是簡帛，似乎都有困難。我們傾向於歸入石刻類。也就是説，歸入金石學範疇。如果把盟書納入簡帛學，則目前所見的簡帛實物的時代就要往前推，不是一般所説的戰國時期，而是春秋時期。從時代來看，盟書與現有的簡帛也不太一致。當然，也不能排除今後發現春秋時期或更早的簡帛文獻。

四、結論與討論

通過以上探討，我們可以明確，簡帛學與甲骨學、金石學、敦煌學並列，這些學科的研究對象相互並無交叉。書寫於竹、木、帛等材料上的文字，可以明確屬簡帛學研究的對象，而鑄刻於甲骨、金石之上的文字則可以明確地說不屬於簡帛學研究範圍。

需要討論的還有紙質文書。目前出土的兩漢時期紙文書，一般稱爲古紙文書，以區別於蔡倫造紙以後逐漸普及的紙文書。目前的古紙文書主要出土於新疆、甘肅、内蒙古等地，數量較小。一般習慣上把甘肅、内蒙古等地與簡牘同時出土的古紙文書納入簡帛學範圍，這有其便利之處，而且量很小，不影響學科整體内容。但嚴格來説，我們覺得可以把這部分古紙文書放在“敦煌吐魯番文書”之中。“敦煌學”涉及的文書基本是紙質的，除敦煌藏經洞中出土的之外，主要就是新疆、甘肅等地陸續出土的。從時代來説，比簡帛文獻稍晚，主要是在晋至唐五代，爲以手寫爲主的紙文書時代，下接宋以後的印刷書籍。把“敦煌吐魯番文書”上推至兩漢的古紙文書，使紙文書的發展史更趨完整，這也是很自然的事。現在“敦煌學”學者已經在這樣做了。

此外，還有些特殊種類的文書。如肩水金關出土的墻壁書，即當年題寫在墻壁上的字迹，有學者認爲就是簡牘中常見的“扁書”。因目前没有專門研究此類文字的，且與簡帛同時出土，故可以納入簡帛學。

以上所論，是所謂狹義的簡帛學，或者説是現代簡帛學，是簡帛學的核心部分。而廣義的簡帛學則包括古今中外所有涉及簡牘、帛書的論著，如孔宅壁中書的發現研究、汲冢竹書的發現研究等。古代對簡帛的研究從漢代就開始了，是爲現代簡帛學的奠基、前奏。只是古代的簡帛研究還較零散，内容狹窄，還不足以成爲獨立的學科。另外還可以包括前面提到的境外出土的簡帛文獻。

原載《中國文化研究》2007 年秋之卷。

略談中國簡帛學的分期問題 ①

【提　要】我們把 100 多年來的簡帛學分爲三個階段：創立期、拓展期、繁榮期。認爲簡帛學的起點當定爲 1901 年，而 20 世紀頭 20 年是簡帛學的創立時期。第一階段即二十世紀的頭 50 年，經歷了外國人在西北的探險考古及中國人開始科學考古發掘兩個時期，還出土了子彈庫楚帛書等少量帛書，沙畹、王國維等學者的研究開創了簡帛學的正確道路。第二階段即 1950–1979 年，楚簡、秦簡、兩漢魏晉簡帛等大量出土，中國臺灣、日本等地的簡帛研究引人矚目。第三階段即 1980 年以後，大批簡帛資料公開，研究熱點不斷，涌現出一批高品質的成果及高水準的專家，新出土了一批重要的簡帛資料。

【關鍵詞】簡帛　簡帛學　分期

目前我們見到的簡牘、帛書，都是二十世紀以後出土的。從歷史上看，至少漢代就開始出土簡帛文獻了。但二十世紀前出土的這些簡帛實物都已經散佚了，雖歷代史不絶書，但我們從史書上看到的零星記載，真僞雜陳，我們也疑而不能

① 基金項目：國家社科基金“西北屯戍簡牘詞彙研究”（12BYY078）。

辨。簡帛的整理研究是與其出土相伴出現的。這些整理研究我們也衹能從史籍中一窺其大概，整理成果流傳至今的也屬鳳毛麟角。因而我們把二十世紀前稱爲“前簡帛學時代”。

自二十世紀初簡帛的發現至今已有一百多年。簡帛學分期，目前尚無爲大家普遍接受的看法。沈頌金分爲四個階段：1914–1930 年爲萌芽期，1931–1949 年爲創始期，1950–1978 年爲發展期，1979–2000 年爲繁榮期。[①] 这爲簡帛學分期研究打下了很好的基礎。但還有些問題需要討論。社科院簡帛研究中心編《簡帛研究文庫·總序》:“簡帛學産生於 20 世紀。20 世紀簡帛學的發展以 1949 年爲界，大體可分爲前、後兩個歷史時期，各約五十年。”[②] 分期略顯粗疏。

簡帛學發端于 20 世紀初，這是大家的共識。但具體的起始年代，目前有 1900 年、1907 年、1914 年等多種説法，1900 年是斯坦因第一次中亞考古探險發現漢文簡牘的時間，1907 年是斯坦因第二次中亞探險發現漢代簡牘的時間，而 1914 年是《流沙墜簡》出版的時間。首先我們認爲，應以簡牘發現的時間爲起始點。毫無疑問，斯坦因在丹丹烏里克、尼雅等地發現漢文簡牘，是簡帛學的大事。

二十世紀發現的第一枚漢文簡牘，是 1900 年 12 月斯坦因在丹丹烏里克發現的。《沙埋和闐廢墟記》:“此後不久，證實了我的這一猜測。好像是要證實我的有關該房屋居民的猜測，首次發現了漢文文書。那是根紅木棍，長約 14 英寸，寬約 1 英寸，兩面都削平了一部分，各有幾豎行大約 12 個漢字，大部分墨迹已很模糊。根據僅有的幾個較清晰的字，無法解釋它們的意義，但看來或許這個木棍曾被用作符木，使它用來記述確定的數量。”[③] 在《古代和田》中也有類似的記載。經胡平生、鄧文寬等學者的研究[④]，這枚木簡是斯坦因於 1900 年 12 月在丹

① 沈頌金《二十世紀簡帛學研究》，學苑出版社，2003 年，第 30 頁。

② 中國社會科學院簡帛研究中心《張家山漢簡〈奏讞書〉研究》，廣西師範大學出版社，2006 年。

③ 斯坦因《沙埋和闐廢墟記》，殷晴等譯，新疆美術攝影出版社，1994 年，第 198 頁。

④ 胡平生《20 世紀出土的第一支漢文簡牘》，《文物天地》2000 年第 5 期；鄧文寬《“20 世紀出土第一支漢文簡牘”獻疑》，《中國文物報》2001 年 2 月 7 日；胡平生《再説 20 世紀出土的第一支漢文簡牘》，《中國文物報》2001 年 4 月 11 日；鄧文寬《“20 世紀出土第一支漢文簡牘”新釋》，《中國文物報》2001 年 5 月 30 日。

丹烏里克發現的，編號爲“D.V.5”號（=S.5891）。正面：“[日辰]思[略]納青壹碩（石）壹斗伍升了，六年九月二十五日官檢懷珍惟”，背面：“■青一石一斗五升，阿閉娑，青一石一斗惟”。内容大概是，某年某月某日之辰時，思略（人名）繳納青麥一石一斗五升。勾檢官史懷珍於六年九月廿五日進行勾檢，審核無誤，於是署名并畫上了“了”形勾檢符號。判官富惟謹署名認可。背面是另兩筆同一性質的賬目，富惟謹也署名認可。其内容屬於“賬曆”，故可定名爲《唐思略等納青麥曆（木簡）》。此簡年代，從其他資料可知思略活動年代在西元777—788年間，而富惟謹以“判官”身份署名的文書多在公元798、801和802等年份。此二人名字又同時出現於D.V.5號木簡上。而勾檢官史懷珍既出現於這枚木簡上，又與富惟謹同時出現於斯文·赫定24號文書上。綜合這些因素推測，木簡上史懷珍所署“六年九月廿五日”，或爲貞元六年（790年），或者更晚。這是一枚唐代的木簡。我們曾提到，簡帛學研究的對象主要是魏晋以前的，即紙張普遍使用之前。[①]而這枚木簡是唐代的，所以，一般簡帛學著作很少提到。斯坦因在新疆、甘肅等地發掘的漢文簡牘時代甚至有晚到元明時期的[②]，這些發現證明，邊疆地區簡紙並用的時間比内地要長得多。

1900年在丹丹烏里克發現的這枚漢文簡牘不具有典型性，那麽我們是否應該以1907年斯坦因第二次中亞探險發現漢代簡牘爲簡帛學的起點呢？回答是否定的。1901年1月、2月間，斯坦因在尼雅遺址發現大量魏晋時期漢文簡牘。“這些漢文木簡的用料和形狀都明顯相同，……漢字都寫在又窄又薄的木片上。”“通過沙畹的闡釋，甚至非漢學家都很容易認識到其特殊的古文物研究的意義和歷史價值。”[③]數量有50枚。沙畹《丹丹烏里克、尼雅、安迪爾發現的漢文文書》第二部分收尼雅簡49枚，有1簡爲原斷裂的兩簡的綴合。羅振玉、王國維《流沙墜簡》在補遺部分收録44簡，因有幾簡文字模糊而未録。關於其年代，林梅村認爲大都是魏晋時期，“有些文書雖無紀年，但從其他方面可判斷相對年代。如尼

---

① 魏德勝《簡帛學的研究對象》，《中國文化研究》2007年秋之卷。

② 邢義田《英國國家圖書館藏明代木牘試釋》，《英國國家圖書館藏斯坦因所獲未刊漢文簡牘》，上海辭書出版社，2007年，第99頁。

③《古代和田》，山東人民出版社，2009年，376頁。

雅 N.V. 遺址所出木簡，均爲工整的漢隸書寫，研究者一致認爲係漢代墨迹。聯繫尼雅遺址最早的遺存在東漢時期，因此推測這些木簡很可能是東漢遺物。”①

幾乎就在同時，1901 年 3 月，西域的另一位探險者瑞典人斯文·赫定在樓蘭遺址發現了一批魏晋時期漢文簡牘。簡上有“咸熙”“泰始”等魏晋年號。約有 120 枚。這批簡牘斯文·赫定曾委託德國人卡爾·希姆萊（Karl Himly）研究，希姆萊 1902 年發表《斯文·赫定在古羅布淖爾旁邊的發掘》。後因希姆萊去世，又轉由另一德國學者奥古斯特·孔好古（August Conrady）完成考釋。1920 年，孔好古在斯德哥爾摩出版了《斯文·赫定在樓蘭發現的漢文寫本及零星物品》，公布了這批文書。②

因此，我們可以肯定地說，1901 年初，斯坦因、斯文·赫定在尼雅、樓蘭遺址發掘的東漢至魏晋時期漢文簡牘，是我們目前可見發掘時間最早的、典型的簡牘實物，是現代簡帛學的起點。

以 1901 年爲起點，二十世紀初以來簡帛學的一百多年，可以分爲三個發展階段。二十世紀的前五十年爲第一階段，是簡帛學的創立期。1901–1929 年是外國人在西北探險考古的時期，1930–1949 年是中國人開始科學考古發掘的時期。這 50 年簡帛出土地局限於西北屯戍遺址，簡帛學關注的資料主要出土於漢代長城遺址沿綫。這一時期出土的簡帛收藏於中國大陸的數量極少，主要存於中國臺灣及英國倫敦。第一階段的簡帛研究已經初具規模，在簡文釋讀、史地研究、烽燧考察等方面成就突出。學者已經完全認識到簡帛史料的價值，在學界已産生極大影響。而時局的動蕩也極大限制了研究的深入，有幸目睹簡牘實物，即使是照片的，都爲數甚少。公開印刷出版的釋文也衹在小範圍内流通。當然，第一階段分期的依據也與 1949 年中華人民共和國成立有一定關係。政治的大變革，勢必影响學術研究。1949 年以後我國臺灣地區有了簡帛的研究，有了大批簡帛的收藏。而中國大陸發掘出土的簡帛都收藏於大陸的各大博物館。1950–1979 年，這是簡帛學的第二個階段，是拓展期。隨着社會的穩定，學術研究正走上正軌。各地百

① 林梅村《樓蘭尼雅出土文書》，文物出版社，1985 年，第 8 頁。

② 參看林梅村《樓蘭尼雅出土文書》（文物出版社，1985 年）、孟凡人《樓蘭鄯善簡牘年代學研究》（新疆人民出版社，1995 年）、侯燦等《樓蘭漢文簡紙文書集成》（天地出版社，1999 年）。

廢俱興，土木工程建設中大量簡帛被發現，楚簡、秦簡、兩漢魏晋簡牘帛書，記録被一次次刷新，報導中屢屢見到“第一次”，第一次發現楚簡，第一次發現成篇的典籍，第一次發現秦簡，如此等等。正當學界興奮異常，準備大幹一場，十年“文革”打碎了很多人的夢，簡帛整理被迫停頓。所以第二階段的劃分也多少與政治氛圍相關。在這一階段，中國臺灣的簡帛研究從無到有，成果豐碩，引人矚目。日本的漢簡研究也迅速崛起，培養了一批在國際漢學界有影響的漢簡研究專家。綜合以上狀況，我們把第二時期稱爲簡帛學的拓展期。1980 年以後爲簡帛學的第三階段，大批材料的公布，政治上的稳定，都爲學術發展掃清了障礙。加之大量重要簡帛材料的出土，使得簡帛研究走向繁榮。中國大陸、中國臺灣地區和香港地區，以及海外的日本、韓國、歐美都有大量研究者。中國大陸自然成爲簡帛學研究的中心。我們把第三階段稱爲簡帛學的繁榮期。

至于簡帛學的創立時間，學界也没有明確的答案。我們認爲，其創建也非一朝一夕之事，而是在一段時間裏出現一系列影響深遠的成果，並且當時就在學術界引起關注。簡帛學肇始於二十世紀初，斯坦因、斯文·赫定在西北大漠發現漢文簡牘是簡帛學發生的契機。法國漢學家沙畹 1905 年發表《紙未發明前之中國書》，因目睹斯坦因所發掘的漢文簡牘而據中國古籍考訂古代簡牘制度；1907 年發表《丹丹烏里克、尼雅、安迪爾發現的漢文文書》，考釋了斯坦因第一次中亞探險所獲漢文簡牘；1913 年出版專書，考訂了斯坦因第二次中亞探險所獲漢文簡牘。中國學者王國維 1912 年在日本作《簡牘檢署考》，也是耳聞斯坦因、斯文·赫定等人掘獲漢文簡牘轉而發掘古書中的相關記載。1914 年，羅振玉、王國維在日本出版《流沙墜簡》，是在得到沙畹寄來的簡牘照片等資料後，花費數月時間考訂而成，羅振玉在《序》中說：“光緒戊申（1908 年），予聞斯坦因博士訪古於我西陲，得漢晋簡册載歸英倫。神物去國，惻焉疚懷。”可見其對中國古代文獻的珍視。日本西本願寺大谷光瑞派橘瑞超於 1908 年往中國西北探險發掘，在海頭城掘獲木簡五枚，紙文書三十九件，包括著名的《李柏文書》。《流沙墜簡·附録》中收録了四紙，並進行了考證。日本學者香川默識 1915 年把橘瑞超所獲的文書編成《西域考古圖譜》一書出版。德國漢學家孔好古 1920 年發表《斯文·赫定在樓蘭發現的漢文寫本及零星物品》，公布了斯文·赫定掘獲的漢文簡牘。在這十幾年的時間裏，簡帛研究成果密集發布，成爲國際漢學界的熱點，翻譯、介紹、評論的文章更多。因此，20 世紀的頭二十年是簡帛學的創立時間，這個時期出現的這一系列成果都是簡帛學創立的標志性成果。而且，簡帛學的創立具有明顯的國際性。當然，其中成就最高的當數中國學者的《流沙墜簡》。

這一系列標志性成果所做的工作主要有：釋文、按内容分類、字詞考釋、對涉及的年代史實進行考證，以及對簡册本身的起源、製作、書寫、修改等，《流沙墜簡》甚至還利用考古資料編排了漢代西北烽燧的圖表。簡帛學的研究對象、研究方法、研究内容等基本問題都有所涉及。後來的簡帛研究基本就是按照他們開拓的路在往前走。簡帛學的創立是 20 世紀前 20 年裏這一群學者的貢獻。

第一階段的另一件大事，就是居延漢簡的發現。它也把這一階段分爲前後兩個時期。前期，從 20 世紀初至 20 年代末，從事中國出土簡帛整理研究的代表人物主要是西方學者，有斯坦因、斯文·赫定、沙畹、馬伯樂、孔好古等，中國學者只有羅振玉、王國維。1930 年代西北科學考察團發現萬枚居延漢簡，中國學者成爲整理、考釋、研究的主體。西方學者的成果急速減少。雖然居延漢簡由中外學者聯合發掘，但簡牘實物留在了中國，西方學者失去了據第一手資料做整理、考釋的條件，中國學者不再仰賴他們的成果進行自己的研究，學術話語權回到了自己的手中。這是劉半農、袁復禮等學者努力的結果，是中國整個學術界覺醒、獨立的結果，是中國民衆奮起抵制外强、不斷抗争的勝利。在第一階段後期，做出突出貢獻的學者有：勞榦、賀昌群、馬衡、向達、余遜、傅振倫、黄文弼、陳槃、夏鼐、陳直、陳邦福、張鳳、嚴耕望、陶元甘等。他們所做的工作包括整理、釋文、據釋文做歷史地理研究、修訂釋文等，内容也涉及之前出土的敦煌漢簡等其他簡帛資料。這一階段值得一提的還有 1942 年前後出土的長沙子彈庫戰國楚帛書。這是到目前爲止出土的年代最早的帛書。另斯坦因的發掘品中至少有 4 件帛書，其中兩件（1871、1872）是漢代的書信。一件完整，一件稍殘。係同一個叫政的人寫給幼卿君明的兩封信。還有一件帛書，一面有黑色印章，另一面有 28 字："任城國亢父縑一匹，幅廣二尺二寸，長四丈，重廿五兩，直錢六百一十八。"（1970A）另一件寫有零星文字（1555）。另有一些外族遺文殘帛、無字的帛片等。居延漢簡中共有 6 件漢文帛書，破城子（A8）出土帛書 3 件，地灣（A33）出土帛書 3 件，都是漢代遺物。

第二階段，即中華人民共和國成立後，簡帛的發現和研究呈現很多新的特點。一是出土地由過去的烽燧遺址爲主變成墓葬出土爲主。二是所有發現都是由中國人在考古發掘中出土的，出土的簡帛文物都保存在中國的各博物館，出土簡帛外流的現象極少。三是多批戰國楚簡、秦簡、漢簡、漢帛書出土，如湖南長沙仰天湖楚簡、河南信陽長台關楚簡、湖北江陵望山楚簡、湖北雲夢睡虎地秦簡、甘肅武威漢代《儀禮》簡、甘肅武威醫簡、山東臨沂銀雀山漢簡、湖南長沙馬王堆漢墓帛書、河北定縣漢簡、甘肅居延新簡、安徽阜陽雙古堆漢簡等等。每一次發現都轟動國際漢學界，故對新出土簡帛的介紹、整理、考釋成爲這一時期的一大亮點。這些發現把簡牘實物的年代大大提前，也擴大了出土地的範圍。此外，大量竹簡的出土，改變了早期多木簡的現象。大量典籍的出土、大量帛書的出土也是這一階段突出的特點。陳夢家在 1960 年代所做的創造性工作，也是這一階段的一個重要内容，他的研究使西北漢代屯戍簡牘研究向前推進了一大步。

第三階段，即 1980 年以後，是簡帛學發展、繁榮的時期。1980 年《居延漢簡甲乙編》的出版，可以作爲這一階段的標志。第三階段的特點：

一是大批簡帛資料公開，可資利用的材料空前豐富。在 20 世紀 80 年代之前，學者能够利用的出土簡帛資料極少。如居延漢簡，雖然是 30 年代出土的，但勞榦早期的釋文印刷量極小，1957 年勞榦在中國臺灣出版《居延漢簡圖版之部》，使這種狀况得以改觀，但中國大陸一般學者難以有機會看到。1959 年科學出版社出版了中國科學院考古研究所編的《居延漢簡甲編》（考古學專刊乙種第 8 號），但並非完璧。直到 1980 年中華書局出版了中國社會科學院考古研究所編的《居延漢簡甲乙編》（考古學專刊乙種第十六號上下册），才有了較完整的照片、釋文。同樣，最早出土的敦煌漢簡，除了西方人刊布的之外，最早著録的是《流沙墜簡》，此後張鳳 1931 年出版《漢晋西陲木簡彙編》（上海有正書局發行）。或是零散，或是不準確，都難如人意。1984 年，林梅村、李均明在文物出版社出版了《疏勒河流域出土漢簡》，始有較可靠的資料，但還是没有圖版。直到 1991 年《敦煌漢簡》（甘肅省文物考古研究所編，中華書局）的出版，才改變了這種局面。相對來説，80 年代之後，一般學者所能利用的資料極大豐富了，無論是過去出土的，還是新出土的，都能見到完整的、準確的圖文資料。由此帶動了相關學科的快速發展。

二是研究熱點不斷，如雲夢秦簡、居延新簡、馬王堆帛書、郭店楚簡、上博簡等。由此出現大批高品質的研究成果，涌現一批簡帛研究專家。過去，以簡帛研究爲主的學者不多。在第三階段已經有不少學者把簡帛作爲他們的主業、專業。如謝桂華、李均明、胡平生、何雙全、陳偉、張俊民、張德芳、劉樂賢、張顯成等。還有些學者在簡帛學方面做出突出貢獻，如李學勤、裘錫圭、饒宗頤、李零、廖名春、高敏等，可以説是數不勝數。更有很多年輕學者在簡帛學上嶄露頭角，讓我們看到了簡帛學未來繁榮發展的希望。這些學者以研究機構、高校、出土地等爲中心而相對集中，形成多個集團。中國社科院 1995 年 3 月成立簡帛研究中心，這是中國大陸第一個簡帛研究的專業機構，主辦《簡帛研究》等專業刊物，編輯出版了多種叢書。武漢大學 2005 年成立簡帛研究中心，主辦《簡帛》集刊，承擔教育部社會科學研究重大課題攻關項目"楚簡綜合整理與研究""秦簡綜合整理與研究"等。復旦大學 2005 年 1 月成立出土文獻與古文字研究中心。清華大學 2008 年成立出土文獻研究與保護中心，主要工作是整理清華大學藏戰國竹簡。北京大學也成立了出土文獻研究所，主要工作是整理北京大學藏漢簡、秦簡。湖南省 2002 年 11 月 16 日正式批准成立長沙簡牘博物館，以整理保護 1996 年長沙出土的 14 萬枚孫吴時期簡牘，2007 年 11 月 8 日正式對外開放。甘肅省先後於 2007 年、2012 年成立甘肅簡牘保護研究中心、甘肅省簡牘博物館，主要承擔對甘肅省出土簡牘的收藏保管、保護修復、整理研究和展示利用等職責。中國大陸逐漸成爲國際簡帛研究的中心。

三是新出土一批重要簡牘資料。這一時期出土的重要楚簡有：湖北江陵九店楚簡、湖北荆門包山楚簡、湖北荆州郭店楚簡、河南新蔡葛陵楚簡；重要的秦簡有：甘肅天水放馬灘秦簡、湖北雲夢龍崗秦簡、湖北荆州沙市區關沮周家台秦簡、湖北江陵王家台秦簡、湖南龍山縣里耶秦簡；重要的漢簡、三國簡有：湖北江陵張家山漢簡、甘肅敦煌懸泉漢簡、江蘇連雲港東海縣尹灣漢簡、內蒙古額濟納河漢簡、湖北隨州孔家坡漢簡、廣州西漢南越國木簡、安徽天長漢墓木牘、湖北雲夢睡虎地漢簡、甘肅水泉子漢簡、湖南長沙走馬樓漢簡、走馬樓三國吴簡等；還有多批被盜掘出土、從文物市場搶救回來的簡牘，如上海博物館藏戰國楚簡、清華大學藏戰國楚簡、武漢大學藏戰國楚簡、岳麓書院藏秦簡、北京大學藏秦簡、北京大學藏漢簡等。學術界對簡帛文獻的重視超過以往任何時期，任何一次大發現都會引起學術界的震動，人們在發掘秦漢遺址、墓葬時，發掘者對簡帛的出土充滿期盼。甚至有多次明確以發掘簡帛爲目的的考古行動。在這種氛圍中，發掘時簡帛實物被忽略、毀壞的可能已經幾乎不存在了，殘篇斷簡都被奉爲至寶，這也促使簡帛發現的數量突飛猛進。同時，簡帛的保護、整理也日臻成熟，研究者可以看到更清晰的圖版，更準確的釋文。當然，偶然性也是存在的，對此，人們總愛説“地不愛寶”。到目前爲止，出土簡帛總量超過三十萬枚。[①]

原載《魯東大學學報》（哲學社會科學版）2013 年第 6 期。

① 參李均明等《當代中國簡帛學研究》，中國社會科學出版社，2011 年，第 43 頁。

初讀浙江古籍版《流沙墜簡》

隨着簡帛文獻一批批從地下出土，學界一次次掀起研究的熱潮，一百年前初版的《流沙墜簡》也再次回到人們的視野中。這部現代簡帛學中中國人撰寫的第一部專著成爲大家討論的焦點。這本由當時旅居日本的羅振玉、王國維編撰的名著1914年在日本出版，以後又不斷修訂，於1934年出版修訂本。中華書局1993年據修訂本影印出版，這是目前最常見的本子。2009年，浙江教育出版社、廣東教育出版社聯合出版《王國維全集》(以下簡稱《全集》)，其第4卷收録了《流沙墜簡》中王國維所作的《序》《屯戍叢殘考釋》《流沙墜簡補遺考釋》《附録》《烽燧圖表》等，這是《流沙墜簡》的第一個點校本，但非全帙，羅振玉所作《序》《小學術數方技書考釋》《簡牘遺文考釋》等都未收録。2013年浙江古籍出版社作爲“浙江文叢”之一出版了點校本《流沙墜簡》，這是第一部全本的點校本，爲我們閱讀這部名著帶來了不少便利。書前的《整理説明》介紹了這本書的内容，以及羅、王在簡帛學方面的貢獻，特别是提到王國維已經注意到考古信息的價值:“王氏還重視考古學，注意簡牘文獻出土地點所提供的綫索，盡力復原簡牘保存的原始狀態，在簡牘研究中具有的重要價值。”據簡牘的出土地點考訂了海頭等古代遺址的位置，初步排定了長城烽燧的走向及方位。還通過考古綫索，綴合斷簡，編聯簡册，開創了復原簡册的先河。這些研究對準確評價羅、王對簡帛學的貢獻，對簡帛學史都很重要。但初讀之後，發現這個本子也存在一些缺失，提出來供大家參考。

首先是印刷校對方面顯得有些粗疏，出現了一些低級錯誤。如《整理説明》的第 4 頁、第 5 頁兩次把日本大谷光瑞的“大谷”寫成“大穀”。24 頁把日本學者大庭脩寫成“大庭修”。26 頁把“李柏文書”寫成“李相文書”。34 頁把“龍谷史壇”寫成“龍穀史壇”。正文的 14 頁“故曰伏也”寫成“故日伏也”。48 頁“系知何人賊殺”，當爲“不知何人賊殺”。94 頁“吴守御器薄”，“吴”當爲“兵”。95 頁“以書思封命”，“封”當爲“對”。98 頁、99 頁“虻矢”當爲“蝱矢”。101 頁“末至鞮汗山”，“末”當作“未”。106 頁“褌衣”當爲“襌衣”。121 頁“不得興賓”當爲“不得其實”，原文“實”寫作“賓”，與岳麓書院藏秦簡的寫法一致。還有些明顯的别字，如《整理説明》的 28 頁把“徐蘋芳”寫成“徐蘋方”。29 頁把“有正書局”寫成“有政書局”。

其次，標點的錯誤有不少。而且大都是出版在前的《全集》不誤，但新版的點校本却點錯了，讓人不能理解。如《考釋》第 4 頁“出敦十五。甲長三百六十米里邁當，……”句號當在“甲”後，“敦十五甲”是出土地編號。第 9 頁“黑力、黑風、風後，皆黄帝臣”當作“黑，力黑；風，風後，皆黄帝臣”，這是解釋上文“黑風”二名，下文説“‘力黑’即‘力墨’之譌”，把“力黑”點開，就無法與下文呼應了。53 頁“揚雄所謂東南一尉，西北一候尉，謂都尉候，則候官也”當作“揚雄所謂東南一尉，西北一候。尉謂都尉，候則候官也”，《全集》不誤。66 頁引《論衡》：“兩郡遺書曰，‘敢告卒人’……”“曰”字後不當點斷，《全集》不誤。69 頁“先發吏、有罪及贅壻”，“吏”後不當點斷，《全集》不誤。74 頁“反復百八十八里、百廿步”，“里”後不當點斷，《全集》不誤。77 頁“床字，體作縻，禾穄也”當作“床，字體作縻，禾穄也”，《全集》不誤。79 頁“虜二千五百人侯千百五十户”當作“虜二千五百人，侯，千百五十户”，《全集》不誤，而且同書 215 頁同樣内容標點也不誤。88 頁“削工，治刀劍、室者”，“劍”後不當點斷，《全集》不誤。97 頁“古人用弩行，則或操之，……”當作“古人用弩，行則或操之”，

《全集》不誤。108 頁“《説文》‘胡牛頷垂’也”當作“《説文》:‘胡，牛頷垂也’”，《全集》不誤。110 頁“綫所以通，繩孔所以受封泥”當作“綫所以通繩，孔所以受封泥”，《全集》不誤。117 頁“妻君寧時在旁知狀”，“旁”後當點斷；“時知券約趙滿、何非沽酒各二斗”，“非”後當點斷。《全集》均不誤。

第三是引文處理的問題。有些是引文，却没有放進引號内；有的是撮取原文的一些字句，並非全引，却用了引號。如《考釋》第 14 頁“《正義》：‘六月三伏之節，起秦德公爲之，故云初伏。’伏者，隱伏避盛暑也。《曆忌釋》云：……”實則後面包括《曆忌釋》的引文都是《正義》文，但没有被納入引號内。17 頁引《漢書》注“桓譚以爲通人之蔽也”，也是《漢書》注文，却放在引號外了。21 頁引《淮南子》却没用引號，當作：“見《淮南子·天文訓》：‘大時者，咸池也；小時者，月建也。’”46 頁引《續漢志》，衹是略述大意，並非全引原文，所以引號應删，《全集》誤同。51 頁引《漢書·王莽傳》，亦是述其大意，與原文字句不全同，故也不應用引號，《全集》不誤。80 頁引《西域傳》，是分引了兩段，標點却誤合爲一段，當作：“自玉門、陽關出西域有二道，從鄯善傍南山北，波河西行至莎車，爲南道。”“自車師前王庭隨北山，波河西行至疏勒，爲北道。”《全集》誤同。104 頁引《説文》，“鍪”和“鏊”明顯是兩條，却被引在一起，《全集》不誤。

此外，還有些值得討論的問題。《流沙墜簡》的署名，一直是羅振玉在前，但這個點校本却是王國維在前，讓人有些詫異。署名一定要尊重原書，不可隨意改動。“附録一”是《流沙墜簡考釋補正》，王國維的這篇文章針對的是 1914 年的初版，而現在《考釋》部分是 1934 年已經修訂過的版本，所以這篇附録已經没有任何意義，修訂本中已包括了這些内容。這篇文章發表於 1916 年，文章開頭就標明了時間“丙辰二月”，而不是點校本説的 1935 年。這本書標明是“點校”，但似乎只有“點”，而無“校”。《全集》有“校勘記”，但這個點校本没有，似乎有名不副實之嫌。

原載《簡帛》第九輯，上海古籍出版社，2014 年。

簡帛文獻語言研究應注意的幾個問題

【提　要】我們從釋文的審核、標點斷句版式、詞義的確定、詞形、對簡帛文獻中缺字的認識等五個方面，討論了把簡帛文獻作爲漢語史語料時應注意的一些問題。

【關鍵詞】簡帛文獻　漢語史

運用簡帛文獻研究漢語史已經成爲漢語史研究的一個熱點，有關論著越來越多。但簡帛文獻作爲出土文獻，有其自身的特點，不能與傳世典籍文獻等量齊觀，完全用過去專書語言的研究方法有時會出現偏差。也就是説，我們要充分重視出土文獻的語言特點，把研究建立在科學的基礎之上。下面就一些具體的例子談幾方面問題。

一、釋文的審核

大家把簡帛文獻作爲漢語史語料時，大多是依據公開出版的釋文。釋文多由多位專家歷時多年完成，爲我們提供了較可靠的研究資料。但百密一疏也在所難免。最嚴謹的做法是，在利用釋文時，對照原簡圖片，審核每一個字。但能够這樣做的並不多，一是工作量大，不易操作；二是有很多簡帛圖版較模糊，也有些圖版還沒有公開發表。

每一種簡帛資料出版後，我們總能看到討論釋文的論文，有的釋文的問題還相當突出。如《敦煌漢簡》803B："言却適卒侯薪留稚，曰失中過顯明。"共14字，有3字誤釋，當爲"言却適卒取薪留穉，日失中過顯明"[①]。如此一類的問題不少。產生誤釋的原因很多，如誤讀草書、不識俗字、混淆形近字等。有些字楷書區别明顯，但在簡帛中寫法類似，如"七"與"十"，"大"與"六"，"土""士"與"出"等。[②]還有些字在草書中難以區分，如"卿"與"叩""鄉"，"門"與"聞"，"丈"與"支"等。而一些從隸書以後就形近難辨的字就更易錯釋誤排，如已、己、巳，日、月，刺、剌，門、鬥，日、曰，水、木，等等。

如《睡虎地秦墓竹簡·日書甲》："毋以辛壬東南行，日之門也。毋以癸甲西南行，日之門也。毋以乙丙西北行，星之門也。毋以丁庚東北行，辰之門也。"依文例，"毋以癸甲西南行，日之門也"的"日"有誤，查原簡圖版，正作"月"。

還有一種情况跟繁簡字有關。如"于"與"於"、"并"與"並"、"筑"與"築"、"饑"與"飢"、"几"與"幾"、"气"與"氣"、"獲"與"穫"、"虫"與"蟲"、"后"與"後"、"愿"與"願"、"无"與"無"等。這一類字在簡化字中都合成一個字了，但繁體字中是不同的兩個字，很多繁體字本的簡帛釋文都想當然地合成一個字了，如《睡虎地秦墓竹簡》1990年繁體字版中多作"於"，但查原簡圖版可見很多寫作"于"。這樣的失誤就會影響到語法史的研究。

目前簡帛整理尚沒有嚴格的統一的格式體例，比如對異體字的處理就有寬嚴的不同。如《睡虎地秦墓竹簡·凡例》："釋文盡可能用通用字體，如灋改作法，辠改作罪，穜改作種。"這就是比較寬的做法。如果只看釋文就會影響我們對秦簡用字的研究。

還有就是我們要避免誤讀釋文。如西北屯戍簡牘中常見"禪衣"一詞，但

① 謝桂華《漢簡草書辨正舉隅》，《簡帛研究》第三輯，廣西教育出版社，1998年。
② 黄文杰《秦至漢初簡帛形近字辨析》，《簡帛研究》第三輯，廣西教育出版社，1998年。

有人讀成了“禪衣”，還跟佛教挂上了鈎，這就是誤讀的結果。原來的釋文本身並没有錯，查對原簡的圖版也可以證實西北屯戍簡牘中並没有偏旁爲“示”的“禪”，都只作“襌”。

作爲手寫的簡帛資料，其本身也存在譌誤。簡帛文獻與傳世文獻一樣，傳抄中會出現錯誤，常見者如譌、衍、奪、誤倒、錯簡等。如《睡虎地秦墓竹簡·日書甲》：“壬寅生子，不女爲醫，女子爲也。〈不吉，女子爲醫。〉”①《戰國縱横家書》十二：“寡人之所以有講慮者有。”後脱“四”。

當然，還有很多時候是原簡較模糊，給釋文帶來困難。右圖是《居延新簡——甲渠候官》E.P.F22：372 的圖版，釋文：“又今日囚廢日，天雨恐有戎兵。”其中“囚廢日”似應作“四廢日”。這是一支日書殘簡，《睡虎地秦墓竹簡》中就有“四廢日”，《日書甲》：“四廢日，不可以爲室、覆屋。”這是戰國秦漢的日者所謂的一種忌日，後代民間一直流傳。《宋書·武帝紀》：“江陵平，加領南蠻校尉。將拜，值四廢日，佐吏鄭鮮之、褚叔度、王弘、傅亮白遷日，不許。”若據誤釋，就會誤增一個新詞。

二、標點斷句版式

陳夢家《殷虚卜辭綜述》：“在分析卜辭時，常感斷句之不易。”出土文獻的斷句、版式常影響我們的理解。簡帛文獻與甲骨卜辭一樣，需要我們審慎句讀。

有些出版的釋文有標點，如《睡虎地秦墓竹簡》，因原簡保存大多完好，墨迹清晰，斷句難點相對少些，存在争議的問題不多。像甘肅、内蒙古等地出土的敦煌簡、居延簡等西北屯戍簡牘，殘斷嚴重，多數釋文都没有標點，全面標點釋文的只有《中國簡牘集成》，這套書爲我們準確理解這批漢簡提供了一個可靠途徑。但也有些斷句可以討論。如：

（1）☑……緣隧，已作治。……已具。……已作治。韋少一，利已具。沙中

---

① 尖括弧中是訂正後的釋文。

多草土，已作治。（《居延新簡》E.P.T59：73）[①]

（2）第七隧長尊。橐繩，廿四不事用。毋斧。韋少一，利。門屏風少一。深目一，不事用。禄盧，一不調利。守御器，不□。弩一，弦急。箭編，不事用。劍削幣。尊火尊一，不事用。表，二不事用。塢上深目一，不事用。少六。圖毋橐。大小積薪薄隨。承苣，少卅七。門關、接楪，不事用。（《居延漢簡釋文合校》82.1）

（3）☑韋五利，直廿。（《居延新簡》E.P.T52：322）

（4）二，賈六十。橐繩十四，賈廿八。卑一，賈廿。白韋三利，賈六。●凡並直二百九十四。☑（《居延漢簡釋文合校》317.24）

比較以上四例，可見前兩例中，“利”前不當點斷，應屬上讀。“利”在這幾例中做量詞用。“韋”用“利”爲量詞，較特殊。屯戍簡牘中“韋”主要用“枚”爲量詞，如：

（5）☑鉼庭隧卒濟陰壽貴里牟實，羊韋七枚☑（《居延新簡》E.P.T40：187）

（6）第卅六隊卒，觻得敬老里趙同，羊韋七枚。（《居延新簡》E.P.T65：322）

但這幾例確作“利”，原簡圖片如下：

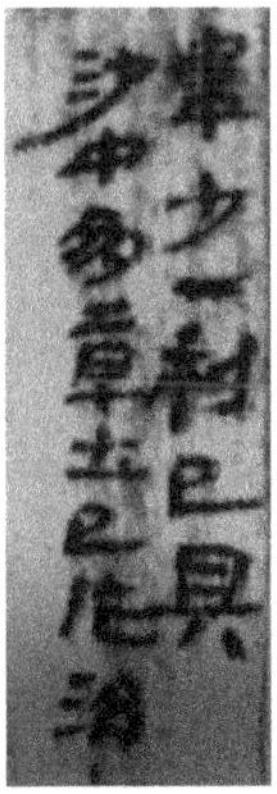

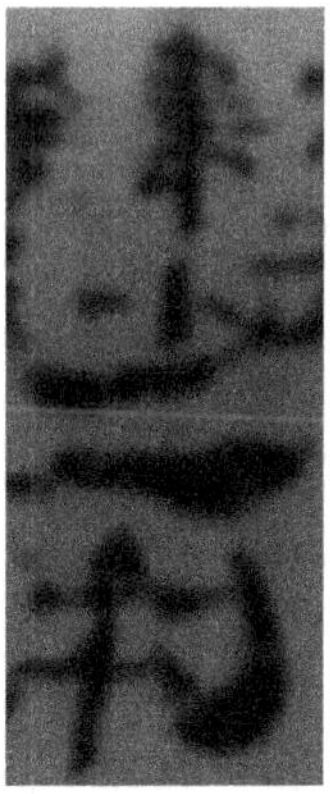

所以，一種可能是“利”爲“枚”的誤寫，但這很難解釋同時有四例譌誤相同，也可能“利”是“枚”的俗字。另一種可能是“利”就是“韋”的量詞。這還有待深入研究。但可以肯定的是，“利”前不應點斷。

（7）十一月廿二日具記。習叩頭死罪，言：君萬年湌食如常，不哀憐賜記，

① 本文所引“敦煌漢簡”“居延漢簡”“居延新簡”的標點據《中國簡牘集成》。

恩澤誠深厚。得聞南方邑中起居，心中驩喜。習叩頭死罪死罪。（《居延新簡》E.P.T44：4A）

按：當於“不”後點斷。“君萬年湌食如常不”，乃問句。這是漢簡私人書信中常見的句式。《居延漢簡釋文合校》10.16A：“幼都以閏月七日與長史君俱之居延，言丈人毋它急，發卒，不審得見幼孫不。”《敦煌漢簡》MC.161：“長中足下起居，諸子途中皆安隱善不，乃深表慝念。一日”。例（7）這封書信，《居延新簡釋粹》[1]亦選注，標點錯誤更多。以“不”結句的問句在戰國秦漢這一時期的其他文獻中也常見，如《戰國策·齊策六》：“齊多知，而解此環不？”《睡虎地秦墓竹簡·法律答問》：“免老告人，以爲不孝，謁殺，當三環之不？”《後漢書·段熲傳》：“羌悉衆攻之，厲聲問曰：‘田嬰夏育在此不？’”

（8）十一月十五日爲記，邑中夏君壯多問：少平湌食如常，人馬起居，得毋有它。今自買魚得二千二百桼十頭，付子陽。與子陽將車入粟十三石，牛食豆四石，栓西垣，乘軸一付。子陽車大穿釭一。子陽欲得魚數什一，諦自詳之。葦席四枚，魚皆中數，大魚（《居延新簡》E.P.T44：5、E.P.T44：6A）

按：“乘軸一付”，當於“付”前點斷，“付”屬下讀，做動詞，不是量詞。例（8）前也有“付子陽”，用法相同。若在“付”後點斷，則會誤以“付”爲量詞，把“付”做量詞出現的時間大大提前。居延新簡中“付”常見，無做量詞者。

（9）□九月奉夷，胡隊長封霸取。（《居延漢簡釋文合校》219.7）

“夷”當屬下讀。“夷胡隊”，烽燧名。居延簡中習見。如《居延漢簡釋文合校》253.6：“出穬麥二石六斗，以廩夷胡隊卒☐”，又 53.22：“出麥五斗，丨廩夷胡隧長王勤五日食。□□”，又 116.5：“以廩夷胡隊卒刑充國☐”。

（10）史將軍發羌騎百人，司馬新君將，度後三日到居延，居延流民亡者，皆已得度。今發遣之居延，它未有所聞。（《居延新簡》E.P.F22：325B）

“皆已得度”，“度”當屬下讀。兩“度”皆揣度、估計義，“皆已得”言“流民亡者”都已被抓獲。

（11）皁單衣毋，窴馬不文。史詰責，駿對曰：前爲縣校弟子，未嘗爲吏。貧困，毋以具皁單衣冠、窴馬。（《居延新簡》E.P.T59：58）

---

① 蘭州大學出版社，1988 年。

“皁單衣毋”，不詞。“毋”當屬下讀。可讀爲：“皁單衣，毋鞌馬，不文。”前面當有殘缺。“不文”是對官吏考核時的用語，如“延城甲溝候官第三十隊長上造范尊，中勞十月十桼日。能書會計，治官民，頗知律令，文。年三十二歲，長桼尺五寸。應令。居延陽里，家去官八十里。屬延城部。”（《居延新簡》E.P.T59：104）

（12）士吏馮匡呼永曰：馬罷，持永騎驛馬來。永即還與放馬，持放馬及駒，隨放後歸止害隊。即日昏時到吞北，所騎馬留隧，更取驛馬一匹。（《居延新簡》E.P.F22：194、E.P.F22：195）

一篇研究居延漢簡語言的論文讀爲：“永即還，與放馬，持放馬及駒隨放後歸止害隊，即日昏時到吞北所，騎馬更取驛馬一匹留隧。”這種讀法恐屬誤讀，一是“留隧”二字，原簡是漏寫了這兩個字，後補寫於“更取”二字旁。應據文義置於“所騎馬”後。“所”應屬後讀。日本學者籾山明（1998）也認爲“留隧”是追記，當補入正文，但讀爲“即日昏時到吞北所，騎馬更取留隧驛馬一匹”，雖亦可通，但略嫌迂曲。

版式理解的錯誤有時並不影響對詞句的理解，但嚴格説也屬誤讀。如一篇討論西北屯戍簡牘中兵簿的論文，所引多條居延漢簡、新簡，就存在這樣的問題。如：

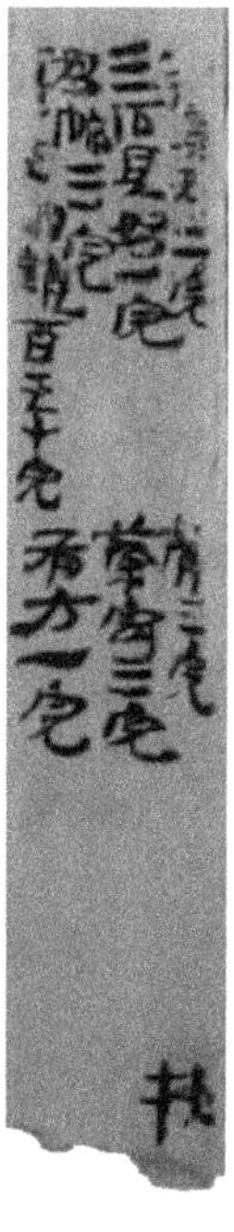

（13）窮虜隊。六石具弩二，完；蘭三，完。三石具弩一，完；蘭冠三，完；弩幡三，完；有方一，完；稾矢銅鍭百五十，完。（《居延新簡》E.P.T53：3）

其實屯戍簡牘中的兵簿多是按類排列的，原簡共有四欄（見右圖）：

第一欄：窮虜隊。

第二欄：六石具弩二，完。三石具弩一，完。弩幡三，完。稾矢銅鍭百五十，完。

第三欄：蘭三，完。蘭冠三，完。有方一，完。

第四欄：櫝☐

分欄讀，可見原簡内部結構。

三、詞義的確定

目前很多簡帛文獻缺乏詳細的注釋，給進一步利用帶來了一定難度，很多論著對一些詞句的理解都值得商榷。

（14）斗去盧二，三斗去盧一。（《居延漢簡釋文合校》220.18）

有人將其中的“去”解釋爲動詞來去的去，不妥。《中國簡牘集成》注：“去廬，《説文》：食器，以柳作之。以其大小，又有一斗者，三斗者。”大徐本《説文》卷五上：“𠙴，𠙴盧，飯器。以柳爲之。”𠙴，去。又《居延新簡》E.P.F22：12：“恩以大車半㭨軸一，直萬錢；羊韋一枚爲橐，直三千；大笥一合，直千；一石去盧一，直六百；𩍂索二枚，直千；皆置業車上。”可見這種飯器的大小有多種規格。

（15）服牛當日食六升大，用穀四石。（《居延漢簡釋文合校》509.20）

（16）服牛二，六千。（《居延漢簡釋文合校》37.35）

有人將其中的“服”解釋爲服用，喂服，顯然是錯的。《中國簡牘集成》注：“服牛，用牛，駕車之牛。”

（17）☐田舍……以社□□縣長吏□□□□□☐（《居延新簡》E.P.T6：100）

《中國簡牘集成》注：“長吏，地位較高的官員。《漢書·景帝紀》：‘吏六百石以上，皆長吏也。’後亦指二百石至四百石的官吏，與‘少吏’對稱。《漢書·百官公卿表》：‘（縣）有丞、尉，秩四百石至二百石，是爲長吏。百石以下有斗食、佐史之秩，是爲少吏。’”

這個注對“長吏”的解釋似不妥。“長吏”，上古漢語中本指地位高的官員。如《戰國縱横家書·十五》：“臣聞魏王長吏胃（謂）魏王曰：初時者，惠王伐趙，戰勝三粱（梁），拔邯鄲，趙氏不割而邯鄲復歸。”這個義項在漢代也有用例。但在秦漢時又專指縣的最高官員，即縣令、縣長。《漢書·高帝紀》顔師古注：“長吏，謂縣之令長。”居延新簡的這例正作“縣長吏”，與顔注相合。《集成》注是誤解了《漢書·百官公卿表》。我們再來看一下原文。《漢書·百官公卿表》：“縣令、長，皆秦官，掌治其縣。萬户以上爲令，秩千石至六百石。減萬户爲長，秩五百石至三百石。皆有丞、尉，秩四百石至二百石。是爲長吏。”文中“是爲長吏”，上承“縣令、長”而言，並不是指後文的“丞、尉”。

再如“常韋”，漢代的一種服飾，有多種解釋。

（18）□□□□一□□□□□一□右縣官，犬絑二□，常韋一兩，緹績一□，緹行縢二□。（《居延新簡》E.P.T51：457）

《中國簡牘集成》注：“常韋一兩，一種皮繩。”顯屬誤解。

陳直《居延漢簡研究》：“襲絝皆八千四百件，……常韋倍其數者，疑爲一人兩件。常韋亦見於敦煌漢簡校文七二頁，有尚韋二兩之記載。《急就篇》云：‘常韋不借爲牧人。’是以常韋與不借連稱。《鹽鐵論·散不足》篇云：‘粗菲草履，縮絲尚韋而已。’亦以常韋與草履並稱，則常韋爲草履之類無疑。顏師古注《急就篇》，以常韋或作尚韋，解作下韋曰裳之衣服，誤矣。”

《漢語大詞典》據《鹽鐵論·散不足》王利器校注，解釋爲：“謂用熟皮作鞋面，鞝在鞋底上。尚，通‘鞝’。”

裘錫圭認爲：“《鹽鐵論·散不足》謂‘古者庶人鹿（麤？）菲草芰，縮絲尚韋而已’，‘尚韋’與‘縮絲’爲對文。故知‘尚韋’一詞中的‘尚’字本取其動詞義，當是‘加上’之意，‘韋’字本取其韋革之義。由此推測，尚韋似是加在鞋襪上防髒的皮罩，故每與鞋襪之類並提，並可以‘兩’計。此物今日仍有用之者。”①

裘文可備一說。似尚可進一步探討。但“尚韋”爲鞋一類的物件則是可以確定的。但它是一種鞋，還是與鞋相關的附屬物，還不能確定。我們更傾向於指鞋，一種皮革類的鞋。但尚無充分的證據。

再如秦漢簡牘中的“行錢”。

（19）賈市居列者及官府之吏，毋敢擇行錢、布；擇行錢、布者，列伍長弗告，吏循之不謹，皆有罪。（《睡虎地秦墓竹簡·秦律十八種》）

（20）錢徑十分寸八以上，雖缺鑠，文章頗可智（知），而非殊折及鉛錢也，皆爲行錢。金不青赤者，爲行金。敢擇不取行錢、金者，罰金四兩。（《張家山漢墓竹簡·錢律》）

（21）時粟君借恩爲就，載魚五千頭到觻得，賈直牛一頭，穀廿七石。約爲粟君賣魚，沽出時行錢卌萬。（《居延新簡》E.P.F22：6、7）

---

① 《〈居延漢簡甲乙編〉釋文商榷（續四）》，《人文雜志》1983年1期。

（22）書到，自今以來，獨令縣官鑄作錢，令應法度。禁吏民毋得鑄作錢，及挾不行錢，輒行法。諸販賣發冢衣物於都市，輒收没入縣官。四時言犯者名、狀。謹案：部吏毋犯者，敢言之。（《居延新簡》E.P.F22：39）

（23）出具錢三萬，爲行錢三萬一千一百九十四錢，市嘉禾二年調布，嘉禾三年正月卅（《長沙走馬樓吴簡·竹簡壹》5379）

（24）右出行錢九萬五千二百九十五錢。（《長沙走馬樓吴簡·竹簡壹》5462）

有學者據《張家山漢墓竹簡》例，認爲“行錢”義爲劣錢，“行”讀爲hàng，這也缺乏足够的證據。“行錢”還是應解爲“通行之錢”“現行之錢”。張家山漢簡的律文是規定了“行錢”的最低標準，即錢的大小是直徑十分之八寸以上，即使有磨損，衹要錢上的字能看清楚就可以。而不能流通的是斷折的、鉛鑄的。《錢律》説的標準是對流通貨幣的最低要求，並不是説行錢就是有缺損的錢。例（21）是候粟君雇寇恩去賣魚，約定要賣四十萬錢，“行錢”不可能解釋爲有缺損的錢；例（22）是禁私自鑄錢的法令，“挾不行錢”就是私自挾帶不許流通的錢。走馬樓三國吴簡中錢分“具錢”與“行錢”，似乎印證了“行錢”爲劣錢的論斷，其實不然。“行錢”仍是現行貨幣的意思，“具錢”應該是指官府新鑄造的錢，“具”取其完具之義。金屬錢幣在流通過程中的磨損是正常的，這一定程度上影響了其價值，因而具錢與行錢有换算比例。這也是睡虎地秦簡等文獻中出現選擇好錢的原因。“行錢”這一詞語在漢代還有做動詞性用的，即“通行銅錢”。《史記·秦始皇本紀》：“惠文王生十九年而立。立二年，初行錢。”這也從側面證明了“行”乃“流通”義。

四、詞形

出土文獻中異體字、假借字、古字、俗字等很普遍，研究其詞彙時，應依據原詞形，而不應與通行的詞形等同。如“鼻空”與“鼻腔”、“幣敗”與“敝敗”、“邊竟”與“邊境”等。特别是戰國的楚簡帛古文，與秦漢一系的篆隸字形有較大差異，其中有些字形的釋讀還有争議，有的字是根據傳世典籍資料推測出來的，而不是據字形認出的。對於這些複雜的情況，要具體分析，分類處理。

如西北屯戍簡牘中有“敝”“幣”：

（25）四年……馮嚴行丞事敢告部尉卒人，謂……候□□□靡散，至冬寒衣履敝，毋以買，故令候……（《居延新簡》E.P.T59：60）

（26）盧不調利，索幣絶，或毋蘪，或幣絶（《居延新簡》E.P.F22：285）

（27）欲知幣劍以不報者及新器者，之日中，騂視白堅隨遱上者，及推處白、黑堅分明者，及無文、縱有（《居延新簡》E.P.T40：204）

有學者分爲“敝（幣）”“弊（幣）”兩個詞頭，將前兩例列在“敝（幣）”下，釋爲敝敗、破損，將最後一例列在“弊（幣）”下，釋爲低劣。這兩個義項的區分是很恰當的，但這兩個詞頭的確立值得討論。應充分考慮詞的書寫形式，列“敝”“幣”兩個詞頭。“敝”釋爲敝敗、破損。“幣”分兩個義項：①通“敝”，敝敗、破損；②通“弊”，低劣。

五、對簡帛文獻中缺字的認識

簡帛文獻多因簡牘帛書的殘斷而有缺字，字迹模糊難認之處也不少。因此在進行詞彙、語法研究時，就會遇到疑難問題。如《居延漢簡》85.28：“入什器。車伏一枚。▨高果一枚。具□□▨車放安一枚。具四分一枚。”[①] 這句中，車伏（即伏兔）、高果、車放安等，都應是車具。從名稱看，“車放安”可能是一種停放車子的用具，是主謂結構。這是漢代少見的三音節詞中典型的主謂結構詞，它的出現，充分顯示了主謂結構的構詞潛力。但其他文獻中不見用例，應是當時常用馬具的西北地方的口語詞。這樣的孤例是否可靠？從右圖看，這支簡有缺損，但“車放安”還是相對完整的，是可靠的。

① “車放安”，臺灣史語所《居延漢簡（壹）》釋爲“車□安”。

1891

《敦煌漢簡》1891 簡，如左圖，上、右、下均殘缺，有篇文章讀爲：

□出入靳干、幡各一；椑榼一，毋出入；赤卮一，毋出入。

這明顯不合理。“出入靳干、幡各一”成爲主謂結構，是無法理解的。根據原文例，可以讀爲：

……（毋出入）；……（毋）出入；……（毋）出入；（第一欄）

靳干、幡各一，（毋出入）；椑榼一，毋出入；赤卮一，毋出入。（第二欄）

由於詞句殘缺，給定量統計分析也帶來一定的難度和不確定性。殘缺的程度越嚴重，統計的結果就越不可靠。

∷ 參考文獻 ∷

陳蘭蘭《漢代簡牘中的私文書研究》，吉林大學硕士学位论文，2004 年。

陳夢家《漢簡綴述》，中華書局，1980 年。

陳　直《居延漢簡研究》，天津古籍出版社，1986 年。

甘肅省博物館等《居延新簡—甲渠候第四燧》，中華書局，1994 年。

葛紅麗《〈居延新簡〉詞語通釋》，華東師範大學博士学位论文，2007 年。

黄登茜《漢簡兵簿與漢代兵器論考》，西北師範大學硕士学位论文，2001 年。

籾山明《居延新簡“駒罷勞病死”册書——爲漢代訴訟研究而作（續）》，《簡帛研究譯叢》第二輯，湖南人民出版社，1998 年。

魏德勝《〈睡虎地秦墓竹簡〉詞彙研究》，華夏出版社，2002 年。

謝桂華、李均明、朱國炤《居延漢簡釋文合校》，文物出版社，1987 年。

張國豔《居延漢簡虚詞研究》，華東師範大學博士学位论文，2005 年。

張顯成主編《簡帛語言文字研究》第一輯，巴蜀書社，2002 年。

張顯成主編《簡帛語言文字研究》第二輯，巴蜀書社，2006 年。

中國簡牘集成編輯委員會《中國簡牘集成》（1–12 卷），敦煌文藝出版社，2001 年。

原載《中國語言學報》第 14 輯，商務印書館，2010 年。

《睡虎地秦墓竹簡》雜考

《睡虎地秦墓竹簡》(以下簡稱《睡簡》)是1975年在湖北雲夢出土的一批戰國後期至秦的竹簡，整理小組做了釋文、注解，部分内容還做了語譯。[①] 主要有與秦律相關的一些文書，以及根據時日趨吉避凶的《日書》，還有一種與秦國歷史和墓主生平相關的《編年紀》，簡文近四萬字。這份材料極其珍貴，整理小組做的釋文大多精當，受到學術界的一致肯定。也有些學者對一些注譯提出了不同的意見。[②] 釋文公布後，學者們從歷史、法律、語言，以及文化等諸多方面對其進行了研究，[③] 更顯示了它的價值。本文試從文化史的角度，對簡文中的“更

① 文物出版社1978年出版簡體字版本《睡虎地秦墓竹簡》，這個本子没有《日書》；1981年出版《雲夢睡虎地秦墓》，其中有竹簡圖版；1990年出版精裝繁體字版《睡虎地秦墓竹簡》，有竹簡圖版、釋文、注解，部分内容有譯文，是目前最全的本子。

② 如裘錫圭《〈睡虎地秦墓竹簡〉注釋商榷》(一、二)(載《文史》第十三輯，中華書局，1982年)，張銘新《關於秦律中的“居”——睡虎地秦墓竹簡注釋質疑》(載《考古》1981年第1期)，黄文杰《秦系簡牘文字譯釋商榷》(載《中山大學學報》1996年第3期)。另外，饒宗頤、劉樂賢對《日書》的注解也多有匡正。

③ 參曹延尊、徐元邦《簡牘資料論著目録》，載《考古學集刊》第二集，中國社會科學出版社，1982年。以及《簡牘論著目録》，漢簡研究室編，載《秦漢簡牘論文集》，甘肅人民出版社，1989年。

人”“傅籍”“擇行錢布”等三個問題進行些探討，並對整理小組做的相關注解提出了一些商榷意見，以就教於方家。

一、更人

《法律答問》:“何謂宫更人？宫隸有刑，是謂宫更人。”（232/138）[①]

整理小組注:“古時分一夜爲五更，更人應即夜間看守的人。”

此注可疑。據現有的材料，分一夜爲五更的記載，較早的有《世説新語·文學》:“既共清言，遂達三更。”《顔氏家訓·書證》:“或問：一夜何故五更？”《顔氏家訓》説到一夜五更時，籠統地説“漢魏以來”，而兩漢時期明確提到一夜分五更的材料，目前見到的很少，更不用説《睡簡》所反映的戰國末至秦時。因而，把簡文中的“更人”直接跟“一夜五更”聯繫起來，似顯證據不足。文字材料中“更人”指巡夜之人的例子，較早的有南朝梁何遜的詩:“華燭已消半，更人數唱籌。”(《與濬助教同宿湓口夜別》)“唱籌”，高聲報時。

那麽,《睡簡》中的“更人”何指?

簡文中“更人”的用例除上引的1例外，還有一處:

《法律答問》:“可（何）謂‘署人’‘更人’？耤（藉）牢有六署，囚道一署旞，所道旞者命曰‘署人’。其他皆爲‘更人’。或曰守囚即‘更人’也，原者‘署人’殹（也）。”（235/140）

確定“更人”含義，關鍵是“更”。簡文中“更”大多是更替之義，如:

（1）吏已收藏，宫嗇夫及吏夜更行宫。(《秦律十八種》109/64）

（2）即以甲封付某等，與里人更守之，侍（待）令。(《封診式》249/149）

上二例中,“更”皆“輪流”之義。簡文中還有“更隸妾”:

（3）更隸妾節（即）有急事，總冗，以律享食。(《秦律十八種》50/33）

（4）更隸妾四人當工一人。(《秦律十八種》74/45）

整理小組注:“更，輪番更代。更隸妾，當爲以部分時間爲官府服役的隸妾。”

相關的還有:

---

① 例後出處中的數字，前者是1978年簡體字本的頁碼，後者是1990年繁體字本的頁碼。

（5）爲旱〈皂〉者除一更。（《秦律十八種》30/22）

整理小組注：“更，古時成年男子有爲封建政權服役的義務，一月一换，稱爲更。一更，指服一次更役。”並且還引了《漢書·昭帝紀》如淳注中“三更”之説。

因此，我們認爲，不論是在宫中服役的，還是在監獄中當看守的，“更人”的含義都是直接與“輪换”相關，可能是指“輪流看守值班的人”一類的意思。

簡文中的兩種“更人”，職責應大致相類。而“宫更人”，上引的例中稱是“宫隸有刑”者，即宫中受過肉刑的“隸”。以“刑餘之人”爲宫中看守，先秦典籍中還可以找到例證。如《韓非子·内儲説下》：“齊中大夫有夷射者，御飲於王，醉甚而出，倚於郎門。門者刖跪請曰：‘足下無意賜之餘瀝乎？’夷射叱曰：‘走！刑餘之人，何事乃敢乞飲長者。’刖跪走退。”顯然，宫中的看門人是受過刖刑的。

因而，在没有確切的證據證明秦以前有“一夜五更”之説時，“更人”當釋爲“輪换值班之人”爲妥。

二、傅籍

過去大家討論傅籍時多着重從年齡的角度入手，歷代的典籍也多是記載各朝代成年的年齡。如《荀子·大略》中有“十九而冠”，《禮記·曲禮》説“二十而冠”，《史記·孝景本紀》有“男子二十而得傅”。“冠禮”和“傅籍”都是履行成年的手續，但“冠禮”在先秦主要是貴族階層的事，重在成年後的權利，禮儀隆重。秦漢以後的“傅籍”則是針對所有的人，重在義務，《漢書·高帝紀》顔師古注：“傅，著也，言著名籍，給公家徭役也。”

而《睡簡》所反映的傅籍標準却與衆不同，不是常見的年齡，而是身高。

簡文中對一般人的傅籍標準没有明確表述，但對“隸臣妾”“城旦舂”等有詳細的記述：

（1）隸臣、城旦高不盈六尺五寸，隸妾、舂高不盈六尺二寸，皆爲小。（《秦律十八種》49/32）

（2）小隸臣妾以八月傅爲大隸臣妾。（《秦律十八種》50/33）

例中的“大”“小”即指成年、未成年。簡文中還有“大女子”“小女子”“小男子”等，是對成年者和未成年者的通稱。兩漢時期的居延漢簡、敦煌漢簡中也有“大男”“小男”“大女”“小女”等説法，皆指成年和未成年者。

秦時“隸臣妾”“城旦舂”等是以身高爲成年標準，這由以上二例可明顯看出。那麽，當時一般人的成年標準是否也是如此呢？對此，簡文雖没有明確表述，但我們還是可以找出些蛛絲馬迹。簡文述及人的“大”“小”時，常常提到身高，如：

（3）女子甲爲人妻，去亡，得及自出，小未盈六尺，當論不當？（《法律答問》222/132）

（4）甲小未盈六尺，有馬一匹自牧之。（《法律答問》218/130）

（5）子小男子某，高六尺五寸。（《封診式》249/149）

由此推斷，秦時一般人傅籍也當同樣是以身高爲標準的。所標示的數字，可能也適用於一般人，男性爲“六尺五寸”，女性爲“六尺二寸”。例（5）的“小男子”已達“六尺五寸”，但可能尚未履行傅籍手續，故仍稱“小”。據例（2），每年的傅籍時間是一定的，“隸臣妾”是每年的八月份，其他人的傅籍時間簡文没有明確説。

傅籍後，不僅意味着要負擔國家的勞役，而且犯罪後所受到的刑罰也不一樣。《睡簡》整理小組注：“簡文常説‘六尺’‘不盈六尺’，可能六尺在判刑時是一種界限。”我們覺得這種説法没有觸及問題的本質。身高是成年的標準，而量刑則是根據成年與否，因而在秦律條文中常提及身高。除以上幾例外，再如：

（6）甲盗牛，盗牛時高六尺，繫一歲，復丈，高六尺七寸，問甲可（何）論？（《法律答問》153/95）

並且，可能唆使未成者犯罪，要受到較重的刑罰。如：

（7）甲謀遣乙盗殺人，受分十錢。問乙高未盈六尺，甲可（何）論？當磔。（《法律答問》180/109）

秦以身高爲成年標準，典籍中似未見，較特殊。其實質何在？《睡簡·大事記》中記載了一個名叫“喜”的人的出生及傅籍，經推算，喜傅籍時年僅17歲。

同一般典籍中記載的成年標準相比顯然提前了，即加重了人民的勞役負擔。男性成年標準六尺五寸，約合今 1.5 米，女性標準六尺二寸，約合今 1.4 米。《睡簡》整理小組注："古人一般認爲男子十五歲身高六尺。詳見孫詒讓《周禮正義》卷二十一。"[①]

這正與喜 17 歲時傅籍的情形相合。並且秦律中還規定隸臣妾與城旦舂"高五尺二寸，皆作之"(《秦律十八種》49 /32)，即高 1.2 米以上就要勞作。這可充分看出秦時人民負擔之重。聯繫歷史，在戰國紛争之時，秦實行這樣的政策，無疑對其强兵富國，以實現統一大業是大有裨益的。

與此相關的還有簡文中的"敖童"一詞：

(8) 匿敖童及占瘩不審，典老贖耐。(《秦律雜抄》143/87)

(9) 可謂匿户及敖童弗傅? 匿户弗徭、使，弗令出户賦之謂也。(《秦律答問》222/132)

整理小組注："敖童，成童。"

此注似不確。典籍中的成童，皆指年齡稍大的未成年者。《穀梁傳·昭公十九年》范寧注："成童，八歲以上。"《禮記·内則》鄭玄注："成童，十五以上。"不論哪種説法，都顯然未達到成年的標準。而《睡簡》明確説："敖童"若不傅籍，則屬犯罪，要受到刑罰。因而，"敖童"與"成童"是有區别的。

首先，"敖童"一定已達到了成年的標準，"敖"及從"敖"的一系列字有些含有"高"的意思，犬長四尺稱爲"敖"(獒)，駿馬有稱"驁"的，海中大龜名"鼇"。"敖童"之"敖"亦是高的意思。其次，稱爲"童"則是因爲尚未傅籍。

所以，"敖童"可能是指身高已達到成年標準而尚未傅籍的。這樣解釋，於簡文才能怡然理順。

三、擇行錢布

《秦律十八種·金布律》："賈市居列者及官府之吏，毋敢擇行錢布，擇行錢布者，列伍長弗告，吏循之不謹，皆有罪。"

① 1978 年簡體字版的 153 頁，1990 年版的 95 頁。

整理小組注：“擇行錢布，意爲對銅錢和布兩種貨幣有所選擇。”

此注有些含糊，“對兩種貨幣有所選擇”，似乎認爲是選擇兩種貨幣中的一種。而我們覺得“擇行錢、布”是選擇錢、布中品質好的。

錢布質有美、惡，典籍中鮮有述及，而《睡簡·金布律》對此有極明確的表述：

（1）錢善不善，雜實之。（55/35）

（2）百姓市用錢，美惡雜之，勿敢異。（同上）

（3）布袤八尺，福（幅）廣二尺五寸。布惡，其廣袤不如式者，不行。（56/36）

這些法律條文極其清楚，由此我們可以知道：其一，作爲流通貨幣的“布”，開始時就是織出來的布；其二，錢布都有美惡，律文規定百姓不准別美惡，從側面告訴我們，當時一般人是喜歡美者、善者。

因此，“擇行錢、布”，不是在二者之間進行選擇，而是選擇美者、善者。这是對一般百姓的要求，而本節開始引的一例，“賈市居列者及官府之吏”，即是對市場中的商人及政府府庫中的工作人員的規定，不准他們利用便利條件來挑選品質好的錢布。

還可以從典籍找到一條旁證。《韓非子·外儲説左上》有這樣一段話：

> 夫買庸而播耕者，主人費家而美食，調布求易錢者，非愛庸客也，曰：如是，耕者且深，耨者且熟耘也。庸客致力而疾耘耕者，盡巧而正畦陌者，非愛主人也，曰：如是，羹且美，錢布且易云也。

這段話中的“調布而求易錢”，及相關的“錢布且易”，歷來理解不一，衆説紛紜。其中，高亨注引人注目。高注認爲原文當爲“調布錢而求易者”。調，選也。易，善也。謂主人選擇錢布而求其良者以與庸也。並引了《墨子·貴義》“商人用一布市，不敢繼苟而讎焉，必擇良者”，繼而得出結論：“蓋錢布固有良否，故人擇之也。”

過去人們對錢布是否有美惡，一直持懷疑態度，故高亨注没有得到多少人的認同。陳奇猷作《韓非子集釋》時就捨此而另求新解。而《睡簡》的出土爲高亨注提供了直接的證據,《睡簡》的“擇行錢布”，與《韓非子》的“調布而求易錢”

是一回事。高亨能於《睡簡》出土之前認定“錢布固有良否，故人擇之”，確實表現了高超的訓釋水準。衹是對原文的改動似無多少根據。原文本來可通，“調布而求易錢”是互文，即“調錢布而求易錢布”。這樣，既合古人行文習慣，與高亨注也完全吻合。

原載《中國文化研究》1997年冬之卷。

《睡虎地秦墓竹簡》中的幾個虛詞

《睡虎地秦墓竹簡》(以下簡稱《睡簡》)[1]，是寫成於戰國末至秦時的一份出土簡牘材料，其中的部分虛詞是其他先秦文獻中罕見的，給我們認識先秦漢語虛詞提供了新的材料。我們從三個方面略加論述。

一、其他文獻有類似用例

《睡簡》中的有些虛詞，其用法在其他典籍文獻中有類似的用例，但也有所突破。由於《睡簡》中這些用例的發現，我們對這些虛詞的用法有必要重新加以解釋。如：

1. 所

假設連詞，共2例：

---

① 《睡虎地秦墓竹簡》出土於湖北雲夢，寫成於戰國末期至秦。參文物出版社1978年簡体字版《睡虎地秦墓竹簡》及1990年精裝繁體字釋文版《睡虎地秦墓竹簡》。本文引例均衹注篇名。出處中的數字，前者是1978年版的頁碼，後者是1990年版釋文的頁碼;《日書》甲、乙兩種1978年版本未收，故只有1990年版釋文的頁碼。

（1）所不當除而敢先見事及相聽以遣之，以律論之。(《秦律十八種》95/56)

（2）所弗問而久毄（繫）之，大嗇夫、丞及官嗇夫有罪。(《秦律十八種》94/51)

“所”表假設的用法在上古並不多見，中古以後更成了陳迹。《左傳》《國語》等典籍中表誓言的一類句子用了較多的表假設關係的“所”，如“所不與舅氏同心者，有如白水！”(《左傳·僖公二十四年》)，“王曰：所不掩子之惡，揚子之美者，使其身無終没於越國。”(《國語·越語下》)這類句子到了《史記》中，有些“所”還保留着，《左傳》中的這個例子在《史記》中作：“所不與子犯共者，河伯視之！”(《晋世家》)以前，人們一直把這種用法的“所”字跟誓詞一類的句子聯繫在一起，《睡簡》的兩個例子開闊了我們的視野。因此，我們可以説“所”有假設連詞的用法，一般用於句子的開頭，後面緊跟否定副詞。至於爲什麽只見於《左傳》《國語》《睡簡》等文獻中，一時還没有好的解釋。

2. 將

“將”表選擇，相當於現代漢語的“或”。這是比較少見的用法，《睡簡》中也衹有1例：

（3）卯，會衆，其後必有子將弟也死，有外喪。(《日書甲》221)

“將”在典籍中做表選擇關係的連詞時，都是用來連接選擇疑問句，如《孟子·告子上》：“孟子曰：‘子能順杞柳之性，而以爲桮棬乎？將戕賊杞柳而後以爲桮棬也？’”《戰國策·楚四》：“襄王曰：‘先生老悖乎？將以爲楚國妖祥乎？’”《睡簡》用於連接兩個名詞，表選擇，也是新用法。

3. 自從

介詞，引介起點。1例：

（4）自從令、丞以下智（知）而弗舉論，是即明避主之明法殹（也），而養匿邪避（僻）之民。(《語書》15/13)

複音介詞“自從”，出現於戰國末，《戰國策·楚一》中有一個例子：“自從先君文王以至不穀之身，亦有不爲爵勸、不爲禄勉以死社稷者乎？”在一般文獻中都是引介時間的起點，而《睡簡》的這個例子是引介範圍的起點。所以“自從”一詞的作用在於引介起點，而不限於引介時間的起點。

4. 是

結構助詞，3 例：

（5）出禾，非入者是出之，今度之。（《秦律十八種》36/25）

（6）其前入者是增積，可毆（也）;（《秦律十八種》36/25）

（7）其它人是增積，積者必先度故積。（《秦律十八種》36/25）

“是”做結構助詞，其他文獻中的用例都是位於前置的賓語後，如：“亦晋之妖夢是踐，豈敢以至。”（《左傳·僖公十五年》）而《睡簡）的這 3 例，是位於主謂之間[①]。《睡簡》中另有 3 例“是”用於前置的賓語前，如：“唯倉所自封印是度縣。”（《秦律十八種》99/58）與其他文獻中的用法一致。

5. 及

連詞。“及”在《睡簡》中做連詞的共有 276 例，連接動詞性成分的例子達 134 例，連接形容詞性成分的 1 例，連接名詞性成分的 141 例。

“及”連接動詞性成分的，在先秦漢語中不常見。從傳世典籍來看，連接名詞性成分與連接動詞性成分的連詞，性質完全不同。連接名詞性的，如“與”“及”等，連接動詞性成分的，如“且”“而”“以”等，一般不混用。連詞“及”，一般談古漢語虛詞的辭書都没有提及連接動詞性成分的用法。

《睡簡》中“及”用於連接動詞性成分的例子，與連接名詞性成分的例子幾乎是一樣多。毫無疑問，“及”連接動詞性成分在當時，是常見用法。這種用法在更早的典籍中，可見到些零星例證。到了漢代的《史記》中漸多[②]。《睡簡》是

---

① 參裘錫圭《〈睡虎地秦墓竹簡〉註釋商榷》，《文史》第十三輯，中華書局，1982 年。

② 徐蕭斧在《古漢語中的“與”和“及”》（《中國語文》1981 年第 5 期）中列了幾個先秦文獻中“及”連接動詞性成分的例子，現轉録如下：《尚書·洛誥》：“伻來以圖，及獻卜。”《左傳·襄公二十一年》：“公如晋，拜師及取鄰田也。”《墨子·備城門》：“是令人行視封，及視關入桓淺深。”又：“二步一木弩，必射五十步以上，及多爲矢，節毋以箭。”《燕策三》：“謹斬樊於期頭，及獻燕之督亢之圖，函封，燕王拜送於庭。”並説：“《史記》中所見尤多。”另外，我們從《韓非子》中還找到 1 個例子：“父兄大臣上請爵禄於上，而下賣之以收財利及以樹私黨。”（《八奸》）而《睡簡》材料正可以使我們看清從先秦到《史記》的發展過程。關於連詞“及”，有學者根據出土文獻認爲秦晋文獻多用“及”，楚地文獻多用“與”，存在方言差異。如［日］大西克也《並列連詞“及”“與”在出土文獻中的分布及上古漢語方言語法》、唐鈺明《漢語並列連詞的歷史嬗變》（第二届國際古代漢語語法研討會論文，1996 年，北京）。

目前所能見到的最早有成批例證的材料，且用法豐富多樣。

一般連接做謂語的動詞性成分，有共同的主語。如：

（8）把其叚（假）以亡，得及自出，當爲盜不當?（《法律答問》207/124）

（9）百姓叚（假）公器及有責（債）未賞（償）。（《秦律十八種》60/38）

（10）百姓犬入禁苑中而不追獸及捕獸者，勿敢殺。（《秦律十八種》26/20）

有的有共同的助動詞，或否定副詞、介賓狀語等，如：

（11）閉（閉）日，可以蓋臧（藏）及謀，毋可有爲也。（《日書乙》233）

（12）不當論及賞（償）稼。（《法律答問》218/130）

（13）不可以始種及穫賞（嘗），其歲或弗食。（《日書甲》227）

（14）衝日，可以攻軍、入城及行，不可祠。（《日書乙》233）

（15）春二月毋取伐材木山林及雍（壅）隄水。（《秦律十八種》26/20）

還有的例子主語不同，如：

（16）倉扇（漏）死（朽）禾粟，及積禾粟而敗之。（《秦律十八種》97/57）

（17）非歲紅（功）及毋（無）命書敢爲它器，工師及丞貲各二甲。（《秦律雜抄》137/84）

（18）入叚（假）而毋（無）久及非其官之久也，皆沒入公。（《秦律十八種》71/44）

（19）工隸臣斬首及人爲斬首以免者，皆令爲工。（《秦律十八種》93/55）

還有一些其他用法，如：

（21）利見人及畜畜生。（《日書甲》184）

“及”連接的動詞性結構做“利”的賓語。

（22）擅彊質及和受質者，皆貲二甲。（《法律答問》214/127）

“及”連接的動詞性成分後加“者”，構成一個名詞性短語。

連接形容詞性成分的 1 例是：

（23）辛卯生子，吉及穀（穀）。（《日書甲》203）

二、不見於其他先秦文獻的虛詞

《睡簡》中有些虛詞是首次在先秦文獻中出現，這些用例把這些詞在文獻中出現的最早年代大大提前了。

1. 索

《睡簡》中有5例。即“索”。表周遍性的範圍副詞，相當於“都”“全部”。如：

（23）過十分以上，先索（索）以稟人，而以律論其不備。（《秦律十八種》97/58）

（24）禾芻稾積索（索）出日，上贏不備縣廷。（《秦律十八種》39/27）

（25）即入其筋、革、角及索（索）入其賈錢。（《秦律十八種》33/24）

（26）□不備，令其故吏與新吏雜先索（索）出之。（《秦律十八種》40/27）

“索”做周遍性範圍副詞，《睡簡》材料是目前所見的最早用例。一般都引用漢代《史記·滑稽列傳》“冠纓索絶”例。

2. 毚

即“纔”。時問副詞，表動作發生在不久前，或在不久前結束，“剛”。1例：

（27）甲往盜丙，毚（纔）到，乙亦往盜丙，與甲言，即各盜。（《法律答問》156/96）

“纔”做時間副詞出現較晚，這是目前所能見到的最早的用例，目前一些大型辭書用的都是漢代以後的例子，没有注意到秦簡中的用例。

3. 柀（被）

5例。其中1例寫作“被”。範圍副詞，“部分”“分別”義。

（28）或直廿錢而柀盜之，不盡一具。（《法律答問》161/99）

（29）實官佐史柀免徙，官嗇夫必與去者效代者。（《秦律十八種》96/57）

（30）萬石之積及未盈萬石而被（柀）出者，毋敢增積。（《秦律十八種》36/25）

（31）其日未備而柀入錢者，許之。（《秦律十八種》85/51）

《説文》：“一曰析也。”段玉裁注認爲，經傳中訓爲“分開”“分散”的“披”字，“非柀之字誤，即柀之假借。”但段注所引的例子都是做動詞用的，上古其他文獻中也未見“柀”做副詞用的例子。

4. 或

表假設關係，相當於現代漢語的“如果”。共 5 例。如：

（32）未卒歲或壞决，令縣復興徒爲之，而勿計爲徭。(《秦律十八種》77/47）

（33）吏爲失刑罪，或端爲，爲不直。(《法律答問》165/101）

（34）百姓或之縣就（僦）及移輸者，以律論之。(《效律》123/75）

（35）大痍者，支或未斷，及將長令二人扶出之爲“大痍”。(《法律答問》242/143）

“或”用作表假設關係的連詞，是在戰國末出現的新用法。在戰國後期的典籍中，這種用法還很少見。《睡簡》材料可以説是目前見到的最早的例子了。這種用法在漢代的典籍中才逐漸多起來。一般的辭書都用的是漢代或更晚的例子，時代都是在《睡簡》之後。

5. 雅

1 例。時間副詞，“一向”。這種用法先秦其他文獻未見用例，此例是其最早的用例之一。

（36）甲乙雅不相智（知）。(《法律答問》156/96）

6. 乃

相當於現代漢語的“或”，《睡簡》中有 2 例，1 例連接動詞，1 例連接做謂語的數詞。

（37）刑門，其主必富，十二歲更，弗而耐乃刑。(《日書甲》199）

整理小組注：“此句意謂如不改建，則被處耐刑以及肉刑。”我們以爲據文義，宜釋爲“被處耐刑或肉刑”。

（38）不出三月有大得，三乃五。(《日書甲》194）

這種用法在文獻中很少見。

7. 盡

介詞。有 10 例。用在時間詞前，引介行爲終止的時間。相當於現代漢語的“到……爲止”。都用在謂語動詞前。如：

（39）冬衣以九月盡十一月稟之。(《秦律十八種》66/41）

（40）都官輸大内，内受買（賣）之，盡七月而觱（畢）。（《秦律十八種》64/40）

（41）官相䜣（近）者，盡九月而告其計所官，計之其作年。（《秦律十八種》85/51）

（42）及告歸盡月不來者，止其後朔食。（《秦律十八種》47/31）

（43）盡八月各以其作日及衣數告其計所官。（《秦律十八種》85/51）

（44）日食城旦，盡月而以其餘益爲九月稟所。（《秦律十八種》52/34）

這是目前能看到的最早一批用例。同時期典籍，如《戰國策》《韓非子》等，都没有見到這種用例。一般的辭書收録的都是《史記》以後的材料，而且兩漢時典籍中的用例也很少。"盡"的這種用法來源於動詞"盡"，從《睡簡》中一些動詞用例可看出其間的關係，如："月不盡五日，不可材（栽）。"（《日書甲》224）"月不盡五日"就是離月底還差五天，這例動詞"盡"也含有到月底的意思。

8. 一堵

假設連詞，"一旦"，1例：

（45）一堵（曙）失言，四馬弗能追也。（《爲吏之道》295/176）

其他文獻中未見"一堵"這個詞，整理小組根據語義、語音等，釋爲"一曙"。"一曙"最早見於同時期的典籍《吕氏春秋·重己》："論其安危，一曙失之。終身不復得。"同義的"一旦"最早也是見於戰國後期的典籍，《戰國策·趙四》："一旦山陵崩，長安君何以自托於趙？"

三、其他先秦文獻中用例極少的

這些虛詞在先秦其他文獻中有零星用例，但爲數極少，《睡簡》確立了這些虛詞在先秦漢語中的位置。

1. 雜

10例，範圍副詞，"皆""共"義。如：

（46）縣診而雜買（賣）其肉。（《秦律十八種》33/24）

（47）而復雜封之，勿度縣。（《秦律十八種》36/25）

（48）廷令長吏雜封其廥，與出之。（《秦律十八種》39/27）

（49）其毋故吏者，令有秩之吏令史主與倉□雜出之。（《秦律十八種》40/27）

（50）縣嗇夫令人復度及與雜出之。（《秦律十八種》99/58）

範圍副詞“雜”早見於《國語·越語下》：“其事是以不成，雜受其刑。”但先秦典籍中罕見。《睡簡》中另有“相雜”一語，從結構上看，“雜”是動詞。但從語義上看，“相雜”，聯繫緊密，用法相當於一個副詞，表示“共同”“一起”的意思。《睡簡》中的六例，“相雜”後都加“以”，置於謂語動詞之前，做狀語。如：

（51）縣嗇夫若丞及倉、鄉相雜以印之。（《秦律十八種》35/25）

（52）長吏相雜以入禾倉及發。（《秦律十八種》36/25）

“相雜”中的“雜”與做范圍副詞用的“雜”有明顯的聯繫，可見范圍副詞“雜”是由動詞“雜”虛化而來的。

2. 端

11例。方式副詞，“故意”“有意”的意思。用在動詞前。此用法出現於戰國末，傳世典籍中用例極少，如《墨子·號令》：“失火者斬，其端失火以爲亂者，車裂。”《韓非子·飾邪》：“豎谷陽之進酒也，非以端惡子反也，實心以忠愛之，而適足以殺之而已矣。”因此，甚至使人懷疑“端”是否有這一用法。而《睡簡》中用例如此豐富，足以據此確定它當時是常用詞。如：

（53）端爲，爲誣人；不端爲，告不審。（《法律答問》169/103）

（54）及傷其獄，端令不致，論出之。是謂縱囚。（《法律答問》191/115）

（55）罪當重而端輕之，當輕而端重之，是謂不直。（《法律答問》191/115）

（56）當論而端弗論。（《法律答問》191/115）

（57）捕貲罪，即端以劍及兵刃刺殺之，可（何）論？（《法律答問》204/122）

3. 初

10例。時間副詞。“初”在《左傳》等反映春秋至戰國早期的典籍中，多表示“當初”“以前”等義，追述過去的事。而《睡簡》中的10例却没有這種用法，其中9例表示“第一次”“剛剛”等義。如：

（58）新工初工事，一歲半紅。（《秦律十八種》75/46）

（59）不可種之及初穫出入之。（《日書甲》184）

（60）市良日，戊寅、戊辰、戊申戌，利初市，吉。（《日書甲》194）

（61）是胃四敫，不可初穿門、爲户牖。（《日書甲》226）

（62）田忌，丁亥、戊戌，不可初田及興土攻。（《日書甲》226）

（63）凡初寇（冠），必以五月庚午，吉。（《日書乙》242）

還有一例表“原來”：

（64）任人爲丞，丞已免，後爲令。今初任者有罪，令當免不當？（《秦律答問》212/127）

“初”的這種用法金文中偶見用例：“唯王初舉於成周，王命盂寧鄧伯，賓貝，用作父賓尊。”（盂爵）但先秦其他文獻中未見有用例。

4. 以

連接形容詞以及名詞。連接形容詞的有 4 例，連接名詞的有 1 例：

（65）一曰夸以泄，二曰貴以大（泰）。（《爲吏之道》283/169）

（66）丙寅生子，武以聖。（《日書甲》205）

（67）乙丑生子，武以攻（工）巧。（《日書甲》205）

（68）毋（無）芥者以蒲、藺以枲萷（絜）之。（《秦律十八種》83/50）

整理小組注：“第二個‘以’字意思是‘與’。”整理小組譯文：“没有菅草的，用蒲草、藺草及麻封扎。”

“以”用爲連接形容詞、連接名詞的並列連詞，兩周金文中即有。先秦典籍中也偶有用例。如《論語·爲政》：“季康子問：使民敬忠以勸，如之何？”《尚書·金縢》：“秋，大熟，未穫，天大雷電以風，禾盡偃。”但這種用法一直用例很少。

5. 於

連接形容詞，1 例。

（69）壬午生，穀於武，好貨。（《日書乙》252）

“於”用爲并列連詞的不多見，在甲骨文和金文中有用來連接名詞性成分、形容詞性成分的[1]。上古典籍偶見，中古以後就極少有用例了。

① 參看張玉金《甲骨文虚詞詞典》，中華書局，1994 年；以及崔永東《兩周金文虚詞集釋》，中華書局，1994 年。

6. 若干

代詞，代指某個數字，7 例。如：

（70）籍之曰："其廥禾若干石，倉嗇夫某、佐某、史某、稟人某。"（《秦律十八種》98/58）

（71）某廥出禾若干石，其餘禾若干石。（《秦律十八種》99/58）

（72）丙中人，賈（價）若干錢。（《封診式》259/154）

"若干"一詞最早即見於戰國末期。如《墨子·天志》："吾攻國，覆軍殺將若干人矣。"《戰國策》等其他典籍中未發現。《睡簡》中有 7 例，是先秦典籍中用例最多的。另《左傳》中有"若而"一詞，用同"若干"。如"夫婦所生若而人，妾婦之子若而人。"（《襄公十一年》），"則猶有先君之適，及遺姑姊妹若而人。"（《昭公三年》）而在其他典籍中未見使用，它與"若干"一詞定有傳承關係。或是一詞在不同地區的變體。

7. 尚（黨、當）

表假設關係。即"倘"。在《睡簡》中有 3 種表現形式：尚、黨、當。共 5 例。如：

（73）尚有栖未到戰所，告曰戰圍以折亡，叚（假）者，耐；（《秦律雜抄》145/88）

（74）終所黨有通迹，乃視舌出不出，頭足去終所及地各幾可（何），遺失弱（溺）不毆（也）？（《封診式》268/158）

（75）甲黨（倘）有［它］當封守而某等脱弗占書，且有罪。（《封診式》249/149）

（76）當者（諸）侯不治騷馬，騷馬蟲皆麗衡厄（軛）鞅韅轅靷，是以炎之。（《法律答問》227/135）

"倘"做表假設關係的連詞最早見於戰國後期。《睡簡》中的 5 個例子是最早的一批用例。其他先秦典籍中偶見，如"先祖當賢，後子孫必顯。"（《荀子·君子》），"當使虎豹失其爪牙，則人必制之矣。"（《韓非子·人主》）

:: 參考文獻 ::

郭錫良主編《古漢語語法論集》，語文出版社，1998 年。
何樂士等《古代漢語虛詞通釋》，北京出版社，1985 年。
吉士梅《〈睡虎地秦墓竹簡〉語料的利用與漢語詞彙語法之研究》，《漢語史研究集刊》第一輯，巴蜀書社，1998 年。
孫良明《古代漢語語法變化研究》，語文出版社，1994 年。
孫錫信《漢語歷時語法要略》，復旦大學出版社，1992 年。
魏德勝《〈韓非子〉語言研究》，北京語言學院出版社，1995 年。
楊伯峻、何樂士《古漢語語法及其發展》，語文出版社，1992 年。
張玉金主編《古今漢語虛詞大辭典》，遼寧人民出版社，1996 年。

原載《漢語史研究集刊》第三輯，巴蜀書社，2000 年。

《睡虎地秦墓竹簡》中的複音詞對《漢語大詞典》的補充

《漢語大詞典》(以下作《大詞典》)目前是品質最高、收古今漢語詞最全的詞典了。編者在撰稿過程中也注意到在確立詞條、義項、例證等方面利用出土文獻，如“田典”一詞，例證就衹有《睡虎地秦墓竹簡》[①](以下作《睡簡》)中的一條例子:“最者，賜田典日旬。”(《秦律十八種》31/22)而没有其他典籍中的例證，可見這一條的詞條、義項都是根據出土文獻資料確立的。再如“少多”“書府”“盗主”“貨材”等條目下都引用了《睡簡》中的句子。但由於目前利用出土文獻有一定困難，可以利用的工具比如以詞爲單位的“索引”不多，造成《大詞典》未能充分利用出土文獻資料。下面僅利用1975年12月在湖北省雲夢睡虎地十一號秦墓出土的《睡簡》中的複音詞，對照《大詞典》，在“詞條”“義項”“例句”等三個方面做些拾遺補缺的工作，以顯示出土文獻在編撰大型辭書方面的特殊價值。

---

① 本文引用《睡虎地秦墓竹簡》均據文物出版社1990年版本，爲印刷方便，有些僻字改成了通行字。例句後的數字，前者是1978年簡體字本的頁碼，後者是1990年本的頁碼。其中《日書》只有1990年本的頁碼。

一、補充詞條

《睡簡》中有些詞是《大詞典》所没有收的，但《睡簡》中使用較頻繁，甚至在一些典籍中也有相同或類似的用例，可以補充一些詞條。如：

1. 闌亡

女子甲去夫亡，男子乙亦闌亡，相夫妻。(《法律答問》223/132)

有秩吏捕闌亡者，以畀乙，令詣，約分購。(《法律答問》210/125)

闌亡，擅自出走。《大詞典》收有“闌出”“闌入”，而没有“闌亡”一詞，應據《睡簡》補。

2. 稱議

其病者，稱議食之，令吏主。(《秦律十八種》51/33)

其有本者，稱議種之。倉。(《秦律十八種》43/29)

《睡簡》整理小組注：酌情。《墨子·備城門》:“其上稱議衰殺之。”岑仲勉《墨子城守各篇簡注》:“酌度其合宜而逐漸減小。”

這是個内部爲並列關係的動詞，“稱”“議”兩詞在先秦都有斟酌、衡量的意思。用“稱”的如:“明主者，推功而爵禄，稱能而官事。”(《韓非子·人主》),“稱財多寡而節用之。”(《晏子春秋·問下》)用“議”的如:“故聖人之施捨也議之，其喜怒取予亦議之。”(《國語·周語中》)徐元浩集解:“議，猶斟酌也。”故“稱”“議”同義並列，仍表斟酌的意思。這個詞在《睡簡》中共 3 例，而在其他先秦典籍中不多見，所以現在的一般大型辭書都未收，應補。

3. 邦亡

邦亡來通錢過萬，已復，後來盗而得，可（何）以論之？（《法律答問》229/136）

告人曰邦亡，未出徼闌亡，告不審。(《法律答問》171/104)

《睡簡》整理小組注:“邦亡，逃出秦國國境。”《大詞典》未收。

4. 度縣

而復雜封之，勿度縣。(《秦律十八種》36/25)

嗇夫免而效，效者見其封及隄（題），以效之，勿度縣。(《秦律

十八種》99/58）

“度”和“縣”在表示“稱量”的意思上是同義詞，《睡簡》中在稱量糧食時，有單用“度”的，如“出禾，非入者是出之，令度之。”（《秦律十八種》36/25）也有單用“縣”的，如“其少，欲一縣之，可殹（也）。”（《秦律十八種》39/27）也有用並列複合詞“度縣”的，例見上。“度縣”一詞不見於《大詞典》，《睡簡》中就有6例，應據補。

5. 敖童

匿敖童及占癃不審，典老贖耐。（《秦律雜抄》143/87）

敖童，指身高達到成年標準而尚未“傅籍”的人。[①]

6. 百蟲

庚申、丁酉、丁亥、辛卯，以除室，百蟲弗居。（《日書乙》241）

《大詞典》有“百草”等，而没有“百蟲”，應補。

7. 傳車

傳車、大車輪，葆繕參邪，可殹（也）。（《秦律十八種》65/41）

《大詞典》有“傳馬”，而没有同類的“傳車”。

8. 朔事

令隸妾數字者某某診甲，皆言甲前旁有乾血，今尚血出而少，非朔事殹（也）。（《封診式》275/162）

整理小組注：“月經。”《大詞典》未收。

9. 外大母

外大母同里丁坐有寧毒言，以卅餘歲時罨（遷）。（《封診式》276/162）

《大詞典》有“外大父”，而無“外大母”。

10. 閑牢

盈日，可以築閑牢，可以産，可以築宫室、爲嗇夫。（《日書甲》183）

---

① 參魏德勝《睡虎地秦墓竹簡雜考》，《中國文化研究》1997年冬之卷。

“閑牢”指養牲畜的圈。“閑”和“牢”單用時，也都有養牲畜的圈的意思。“閑牢”是同義連用。《大詞典》未收。

11. 銷敝

段（假）鐵器，銷敝不勝而毀者，爲用書，受勿責。（《秦律十八種》32/23）

“銷敝”也是同義連用，指“破舊”。《大詞典》未收。

12. 折亡

尚有棲未到戰所，告曰戰圍以折亡，段（假）者，耐。（《秦律雜抄》145/88）

“折亡”，同義連用，“折”先秦就有“死亡”的意思。《大詞典》未收。

二、補充義項

《睡簡》中的一些詞，《大詞典》雖然收録了，但所釋義項與《睡簡》中所用的意思不同，可以爲這些詞條補充義項。如：

1. 人民

不可取妻、嫁女，祠，出入人民、畜生。（《日書乙》234）

徹，大徹，利單（戰）伐，不可以見人、取妻、嫁女，出入人民、畜生。（《日書乙》234）

離日不可以家（嫁）女、取婦及入人民畜生，唯利以分異。（《日書甲》190）

收日，可以入人民、馬牛、禾粟，入室取妻及它物。（《日書甲》183）

“人民”一詞，一般均解釋爲“平民百姓”等義，而忽略了這個詞在上古時期的特殊含義。《睡簡》中共有6例，都出現在《日書》中。從以上例句可見，它常與“畜生”“馬牛”等相提並論，可以買賣，前常用的動詞就是“出”“入”。很明顯指的是奴隸。“民”一詞，郭沫若早就根據字形指出它指的是奴隸。同樣，

“人民”一詞在先秦常用義是“奴隸”。再如：“衍請受甲二十萬，爲君攻之，虜其人民，繫其牛馬，使其君内熱發於背，然後拔其國。”（《莊子·雜篇·則陽》）“人民”也是同“牛馬”相並列。由於社會的變遷，占人口中絕大部分的奴隸的身份也發生了根本變化，“人民”的詞義相應變爲指“平民百姓”。這一變化發生在春秋戰國時期。戰國典籍中已有這種用例。如《戰國策·中山》：“今者，臣來至境，入都邑觀人民謠俗，容貌顔色，殊無佳麗好美者。”從“人民”一詞的語義看，它一直表示占社會絕大多數的那部分人。詞義的變化受社會變化制約。

2. 學室

非史子殹（也），毋敢學學室。（《秦律十八種》107/63）

《睡簡》整理小組注：“學室，據簡文是一種學校。古時以文書爲職務的史每世代相傳，要從小受讀寫文字的教育。”在學室學習的只有“史”的後代。而《大詞典》所列的義項是“學校的房舍”，例句是《新唐書·劉禹錫傳》中的句子。可據以補充義項。

3. 逋事

[或]覆問毋有，幾籍亡，亡及逋事各幾可（何）日。（《封診式》250/150）

可（何）謂“逋事”及“乏繇（徭）”？（《法律答問》221/132）

“逋事”，例句明確解釋了含義，即官吏已經通知你服徭役的事，你却逃避。“逋”即是逃避的意思。《大詞典》中有“逋事”一詞，意思是“積壓的公事”，例子是：“治敢行，少蘊藉，縣無逋事，舉爲第一。”（《史記·酷吏列傳》）“無逋事”成爲官吏有才能的套話，與《睡簡》中的意思不同，應據補。

4. 傳食

月食者已致稟而公使有傳食。（《秦律十八種》47/31）

《大詞典》“傳食”條用《孟子·滕文公下》例，解釋爲“輾轉受人供養”，而上例中的“傳食”不是這個意思。《睡簡·秦律十八種》中有“傳食律”，整理小組注認爲是“關於驛傳供給飯食的規定”。所以《睡簡》中的“傳食”是“驛傳供給飯食”。

5. 息子

金錢羽旄，息子多少。（《爲吏之道》286/170）

豬、鷄之息子不用者，買（賣）之。（《秦律十八種》54/35）

“息”在戰國時期有“子”義，如：“老臣賤息舒祺，最少，不肖。而臣衰，竊愛憐之。”（《戰國策·趙四》）“息、子”同義並列。《大詞典》“息子”條用北魏《洛陽伽藍記》例，太晚。而且義項爲“親生兒子”，不全面。上秦律例用於畜禽，可見這個詞可用於人及畜禽。

6. 大内

都官遠大内者輸縣，縣受買（賣）之。（《秦律十八種》64/40）

房内在其大内東，比大内，南鄉（向）有户。（《封診式》270/160）

《大詞典》“大内”有三個義項：一是“漢代京城的國庫”，二是“皇宫”，三是“匈奴單于的内室”。據前例“大内”爲京城的國庫，不衹是漢代，第一個義項至少應改爲“秦漢時京城的國庫”，或是删去“漢代”。後例，整理小組的譯文解釋爲“正房”，可補。

7. 家吏

某里五大夫乙家吏甲詣乙妾丙。（《封診式》260/155）

《大詞典》“家吏”有二義：（1）皇后和皇太子的官屬；（2）魏晋以前郡守自委的屬官。而上例中“家吏”就是“家臣”，可補。

8. 街亭

市南街亭求盗才（在）某里曰甲縛詣男子丙。（《封診式》253/151）

整理小組注：街亭，城市内所設的亭。而《大詞典》“街亭”衹有地名一個義項。

9. 實官

實官户關不致，容指若抉，廷行事貲一甲。（《法律答問》215/128）

整理小組注：“實官，貯藏糧食的官府。”而《大詞典》却衹有“有實際職務的官職”一個義項。

三、補充用例

《大詞典》每一個詞條下儘量選用各時代的例句，以顯示其歷史概貌。《睡簡》中的有些詞，《大詞典》用的最早例句是秦代以後的，年代稍晚，因而《睡簡》可以給它們提供更早的書證。如：

1. 鼻腔

丙毋（無）麋（眉），艮本絶，鼻腔壞。刺其鼻不疐（嚏）。（《封診式》263/156）

《大詞典》用的是現代漢語的例子。

2. 果成

正陽，是胃（謂）滋昌，小事果成，大事又（有）慶，它毋（無）小大盡吉。（《日書甲》184）

《大詞典》用現代陸友白《孫中山傳記·事略》例。

3. 讁謫

外鬼父葉（世）爲姓（眚），高王父讁適（謫）（《日書乙》245）

《大詞典》用朱自清《別》例。

4. 私圖

凡治事，敢爲固，謁私圖，畫局陳卑（棋）以爲耤。（《爲吏之道》290/173）

《大詞典》用魯迅作品例。

5. 求告

戊子以有求也，必得之。雖求頯啻（帝）必得。（《日書甲》206）

整理小組注："頯，疑以音近讀爲告。"《大詞典》"求告" 用《水滸傳》例。

6. 同居

此二物其同居、典、伍當坐之。（《法律答問》159/98）

自殺者必先有故，問其同居，以合（答）其故。（《封診式》268/159）

"同居"，指住在一起的人，名詞。《大詞典》用《宋史·真宗紀三》例。

7. 後父

自今以來，叚（假）門逆吕（旅），贅婿後父，勿令爲户。（《爲吏之道》293/197）

《大詞典》有"後父"一詞，但無例證。

8. 權衡

二曰不智（知）所使，不智（知）所使則以權衡求利。（《爲吏之道》284/169）

《大詞典》用《晋書·潘岳傳》例。

9. 野獸

野獸若六畜逢人而言，是票（飄）風之氣。（《日書甲》212）

《大詞典》用的是晋代孔晁注《逸周書·王會》釋語及《晋書·凉後主李歆傳》例。

10. 人定

春日酉，牛羊入戌，黄昏亥，人定[子]。（《日書乙》244）

《大詞典》用《後漢書·來歙傳》例。

11. 誣告

葆子獄未斷而誣[告人，其罪]當刑鬼薪，州（《法律答問》199/120）

當耐爲鬼薪未斷，以當刑隸臣及完城旦誣告人，是謂"當刑鬼薪"。（《法律答問》199/120）

有收當耐未斷，以當刑隸臣罪誣告人。（《法律答問》198/119）

《睡簡》是目前見到的最早提到"誣告"的文獻。《大詞典》用《漢書》例。

12. 員程

徒隸攻丈，作務員程。（《爲吏之道》286/170）

員程，數量定額。員，《説文》："員，物數也。"指事物的數量。程，限額。《説苑·談叢》："食人以壯爲量，事人以老爲程。"楊樹達《漢書窺管》卷八："員程謂定數之課程。"《睡簡》中有專門規定手工業生産定額的法律《工人程》，"人程"，整理小組認爲即"員程"。《大詞典》用《鹽鐵論·水旱》《漢書·尹歸翁傳》中的例句。從文獻材料看,《睡簡》的用例最早，而且有具體關於"人程"即"員程"的法律條文，可彌補典籍的不足，值得重視。

13. 棄市

而擅殺之，當棄市。(《法律答問》182/110)

同母異父相與奸，可(何)論? 棄市。(《法律答問》225/134)

《大詞典》用《漢書·景帝紀》例。

14. 口舌

易口舌，不羞辱，輕惡言而易病人。(《語書》19/15)

整理小組注:"口舌，争辯。《史記·蘇秦列傳》:'今子釋本而事口舌。'此處指搬弄是非。"《睡簡》此例是目前所見最早用例。《大詞典》用《史記·留侯世家》例。

15. 自殺

或自殺，其室人弗言吏，即葬貍(薶)之。(《法律答問》184/111)

自殺者必先有故，問其同居，以合(答)其故。(《封診式》268/159)

戰國末典籍中,《韓非子》中有2例，如:"成王請食熊蹯而死，不許，遂自殺。"(《内儲説下六微》)《戰國策》有4例，如:"乃抱屍而哭之曰:'此吾弟，軹深井里聶政也。'亦自殺於屍下。"(《韓二》)《大詞典》用《史記·秦始皇本紀》例，稍晚。

《睡簡》中已出現的複音詞，而《大詞典》却用《史記》中例子的，還有很多，除了上面提到的，再如暴風雨、從軍、怪物、褐衣、黑子、黄土、宦者、結髪、饋遺、没入、千佰(阡陌)、求盗、失期、手指、田舍、完善、小子、中子、追捕等，都可以换用《睡簡》中的句子。

原載《辭書研究》2000年第5期。

雲夢秦簡中的官職名

【提　要】秦是中國封建官職體系建設的重要時期，但過去由於資料匱乏，無從知其詳。《睡簡》的出土使我們得以一窺秦官面貌，澄清了一些模糊認識。我們選取了幾個官職名稱，聯繫其他秦漢史料，略做梳理。

【關鍵詞】秦簡　官職

《睡虎地秦墓竹簡》[①]（以下簡稱《睡簡》）中的官職名很多，爲我們整理、研究秦漢時期的官職體系提供了第一手資料。已有學者討論過其中的一些問題，如裘錫圭、日本學者大庭脩等都著有長篇文章研究“嗇夫”及相關官職。

秦漢是封建官職體系形成的時期。據史籍記載，漢代官職多沿襲秦制，《漢書·百官公卿表》中的很多官職都標明“秦官”。由於有關秦朝的史料相當缺乏，多數官職衹有漢代的史料，而無法溯其源。隨着《睡簡》及一批秦代文獻的出土，這種狀況有望得到改變。

① 《睡簡》語料主要據文物出版社 1990 年版。例後的數字，前者是 1978 年版的頁碼，後者是 1990 年版的頁碼。

我們就《睡簡》中的一些官職名，聯繫秦漢其他文獻做一些探討。

1. **屬邦**

（1）道官相輸隸臣妾、收人，必署其已稟年日月，受衣未受，有妻毋（無）有。受者以律續食衣之。屬邦（《秦律十八種》110/65）

整理小組注："管理少數民族的機構。"後因避高祖劉邦之諱而改稱屬國。賈誼《治安策》："陛下何不試以臣爲屬國之官，以主匈奴。"也稱"典屬國"，《漢書·百官公卿表》："典屬國，秦官，掌蠻夷降者。武帝元狩三年，昆邪王降，復增屬國，……成帝河平元年省並大鴻臚。"而大鴻臚一職本稱"典客"，《百官公卿表》："典客，秦官，掌諸侯歸義蠻夷，有丞。景帝中六年更名大行令，武帝太初元年更名大鴻臚。"

可見，秦及漢初有"典屬國""典客"兩職，典屬國是管理完全歸降的"蠻夷"。而"屬國"本指歸降的少數民族聚居的區域，《史記·衛將軍驃騎列傳》："居頃之，乃分徙降者邊五郡故塞外，而皆在河南，因其故俗，爲屬國。"這裏的屬國是在河南，而不在塞外。原注："正義：以降來之民徙置五郡，各依本國之俗而屬於漢，故言'屬國'也。"秦朝，據《睡簡》，專門把少數民族聚居的縣設立爲"道"，納入整個行政管理系統中，而又與漢人一般的縣相區別。《睡簡·語書》："南郡守騰謂縣、道嗇夫。"漢因秦制，《漢舊儀》："內郡爲縣，三邊爲道。"對於屬國的百姓中央政府有支配權。《史記·大宛列傳》："於是天子以故遣從驃侯破奴將屬國騎及郡兵數萬，至匈河水，欲以擊胡，胡皆去。"又："拜李廣利爲貳師將軍，發屬國六千騎，及郡國惡少年數萬人，以往伐宛。"又《衛將軍驃騎列傳》："天子悼之，發屬國玄甲軍，陳自長安至茂陵，爲累象祁連山。"正義："屬國即上分置邊五郡者也。"可見天子可以徵發屬國的軍隊。

而"典客"則是管理歸義的"蠻夷"，也就是臣附的邊疆少數民族政權，從"客"字也可以看出，這些政權有一定的獨立性，不納入中央的統一管理。戰國時，"客"一般指其他諸侯國的人，《睡簡·法律答問》189/114："邦客與主人鬥，以兵刃、投（殳）梃、拳指傷人，擊以布。"整理小組注："邦客，指秦國以外的人。"又："者（諸）侯客來者，以火炎其衡厄（軛）。"（227/135）《戰國策·東周》："子非周人，而自謂非客何也？"又《秦三》："燕客蔡澤，天下駿雄弘辯之士也。”全國一統的秦漢時期，“客”自然就指周邊少數民族政權了。

據《漢書》，“典屬國”在成帝河平元年並入已改稱“大鴻臚”的典客一職。可能這時歸降的少數民族已逐漸融入漢族，而主要矛盾是相對獨立的各少數民族政權。

由以上分析可以看出，“屬邦”“屬國”在戰國秦漢時有特殊含義：一指歸順漢人，完全納入國家行政管理的少數民族；二是指專門管理這些少數民族的機構和官員。兩漢時期設立了不少少數民族聚居的“屬國”，主要在邊疆地區。如：“夏四月，安定屬國胡叛，屯聚青山，遣將兵長史陳訢討平之。”（《後漢書·光武帝紀》），“秋八月丙寅，令武威、張掖、酒泉、敦煌及張掖屬國，繫囚右趾已下任兵者，皆一切勿治其罪，詣軍營。”（《後漢書·顯宗孝明帝紀》）東漢，屬國設立都尉一職進行管理，“每屬國置都尉一人，比二千石，丞一人。……邊郡置農都尉，主屯田殖穀。又置屬國都尉，主蠻夷降者。中興建武六年，省諸郡都尉，並職太守，無都試之役。省關都尉，唯邊郡往往置都尉及屬國都尉，稍有分縣，治民比郡。”（《後漢書·志·百官五》）到東漢末期，這些屬國逐漸改爲“郡”，“二十一年，劉備分巴郡立固陵郡。……以蜀郡屬國爲漢嘉郡，以犍爲屬國爲朱提郡。”（《晉書·志第四》）

兩漢以後，由於“典屬國”一職的省並，“屬國”“屬邦”的這一特殊含義也隨之消失，轉而指周邊相對獨立的少數民族政權，也就是秦漢時“典客”管轄的對象。如南朝宋鮑照《建除》：“建旗出敦煌，西討屬國羌。”《宋史·列傳第一百九十一》：“四夷走馬，墜鐙遺策，交相告語：皇帝英武，解兵修貢，永爲屬國。皇帝一舉，群臣懾焉，諸侯畏焉，四夷服焉。”

由於對“屬國”在兩漢前後的變化缺乏認識，一般都根據後代的理解來解釋，如《漢語大詞典》中“屬國”“屬邦”都衹簡單地解釋爲“附屬國”，不妥。應區分兩漢之前與兩漢之後的不同含義。

《睡簡》中臣附的少數民族政權稱“臣邦”“外臣邦”：

（2）臣邦人不安其主長而欲去夏者，勿許。（《法律答問》226/135）

（3）臣邦真戎君長，爵當上造以上，有罪當贖者，其爲群盗，令贖鬼薪鋈足。（《法律答問》200/120）

（4）使者（諸）侯、外臣邦，其邦徒及僞吏不來，弗坐。（《法律答問》229/136）

從《睡簡》看，臣邦是納入秦的版圖的，但實行單獨的自治管理，有自己的“主長”“君長”等頭領，這些首領有秦的爵位，並且犯罪後要按秦律接受刑罰，但對他們多是網開一面，主要是“贖”刑，體現出一定的獨立性。對“外臣邦”似比對“臣邦”的管理更鬆散，例（4）諸侯和外臣邦並列，與秦的地位不相上下，臣屬的關係比較淡。

2. 君子

（5）未卒堵壞，司空將紅（功）及君子主堵者有罪。（《秦律十八種》77/47）

（6）署君子、敦（屯）長、僕射不告，貲各一盾。（《秦律雜抄》144/88）

（7）所城有壞者，縣司空署君子將者，貲各一甲。（《秦律雜抄》148/90）

（8）官嗇夫節（即）不存，令君子毋（無）害者若令史守官。毋令官佐、史守。（《秦律十八種》95/56）

（9）君子不病毆（也），以其病病毆（也）。（《爲吏之道》282/167）

（10）垣東方高西方之垣，君子不得志。（《日書甲》210）

君子，先秦典籍中通稱貴族、在位者。《尚書·周官》：“凡我有官君子，欽乃攸司，慎乃出令，令出惟行，弗惟反。”但《睡簡》中是比較具體的官職。例（8）整理小組注：“這裏疑指有爵的人。”例（5）整理小組認爲“君子”是“署君子”的省稱。例（6）“署君子”整理小組注：“防守崗位的負責人。”這兩個注不統一，值得考慮。目前，文獻中没有“君子”作爲具體官職的解釋，從《睡簡》看，解釋爲“有爵位的人”似乎欠妥。官和爵應予區分。《史記·管蔡世家》：“伯陽三年，國人有夢衆君子立於社宫，謀欲亡曹；曹叔振鐸止之，請待公孫强，許之。”又《越王句踐世家》：“乃發習流二千人，教士四萬人，君子六千人，諸御千人，伐吴。”又《循吏列傳》：“乘車者皆君子，君子不能數下車。”綜合上古文獻的用例，“君子”就是官員的意思，“君子主堵者”，就是負責城墻建設的官員，“署君子”是某個崗位的官員，“君子無害者”是没有過失的官員。建築城墻、宿衛、守城、留守，《睡簡》中負責這些工作的有時没有固定的官職，是按照需要臨時指派，所以在秦律中明確他們的職責時，就用一個較籠統的詞“君子”來指稱。

3. 部佐

（11）百姓居田舍者毋敢醢（沽）酉（酒），田嗇夫、部佐謹禁御之。（《秦律十八種》30/22）

（12）部佐匿者（諸）民田，者（諸）民弗智（知），當論不當？（《法律答問》218/130）

“部佐”一職不見於其他上古文獻。部，古代行政區域名，《管子·乘馬》：“方六里命之曰暴，五暴命之曰部，五部命之曰聚。”“部”是地方很小的區域。《韓非子》中有“州部”：“故明主之吏，宰相必起于州部，猛將必發於卒伍。”（《顯學》）也見於《戰國策》：“今僕之不肖，厄於州部，堀穴窮巷，沉洿鄙俗之日久矣，君獨無意湔拔僕也，使得爲君高鳴屈於梁乎？”（《楚四》）陳奇猷《韓非子集釋》：“是州部之吏爲地方小官。考《周禮·地官》之屬有州長，位次於鄉大夫，……先鄭云：‘二千五百家爲州。’”佐，一般指副職。所以，《睡簡》的“部佐”是地方小官吏，管理農業生産、農民生活等。裘錫圭（1981）認爲，與倉嗇夫同倉佐的關係一樣，部佐是田嗇夫設於鄉的田佐，跟鄉佐不同。田嗇夫總管全縣田地等事，部佐則分管各鄉田地等事。但《睡簡》稱“部佐”，而不稱“田佐”，是否能與倉佐類比，還有疑問。

4. 牛長　皂

（13）最，賜田嗇夫壺酉（酒）束脯，爲旱〈皂〉者除一更，賜牛長日三旬；殿者，誶田嗇夫，罰冗皂者二月。（《秦律十八種》30/22）

牛長，其他上古文獻中不見用例。這條律文是關於耕牛評比的，所以，牛長顯然是負責耕牛飼養的小官吏。由此可見秦對耕牛的重視。爲皂者，整理小組注：“飼牛的人員。”冗皂者，整理小組認爲包括牛長和爲皂者。皂，上古本泛指地位低下的奴僕，《左傳》《國語》等文獻中有“皂隸”。《睡簡》中專指飼養牛馬的人。例（13）是飼養牛的，《秦律雜抄》142/86：“馬勞課殿，貲皂嗇夫一盾。”負責養馬的稱“皂嗇夫”，那麼養馬的也就可稱“皂”了。飼養牛馬者，應作爲“皂”的一個義項，但是因爲典籍中没有用例，大型辭書如《漢語大詞典》《漢語大字典》都没有這個義項。上古“皂”還有牛馬的食槽、牛馬圈的意思，《管子·輕重乙》:“是公家之馬不離其牧皂,而曲防之戰賂足矣。”《莊子·馬蹄》:“連之以羈縶,編之以皂棧,馬之死者十二三矣。”《吕氏春秋·權勳》:“彼若不吾假道,必不吾受也;若受我而假我道,是猶取之内府而藏之外府也,猶取之内皂而著之外皂也。”這句話是説晋獻公派荀息用“垂棘之璧與屈産之乘”假道於虞以伐虢,“取之内府而藏之外府”是就寶玉而言的,“取之内皂而著之外皂”則是就寶馬來説的,皂就是廄。在《春秋穀梁傳》中正作“廄”:“則是我取之中府而藏之外府,取之中廄而置之外廄也。”《史記·魯仲連鄒陽列傳》:“今人主沉於讒諛之辭,牽於帷裳之制,使不羈之士與牛驥同皂,此鮑焦所以忿於世而不留富貴之樂也。”

5. 都官(中都官)

(14)内史課縣,大(太)倉課都官及受服者。(《秦律十八種》33/24)

(15)宦者、都官吏、都官人有事上爲將。(《秦律十八種》46/30)

(16)縣各告都官在其縣者,寫其官之用律。(《秦律十八種》104/61)

(17)都官之佐、史冗者,十人,養一人。(《秦律十八種》58/37)

都官,指京城的各官府。例(16)的“縣”,整理小組注:“這裏指内史所轄各縣。”也就是直屬京師的縣。這條律文屬於“内史雜”,内史是掌管京師的官員。都官吏、都官人即指這些官府的官吏和工作人員。《史記·淮南衡山列傳》:“於是王乃令官奴入宫,作皇帝璽,丞相、御史、大將軍、軍吏、中二千石、都官令、丞印,及旁近郡太守、都尉印,漢使節法冠,欲如伍被計。”《漢書·百官公卿表》:“諸侯王,高帝初置,掌治其國。有太傅輔王,内史治國民,中尉掌武職,丞相統衆官,群卿大夫、都官如漢朝。”可見,除京師外,漢代各諸侯王國的官府也稱“都官”。也稱“中都官”,《史記·平准書》:“漕轉山東粟,以給中都官,歲不過數十萬石。”又《酷吏列傳》:“以佐史補中都官,用廉爲令史,事太尉亞夫。”《漢語大詞典》:“都官,隋唐時指刑部尚書。唐楊炯《遂州長江縣先聖孔子廟堂碑》:‘符偉明以都官謝職,逢有道而相推;趙元淑以郡吏從班,見司徒而不拜。’”顯然不妥,所用的例句中,“都官”與“郡吏”相對,一是中央,一是地方,都官並不是確指某一官職。《大詞典》對中都官的解釋是:“漢代京師各官署的統稱。”也不確切。

6. 大（太）倉

（18）縣上食者籍及它費大（太）倉，與計偕。（《秦律十八種》42/28）

太倉，古代京師儲存糧食的倉庫。《莊子·秋水》："計中國之在海内不似稊米之在太倉乎？"《史記·高祖本紀》："蕭丞相營作未央宫，立東闕、北闕、前殿、武庫、太倉。"又《平准書》："太倉之粟陳陳相因，充溢露積於外，至腐敗不可食。"與"都官"一樣，諸侯王也有太倉。《史記·孝文本紀》："五月，齊太倉令淳于公有罪當刑，詔獄逮徙繫長安。"又《扁鵲倉公列傳》："太倉公者，齊太倉長，臨淄人也，姓淳于氏，名意。"太倉長、太倉令，義同，指太倉的負責人。《睡簡》有"倉嗇夫"，是指地方糧倉的負責人。《法律答問》192/115："可（何）謂'官長'？可（何）謂'嗇夫'？命都官曰'長'，縣曰'嗇夫'。"裘錫圭（1981）解釋説，中央官府所屬機構的負責人稱"長"，縣等地方官府及所屬機構稱"嗇夫"。漢承秦制，太倉稱"令""長"，而縣則稱"嗇夫"，居延新簡中有"倉嗇夫望"，裘錫圭（1981）認爲是"居延縣倉的嗇夫"，並指出，《漢官解詁》證明東漢仍有倉嗇夫，傳世還有"倉嗇夫張均印"，據字體應爲東漢時物。

7. 長吏

（19）長吏相雜以入禾倉及發，見屟之粟積，義積之，勿令敗。（《秦律十八種》36/25）

（20）廷令長吏雜封其廥，與出之。（《秦律十八種》39/27）

長吏，《漢書·高帝紀》顔師古注："長吏，謂縣之令長。"《漢書·百官公卿表》："縣令、長，皆秦官，掌治其縣。萬户以上爲令，秩千石至六百石。減萬户爲長，秩五百石至三百石。皆有丞、尉，秩四百石至二百石，是爲長吏。"與《秦簡》相合。秦律的這兩例"長吏"都是指縣的各位官員。再如《史記·高祖本紀》："諸郡縣皆多殺其長吏以應陳涉。"又《南越列傳》："郡中長吏無足與言者，故召公告之。"《史記·滑稽列傳》："鄴民人父老不肯聽長吏，以爲西門君所爲也，賢君之法式，不可更也。"在上古漢語中，"長吏"本指地位高的官員，《戰國縱横家書·十五》："臣聞魏王長吏胃（謂）魏王曰：初時者，惠王伐趙，戰勝三梁（梁），拔邯鄲，趙氏不割而邯鄲復歸。"類似的文字也見於《史記·穰侯列傳》。宋玉《高唐賦》:“長吏隳官，賢士失志。”所以，戰國時，長吏泛指高官，秦漢時主要指縣級官員。但在漢代，有時又延續了戰國時代的用法，《漢書·景帝紀》:“吏六百石以上，皆長吏也，亡度者或不吏服，出入閭里，與民亡異。令長吏二千石車朱兩轓，千石至六百石朱左轓。”這例兩千石也稱長吏，而《百官公卿表》中縣令最高的只是“秩千石”，顯然不同。再如《史記·梁孝王世家》:“時丞相以下見知之，欲以傷梁長吏，其書聞天子。”

《漢語大詞典》“長吏”:“亦指州縣長官的輔佐。”顯然是誤解了《漢書·百官公卿表》，把“皆有丞、尉”一段與上文割裂開了。《睡簡》等文獻也證明“長吏”指縣級官員，包括縣令、縣長。

8. 稗官

（21）官嗇夫免，效其官而有不備者，令與其稗官分，如其事。（《秦律十八種》63/40）

這是目前見到的最早用例，官嗇夫是具體崗位的嗇夫，如倉嗇夫、厩嗇夫等，地位已經是較低的了，而“稗官”是官嗇夫的下屬，地位更低，《漢書·藝文志》:“小説家者流，蓋出於稗官。”顔師古注:“稗官，小官。”由《睡簡》我們大致知道了稗官小到什麽程度。

9. 工師

（22）省殿，貲工師一甲，丞及曹長一盾，徒絡組廿給。（《秦律雜抄》136/83）

（23）新工初工事，一歲半紅（功），其後歲賦紅（功）與故等。工師善教之。（《秦律十八種》75/46）

（24）非歲紅（功）及毋（無）命書，敢爲它器，工師及丞貲各二甲。（《秦律雜抄》137/84）

從事手工勞作的稱爲“工”，而管理“工”的主要官吏稱爲“工師”。從《睡簡》看，工師的職責有傳授技能、監管品質、主持生産。“丞”也負有管理責任，但與工師有分工，如果是産品品質方面的問題，工師要負主要責任；如果是組織管理方面的問題，工師和丞負有同等責任。

10. 曹長

（25）賦歲紅（功），未取省而亡之，及弗備，貲其曹長一盾。（《秦律雜抄》138/84）

（26）縣工新獻，殿，貲嗇夫一甲，縣嗇夫、丞、吏、曹長各一盾。（《秦律雜抄》137/84）

整理小組注："據簡文應爲工匠中的班長。" 是官營手工作坊中地位最低的官吏，這些作坊可能是根據製作的産品不同把工匠分成若干組，稱爲 "曹"，每曹有曹長，負責監督生産、保管産品。同一個 "曹" 的工匠稱爲 "曹人"："工盜以出，臧（贓）不盈一錢，其曹人當治（笞）不當？"（《法律答問》156/97）其他上古文獻中没有見到。《大詞典》中 "曹長"，也没有這個義項，當補。《睡簡》中 "曹" 還指官府中某一具體辦事機構，是政府機構中最小的組織。《語書》："發書，移書曹，曹莫受，以告府，府令曹畫之。" 官營作坊中的 "曹" 與官府機構的 "曹" 是否有關係，還需進一步探討。

11. 校長

（27）某亭校長甲、求盜才（在）某里曰乙、丙縛詣男子丁。（《封診式》255/152）

整理小組注："校長，見《後漢書·百官志》，注：'主兵戎盜賊事。'《封泥彙編》有 '校長' 半通印。"《睡簡》此例與《後漢書》注相合。《史記·魏豹彭越列傳》："於是越謝曰：'臣老，諸君彊以爲長。今期而多後，不可盡誅，誅最後者一人。' 令校長斬之。"《漢語大詞典》"校長"："漢代守衛皇帝陵園的官名。" 這是根據《後漢書·百官志》而做出的錯誤解釋。《後漢書·百官志二》："先帝陵，每陵園令各一人，六百石。丞及校長各一人。" 從《睡簡》及《史記》例看，校長並不只是守衛陵園，而是地方抓捕盜賊的小官吏。

:: 參考文獻 ::

大庭脩《漢代的嗇夫》，《簡牘研究譯叢》第一輯，中國社會科學出版社，1983 年。

高　敏《秦漢史探討》，中州古籍出版社，1998 年。

裘錫圭《嗇夫初探》，載《雲夢秦簡研究》，中華書局，1981 年。又見《古代文史研究新探》，江蘇古籍出版社，2000 年。
王震亞《秦代刑法制度考述》,《簡牘學研究》第一輯，甘肅人民出版社，1997 年。
張政烺《秦漢刑徒的考古資料》,《歷史教學》2001 年第 1 期。

原載《中國文化研究》2005 年夏之卷。

《敦煌漢簡》中的量詞

【提　要】西漢末期至東漢時期寫就的簡牘材料《敦煌漢簡》中的量詞，數量大，使用較廣泛，且與名詞間有很强的選擇性。度量衡單位量詞簡明，規範，成系統。其中以“積”加長度單位表面積是此前典籍中所没有的。

【關鍵詞】量詞　漢簡　漢語語法史

量詞是漢語的特色之一，上古後期的兩漢是漢語由極少用量詞向普遍用量詞發展過程中的過渡階段，量詞有較大的發展，特别是除度量衡量詞之外的一般量詞。我們把本世紀初以來在敦煌附近出土的簡牘材料[①]中的量詞做一列舉分析，可加深我們對上古量詞發展的認識，或可補傳世文字資料的一些缺漏。

據初步翻檢，《敦煌漢簡》中的一般量詞20個，度量衡單位18個，從數量上來説是不少的，並且大多數量詞用例都較多，使用範圍也較廣。如相當於現代漢語“雙”的量詞“兩”，在簡文中用於“袜（白布袜、皮袜等）”“履（革履、

① 本文所引材料皆據甘肅省文物考古研究所編《敦煌漢簡》，中華書局，1991年。

草履、韋履等）”“絝（羊皮絝、皂布絝等）”等衣物。又相當於“件”的“領”用於“袍（布袍、皂布袍、布複袍等）”“襲（白練裘襲、練複襲等）”“單衣”“襦（單襦、複襦、絹複襦等）”“中衣”等衣物。

這些量詞的使用有一顯著特點，即名詞和量詞之間有較强的選擇性，二者之間的關係基本上是固定的。如同樣是動物，馬、驢用“匹”，牛、羊、鷹用“頭”，劃然有别。簡文中只有橐佗（駱駝）既用“匹”，又用“頭”；又如用於衣物的“兩”和“領”的使用也有明顯的區别，決不混用。

同時，從簡文中可以看出，哪些名詞用量詞，哪些名詞不用量詞，似也是一定的。如簡文中出現了大量兵器及用具數量的記録，但極少有用量詞的，如：

（1）劍一，弓二，犢丸各一，箭十二。（279）[①]

（2）六石具弩一，稾矢五十。（825）

（3）弩幡一，完。（1041）

（4）宝矢六百。（1784）

（5）革囊大小十，韋囊大小十，勾刀三，斤斧錐鑿各一。（1147）

其中“矢”“斧”偶有用量詞“枚”的。

而衣物等，如履、袜、袍、襦，牲畜中的牛、馬、羊等，則相反，極少有不用量詞的。

其原因可能是跟人們生活密切的程度有關。量詞也是出於交際需要而産生的，所以度量衡單位産生早，成熟也快。生活中常用的事物，其計量單位也就産生得早。

簡文中表達數量的方式，從語序上看，主要有：（1）名詞＋數詞；（2）名詞＋數詞＋量詞；（3）數詞＋名詞；（4）數詞＋量詞＋名詞；（5）名詞＋量詞＋數詞。用例以第（1）（2）種爲多。由此可見，兩漢時期還屬於個體量詞發展的初始階段。另外可能與簡文大多是流水賬似的簿册性質有很大關係。時代差不多的典籍，如《史記》，已見數量結構位於名詞之前的語序了。簡文中也偶有“數量結構＋名詞”的語序，如：

① 例後的數字是《敦煌漢簡》的釋文編號，下同。有的例子並不是原簡的全文，衹是選取了其中與本文相關的部分。

（6）令載十束葦，爲期有教。（1236A）

還偶見“名詞＋量詞＋數詞”的：

（7）府卒男宗妻子口四。（494）

一般量詞，常分爲個體量詞、集體量詞兩類。這樣的分類對於上古漢語不太合適。如“車”用量詞“兩”，這是基於車有兩輪這一原因。同樣的道理，“履”“袜”也用量詞“兩”。但一般把“車一兩”之“兩”視爲個體量詞，而把“履一兩”“袜一兩”之“兩”歸入集體量詞，這樣似有割裂之感。

下面，我們分一般量詞和度量衡單位兩部分，把《敦煌漢簡》中所見到的量詞舉例加以分析説明。

1. 輩

簡文中用作人的一種量詞，相當於現今的“批”。如：

（8）亟□□前三輩。第一輩兵出千八十人，第二（155）

（9）羸瘦困亟，間以當與第一輩兵俱出，以私泉獨爲糴穀。（41）

“輩”由“同類”義引申出“批”“群”等義。“輩”，上古在軍隊中有“六十騎爲一輩”（見《六韜·均兵》）的説法，然從上例（8）中的人數看，似與簡文義不合。《漢語大詞典》“輩”的量詞義“批”下，舉的是《北史》中的例子，似太晚。

另外，簡文中還有一例用作動物内臟的量詞：

（10）兄取，革八十豬子肺卌六輩。（851A）

2. 編

用作編成册的簡書的量詞：

（11）元始三年四月丙午，閬胡隧長鳳敢言之：謹移兵守御戍卒名籍一編。（793）

（12）東書符驗一編。（1242）

（13）守御器一編，敢言之。（665）

（14）元康三年九月辛卯朔癸巳，縣泉置嗇夫弘敢言之：口移鐵器簿一編。敢言之。（1295A）

《史記》中也有這種用法，《留侯世家》：“出一編書。”簡文中“編”做量詞時，皆與數詞位於名詞之後。

簡文中還發現了當時關於編簡材料的記載：

（15）虜梠櫝五十，繩十丈。（1）

（16）青堆札百五十，繩十丈。（1402）

（17）凌胡隧、厭胡隧、廣昌隧各請輸札兩行隧五十，繩廿丈，須寫下詔書。（1684A）

其中“札”“兩行”都是寫字用的簡。《説文》：“札，牒也。”徐鍇《繫傳》：“牒，木牘也。”段注：“薄小者曰札。”從出土實物看，敦煌漢簡絕大多數是木簡，即所謂“札”。“兩行”，可容雙行字的較寬的木簡。《流沙墜簡》：“輸札兩行隧五十者，爲每隧各輸兩行札五十。《獨斷》所謂‘文多以編兩行’者也。”然從上例看，“札”“兩行”當爲二物。例中的“繩”與“櫝”“札”“兩行”並舉，當爲編簡所用。據發掘報告，出土時，有些簡端尚有麻繩殘留。

3. 封

用於書信、詔令等，如：

（18）東書二封。（803A）

（19）出東書一封，大煎都。（514A）

（20）出西書封二。（1079）

（21）出書四封。（2050）

（22）出詔書一封。（513）

“封”用爲量詞在1975年湖北雲夢出土的《睡虎地秦墓竹簡》中已有[①]：“令吏徒將傳及恒書一封詣令史。”（《封診式》261/155）[②]

4. 級

（23）且一月斬下三千九百一十五級，功效已著，頒賞不足，宜勉李一身謹請。（81）

用於所斬首級的量詞。

---

① 參王鍈《雲夢秦墓竹簡所見某些語法現象》，載《語言研究》1982年第1期。

② 參文物出版社1978年版簡體字本《睡虎地秦墓竹簡》及1990年版精裝繁體字釋文本《睡虎地秦墓竹簡》。出處中的數字，前者是1978年版的頁碼，後者是1990年版釋文的頁碼。

5. 具

一般用於成套的器具，如：

（24）千秋亭諸缶百卅五具，廿九破。（583）

（25）簪杈各二，珥一具。（681）

（26）珥一具。（705）

（27）鐵錧一具。（690）

（28）革鞅靷二具。（690）

（29）椎一具。（1157）

“具”由器物義，引申爲器物的量詞。簡文中如此多的用例十分難得。另《史記》中也有些用例。

6. 口

用爲人的量詞。如：

（30）較没妻子皆爲敦德還出，妻計八九十口，宜遣吏將護續食。（116）

（31）府卒男宗妻子口四。（494）

以“口”爲家族成員的量詞，起源較早，《孟子·梁惠王上》中即有“數口之家”的説法。

7. 兩

（32）車三兩，載米糒百五石。（802）

（33）效穀陽玉里蓋安車一兩。（1058）

（34）妻子持牛車一兩。（527）

（35）白布袜一兩。（573）

（36）羊皮絝二兩，革履二兩。（1146）

（37）履二兩，草履三兩，韋履二兩，綿被一。（1043）

（38）布幝一兩。（633）

（39）皂布絝一兩，尚韋二兩，狗皮袜二兩。（1686）

（40）布口絳一兩，見。……絲綈一兩，見。行菔一兩，見。裘絳一兩，見。（2327）

主要用於車輛和衣物。菔，《集韻·屋韻》：“刀劍衣。”絲綈，是織得較粗的絲織品，此“兩”是布匹的量詞，較特殊。《周禮·地官》鄭玄注：“五兩，十端也。”孔穎達疏：“云五兩十端者，古者二端相向卷之，共爲一兩。”另“尚韋”“絳”，不詳何物，似與通行義不合。用“兩”做量詞的都與成雙有關。“兩”還有用爲度量的，見下文。

8. 領

（41）李文龍袍一領，直二百八十七；裘一領，直四百五十。（1614）

（42）皂布袍一領，白練裘襲一領，皂布單衣一領。（1686）

（43）布複袍一領，練複襲一領。（1916）

（44）單襦複襦各二領，單衣中衣各二領。（1144）

（45）絹複襦一領。（634）

用“領”做量詞的，都是大衣或上衣。簡文中用例極多。而上古典籍中用例不多。《荀子·正論》有：“太古薄葬，棺厚三寸，衣裳三領。”

9. 枚

簡文中所用廣泛，與典籍中的情形一致。[1]如：

（46）穀恐不多，言願借五斗，棱三枚。（1006A）

（47）遣宜持魚一枚（1432）

（48）廣満私王瓜一枚，重卅斤。（9）

（49）出箴廿枚，五年正月癸未佐梁買胡人櫳板四枚，付御使夏賞官馬下用。（557）

（50）斧二枚。（690）

10. 部

義同上文“輩”：

（51）之張掖，甯發盧水五百人。公卿與同心士六十人，具未有發，曰：此近謂第一部千八十人也。議遣君威來出。（58）

11. 匹

主要用於布匹和馬、驢、橐佗（駱駝）等牲畜。如：

① 參王力《漢語史稿》中册。

（52）賣絣七百廿七匹。（1407）

（53）縑一匹。（1443）

（54）當欲隧卒賓德賣布一匹，直錢三百五十。（838A）

（55）賀私馬一匹。（351）

（56）長從者陳君房持□橐佗一匹。（1923）

（57）驛騎驢一匹。（849）

（58）官屬數十人，持校尉印紱三十，驢五百匹。（981）

（59）降歸義烏孫女子復裙獻驢一匹，騂牡，兩抾，齒二歲。封頸以敦煌都尉章。（1906）

（60）假敦德庫兵奴矢萬五枚，雜驅三千匹，令敦德廩實吏士當休馬審處。（80）

（61）千人丞一人、令史四人，假敦煌馬五匹，人一匹。（997）

12. 人

（62）千人丞一人（997）

（63）故校騎稱月八日發將八十六人。（56）

（64）四人外塞吏子大男十一人，積五百六十二人。（1249）

"人"是漢語中最早的量詞之一，甲骨文中已見。

13. 乘

此是馬和車合稱時的量詞。如：

（65）官車廿乘。（2420）

這種用法也是早已有之，但簡文中例極少。

14. 束

（66）王賓茭千廿束，六人，率人茭百七十束。（1401）

（67）合符取茭六十束。（1152A）

（68）三人負麻，人反十八束，反復卅里，人再反六十里。（1650）

（69）令載十束葦，爲期有數。（1236）

簡文中用例極多，主要用於"茭""葦""麻"等。"茭"，據簡文，是一種供牲馬食用的飼料。

15. 歲

用於年齡。可用於人，也可用於牲畜。如：

（70）並葆敦煌壽王里田儀，年廿八歲，長六尺五寸。（681）

（71）牛一，黑黔，齒十歲。（690）

16. 所

相當於現代漢語的“處”。如：

（72）秉以刃傷茂三所。大君從，欲前助茂，秉刃傷大君頭一所。（1721）

（73）所假姑臧赤盾一，桂兩端小傷各一所。（2374）

（74）亥從□掾從事頭、右手指各一所。（2374）

另《睡虎地秦墓竹簡》中也有用例[①]。此用法起於戰國後期。

17. 通

（75）六月丁巳丁亥第二百一十，苣火一通從東方來。（1786）

（76）日餔時，表一通。（1385）

（77）七月丁亥莫夜未半，苣火一通從東方來。（1578）

（78）春秋治渠各一通，出塊糞三百黍……（2418）

意思大致相當於“次”“回”，但大多用於名詞後。

18. 頭

（79）叩頭謝將卿買鷹一頭。（849）

（80）私從卒廣陵嘉平里丘醜羊二頭。（788）

（81）羊二千余頭，馬數十匹。（962）

（82）三月六日第十三車子楊閎取給橐佗一、牛一頭。（370）

（83）馬一匹八□佗一頭。（429）

此例“佗”前缺字疑爲“橐”，“橐佗”，即駱駝。

19. 丸

（84）□爲十二丸宿毋，食馬，以一丸吞之。（2030）

---

① 參曾仲珊《〈睡虎地秦墓竹簡〉中的數詞和量詞》，載《求索》1981年第2期。

20. 隻

（85）□□一隻，米二斗。（1477）

此例因上缺，不知用於何物。

除以上20個以外，尚有可疑者一例：

（86）□五張（508）

因缺文太多，不知其中的“張”是否爲量詞。

度量衡單位出現極早，春秋戰國時期已形成較完整的體系。從簡文看，經過秦的統一度量衡，兩漢度量衡單位用詞向着更規範的方向發展了，淘汰了先秦一些繁複的内容，形成了簡明實用的系統。如長度單位，已不用的有仞、尋、常、武、咫、舍等，而只用里、步、丈、尺、寸、分、圍。重量單位，不用的如鎰、錙、鼓等，而用鈞、斤、兩、分、銖等。面積已不用的有成、畹、同、圻等，而只用頃、畝等。容量單位，淘汰的有鐘、釜、豆、區、庾、筥等，而保留了升、斗、石、斛。下面舉例説明。

長度單位，有兩套。“里”“步”是度量路程的，“丈”“尺”“寸”“分”是度量一般物件長度的。如：

（87）三人負稟步昌，人二反，致六橐，反復百八十里廿步。率人行六十里二百卌步。（1693）

（88）歲長柰尺五寸。（5）

（89）所得止得吏文□古□二寸二分，支三分，復修爲□文經或得修奉一寸二分，已直□到□三日請……（2412A）

（90）井深七丈。（1017B）

長度單位還有一個慣用的“韋”（圍），用於度量圓柱體的截面的周長。如：

（91）爲買茭，茭長二尺，束大一圍。馬無穀氣，以故多物故。（164）

（92）四圍以上。（1151）

一圍，等於成人雙臂合抱的長度。另《睡虎地秦墓竹簡》中也有：“權大一圍，袤三尺，西去堪二尺，堪上可道終索。”（《封診式》268/158）

重量單位，有鈞、斤、兩、銖。簡文中藥方用“兩”和“分”，《流沙墜簡》：“古醫方傳世最古者爲《傷寒》《金匱》諸方，凡言藥劑皆以兩計。其分、兩同者，則曰‘等分’。其散藥則言‘方寸匕’。今簡中諸方皆言幾分，其義與‘等分’之‘分’同，非謂兩以下之幾錢幾分。蓋漢以前兩以下但云‘銖’，不云‘錢’與‘分’也。”① 漢簡藥方中還見有一方之中兩用“兩”“分”者。如：

（93）良母脂取善者一兩。李石十分，人參十分，取善者。（563B）

其他的重量單位如：

（94）出茭一鈞七斤半斤，以食長羅侯壘尉史官橐他一匹。三月丁未發，至煎都，行道食，率三食，食十二斤半斤。（2066）

（95）李廣利六月盡七月奉絮七斤八兩十八銖，八月盡九月奉絮六斤十五兩七銖，凡十四斤八兩一銖。（1408）

（96）任城國亢父縑一匹，幅廣二尺二寸，長四丈，重廿五兩。直錢六百一十八。（1907A）

由例（94）（95），我們可得出“鈞”“斤”“兩”“銖”間的換算公式：1 鈞 = 30 斤，1 斤 = 16 兩，1 兩 = 24 銖。與典籍所載合。

面積單位，簡文中表土地面積用“頃”和“畝”。如：

（97）田二頃七十畝。（2108）

（98）□五十五畝，願田百八十一畝。（5768）

表示面積的，上古除用“頃”“畝”外，還可以借用長度單位，在前面加“方”，如“方千里”，典籍中常見。《敦煌漢簡》中還有另外一種表達法，在長度單位前加“積”。這是上古典籍中未見到過的。如：

（99）一人草塗關內屋上，廣丈三尺五寸，長三丈，積四百五尺。（1605）

（100）三人馬矢塗塢上內地，廣七尺，長十丈四，積七百廿八尺，率二百卅尺□□（1760）

（101）四人馬矢塗□□，長四丈九尺，廣六尺，積二百九十四尺。（1767）

（102）□□□塗亭東□，高四丈二尺，廣丈六尺，積六百七十二尺。率人二百廿三尺□□（1777）

例中“積”，可理解爲面積，通過例中的數位可以明顯看出，面積的數位是由廣（寬）同長或高相乘而得出的。平地的面積由長和廣（寬）相乘得到，墻

① 羅振玉、王國維《流沙墜簡》，中華書局，1993 年影印，第 97 頁。

的面積則是高和廣（寬）相乘。需要特别指出的是，相乘後的面積單位衹用“尺”“寸”，而不用“丈”，即使是數字很大。這同長度標記法顯然不同。因此，有時即使不用“積”，我們從數字及文義仍可以判定其爲面積。如：

（103）一馬矢塗亭户前地，二百七十尺。（1747）

也有時衹列出長或寬的數位，以及面積。如：

（104）二人葦，人一反。還迎草塗内屋，廣丈三尺五寸，積四百五尺，率人二百二尺五寸。（1660）

例中的“馬矢塗”，是用馬糞塗抹的意思。根據發掘報告，烽隧的墻壁和地面均用馬糞塗抹，然後再粉刷①。

漢簡的這種面積標記法很有意義。先秦的“方”導致了後來面積單位“平方”的產生。而漢簡中的“積”，則導致了以後的“面積”一詞的出現。而把相乘的結果稱爲“積”，顯然也與此直接相關。

表容量的量詞有：斛、石、斗、升。另簡文中有“大石”“小石”之别②，反映了當時的實際。如：

（105）二月得一石五斗五升，侯莊卿出。己未日復一斛六斗一升。（22A）

（106）十一月食粟三石三斗三升少。（549）

（107）六月桼日從府貸一斛。（22A）

（108）□遂爲君已入大石四石一斗少大。（2165）

（109）入麥小石十三石五斗。（285）

∷ 參考文獻 ∷

陳夢家《漢簡綴述》，中華書局，1980 年。

黄盛章《兩漢時代的量詞》，《中國語文》1961 年第 8 期。

黄載君《從甲骨文、金文量詞的應用，考察漢語量詞的起源與發展》，《中國語文》1964 年第 6 期。

① 參《敦煌馬圈湾漢代烽隧遺址发掘報告》，載《敦煌漢簡》下册“附録”。

② 參楊作龍《漢代大石小石考》，載《天津社會科學》1985 年第 6 期。

羅振玉、王國維《流沙墜簡》，1934 年，中華書局 1993 年影印。

孫錫信《漢語歷史語法要略》，復旦大學出版社，1992 年。

王　力《漢語史稿》(中册)，科學出版社，1958 年。

王　力《漢語語法史》，商務印書館，1989 年。

楊伯峻、何樂士《古漢語語法及其發展》，語文出版社，1992 年。

甘肅省文物考古研究所《敦煌漢簡》(上、下册)，中華書局，1991 年。

原載《古漢語研究》2000 年第 2 期。

西北屯戍簡牘中概數、零數表達法

我們采用的西北屯戍簡牘材料主要包括已經公布的“居延漢簡”“居延新簡”“敦煌漢簡”[①] 三部分。這部分材料主要寫於兩漢時期。

一、概數表達法

1. 用相鄰的數字

如：

（1）☑久不相見，萃然相黨，以歡道，故以請語。當此之時，臣竊樂之，�森至四五斗，若耐男（《敦煌》1788）

（2）堅弩苑髡鉗鈦左右止，大奴馮宣。年廿七八歲，中壯，髮長

① 例句主要根據《居延漢簡釋文合校》（下簡稱《合校》），文物出版社，1987 年；《敦煌漢簡》（下簡稱《敦煌》），中華書局，1991 年；《居延新簡——甲渠候官》（全二册）（下簡稱《新簡》），中華書局，1994 年；同時參考了《中國簡牘集成》（下簡稱《簡牘集成》，敦煌文藝出版社，2001 年）。

五六寸，青黑色，毋須。皁衣袍、白布絝，履白革舄，持劍亡。(《合校》40.1）

（3）詔所名捕平陵長雚里男子杜光，字長孫，故南陽杜衍☐多鬚，黑色，肥大頭，少髮，年可卌七八，□□□□五寸，□□□楊伯初亡時，駕驪牡馬，乘闌轝車，黃車茵，張白車蓬，騎驪牡馬。(《合校》183.13）

（4）百騎，亭但馬百餘匹，橐他四五十匹，皆備賀併塞來，南燔（《新簡》E.P.F16：48）

（5）☐□行，夜舉苣火二通。●即晝見虜三四百騎以下，☐（《新簡》E.P.T53：104A）

（6）約爲粟君賣魚，沽出時行錢卌萬。時粟君以所得商牛黃，特，齒八歲，穀廿七石，予恩顧就直。後二三日當發，粟君謂恩曰。(《新簡》E.P.F22：23）

簡文中的“一二”，有時表概數，如：

（7）旦日欲使偃持歸補之，願子惠幸哀憐，且幸藉子惠□□絝一二日耳，不敢久留。唯賜錢，非急不敢道。叩□□（《新簡》E.P.T51：203B）

有時是動詞，意思是“詳細説”。如：

（8）證書到，候身臨以書一二曉來，不服，遣吏將來與市是服言。·謹以府書（《新簡》E.P.T56：7）

有時重疊，作“一二一二”：

（9）宫叩頭言，倉卒爲記，不一二一二。志傳謝張次叔□☐爲高執事起居平善，湌食如常，甚善甚善。(《新簡》E.P.T65：200A）

（10）候普白：具記之，它所欲，力所任，願聞之。迫不及一二一二，致自恖自恖。左子淵，頃起居得毋有它？子淵舍中，皆毋它急。普屬從酒泉來，到會左曼卿，當西候。倉卒爲記，不及一二一二。前普所寄弓及韋，幸爲付左曼卿。來弓韋皆（《敦煌》7A）

簡文中用相鄰數位表概數的方法已經很成熟。這種表達法出現較早，《尚書》

有“一二邦”，《詩經》有“九十其儀”，《論語》中有“三四人”“五六人”等説法，《史記·天官書》有“三四百里”等。這種表達法一直沿用至今。

2. 可

用在數詞前，常跟其他概數詞“餘”“數”“所”等合用。如：

（11）☐可卌餘騎，迹皆從第廿一隧南（《新簡》E.P.T20：23）

（12）☐騎馬可五千餘匹，□☐（《新簡》E.P.F22：613）

（13）蚤食時，到第五隊北里所，見馬迹入河，馬可二十餘騎，……（《新簡》E.P.T48：55A）

（14）迺丙午日出一干時，虜可廿餘騎萃出塊沙中，略得迹卒趙蓋衆。丁未日迹盡甲戌，積廿八日，毋越塞蘭渡天田出入迹。（《新簡》E.P.T58：17）

（15）建□□可八十餘騎，從塞外馳來，皆與建等戰。建戰死，☐（《合校》534.30A）

（16）共奴虜可千騎來過敦，諸尉吏在者至鄣所，門深城（《敦煌》115）

（17）官，迺丙午，虜可二百餘騎，燔廣漢塞格，至其夜過半時，虜去□□□□□□□□□（《敦煌》1369）

（18）☐不行，去塞可百里，未知所指走（《合校》88.3B）

漢語中，用“可”表概數，約出現于戰國末，《韓非子·外儲説左上》：“行數百步，以騶爲不疾，奪轡代之，御可數百步，以馬爲不進，盡釋車而走。”至兩漢使用漸廣。《史記·李將軍列傳》：“貳師將軍李廣利將三萬騎擊匈奴右賢王於祁連天山，而使陵將其射士步兵五千人出居延北可千餘里。”《扁鵲倉公列傳》：“臣意飲以芫華一撮，即出蟯可數升，病已，三十日如故。”

3. 所

用在數量詞後，有時與“可”結合使用。如：

（19）☐□騂，牡，馬一匹，齒九歲，高六尺三寸所。（《合校》275.7）

《簡牘集成》注：《禮記·檀弓下》：“所，是不定之辭。”犹言左右。

（20）☐迹二里所，地石堅，失迹。輔等郭迹東☐（《合校》317.25A）

（21）☐行可十里所，虜佗迹從塞外西南來，入收虜隧天☐（《新簡》E.P.T65：59）

（22）丹騎驛馬一匹馳往逆辟。未到木中隧里所，胡虜四步人（《新簡》E.P.T68：87）

（23）君教。曉崔尉史，令月廿五日所來上官所。有歸者，願●君復召之。第十桼甲卒破檄封，請辟行罰。言狀。（《新簡》E.P.T44：4B）

這是漢代出現的新用法，《史記·留侯世家》："父去里所，復還，曰：'孺子可教矣。'"《扁鵲倉公列傳》："臣意即爲柔湯使服之，十八日所而病愈。"兩漢以後又出現用法類似的"許"，《後漢書·馮魴傳》："帝嘗幸其府，留飲十許日。"《後漢書·皇甫嵩傳》："赴河死者五萬許人。"衹是"許"用於名詞或量詞前，與"所"的用法稍有差異。

4. 數

用在數字"十""百""千"等前，或量詞前，表概數。如：

（24）虜佗持食救吏士命，以一郡力，足以澹養數十人。（《敦煌》124）

（25）馮黨書奉致君，辱辱幸臨賜謁都護。會聞病泄，數日不偷。以故□□□□以郵行君，辱幸臨賜謁大都護丞，即愛忍辟小人，奉言□（《敦煌》662A）

（26）羊二千餘頭，馬數十匹。虜所略車師大女亟干亡求言：虜死者（《敦煌》962）

（27）官屬數十人，持校尉印紱三十，驢五百匹，驅驢士五十人之蜀，名曰勞庸。部校以下，城中莫敢道，外事次孫不知，將（《敦煌》981）

（28）當曲卒屈樊子，正月□日病，四日官不□□□□後三日，萬歲隧長☐久背□□二所，□□後數日府醫來到，飲藥一齊，置□☐（《合校》49.31，49.13）

（29）敞辭曰：初欲言，候擊敞數十下，脅痛，不耐言。（《合校》123.58）

（30）☐與司空數十人（《合校》537.2A）

（31）根前所白候爰書言，敞後不欲言，今乃言。候擊敞數十下，多所☐（《新簡》E.P.T52：178）

這種表達法出現也很早，如“即位數年，東南多有淫亂者，萊、莒、徐夷、吴、越，一戰帥服三十一國。”（《國語·齊語》），“吾聞之：‘一日縱敵，數世之患也。’”（《左傳·僖公三十三年》），“三代之令王皆數百年保天之禄。”（《左傳·成公八年》），“懼而不出，數月不見。”（《左傳·昭公二十五年》）

二、零數表示法

1. 奇

通常用在計算平均數時，如：

（32）四百廿人代連薪，上轉薪，立彊落，上蒙塗輜車。袤二百六十一丈，率人日涂六尺二寸，奇六尺。（《新簡》E.P.T59：15）

（33）☐負二千二百卌五算。☐率所負卅六算，奇十三算。（《合校》6.12）

率，平均。（32）例，420 人，涂了 261 丈，平均每人 6 尺 2 寸，尚余 6 尺，故云“奇六尺”。（33）例，原例中没有人数，但可通过现有的数字计算得出：总欠数是 2245 算，平均每人欠 36 算，还余 13 算，因此，应为 62 人 [（2245−13）÷36]。再如：

（34）☐負五算。率所負半算，奇一算半算。（《新簡》E.P.T5：8）

（35）平望，伐茭千五百石。受步廣卒九人，自因平望卒。四韋以上，一廿束爲一石。率曰☐千五百石，奇九十六石一運積蒙（《敦煌》1151）

有時，零數不詳細算出，只籠統地説“有奇”。如：

（36）壬辰卒十八人。其二人養。一人病。定作十五人。九人繩，

得□百廿丈，率□八十丈。六人□□得五十八束，率人九束，有奇。與此□卌束，率人五束。(《新簡》E.P.T56：124)

有時不用在計算平均數時，而單純表零數：

(37) ☐斗爲斗六升，凡六斗一升☐☐十七日暮食盡廿一日旦，積☐☐一日旦積七日，奇一食☐(《新簡》E.P.T52：596)

(38) 入粟三石桊百九。又糜三石桊九十二，奇一石。五月乙丑(《新簡》E.P.T56：120)

(39) ☐亭閒道里簿。☐☐去第四隧九百("百"疑为"里"之误)，奇百一十七步。☐☐去河二百三步。☐☐□廣二百二步。☐(《新簡》E.P.S4.T2：159)

(40) 敦煌彊利里張廣成，車二兩，粟十二券、奇二石，稌一斗，稷卌四石二斗三升少，以廩卒，凡卌一石六斗六升大。𠬝(《敦煌》1718)

"奇"表零數，上古典籍中用例較少。《周易·繫辭上》："分而爲二以象兩，挂一以象三，揲之以四以象四時，歸奇於仂以象閏；五歲再閏，故再仂而後挂。"《管子·禁藏》："布帛麻絲，旁入奇利，未在其中也。"《史記·貨殖列傳》："然迫近北夷，師旅亟往，中國委輸時有奇羨。"用在數位中較早的例句見於《漢書》中的幾個句子，如《律曆志》："伏，日行一度九十二分度三十三有奇。"《食貨志》："而罷大小錢，改作貨布，長二寸五分，廣一寸，首長八分有奇，廣八分，其圜好徑二分半。"出土文獻中較早的例子見於《睡虎地秦墓竹簡》："去男子其一奇六步，一十步。"(《封診式》265/157)但"奇六步"，意思是"六步多"，也就是"六步有奇"的意思，跟典籍以及屯戍簡牘的表達法都不一樣。而且《睡簡》中也只有這1例。再如《陶齋藏石記》卷一漢建初六年《武孟子買田玉券》："爲田廿三畝奇百六十四步。"[①]

而且，典籍中常見"有奇"，像屯戍簡牘中這種表零數的用法在上古其他文獻中用例很少。因此，西北屯戍簡牘是目前所見最早的一批用例，例句多，用法豐富，值得關注。

---

① 轉引自楊伯峻、何樂士(1992)，他們認爲"奇"表空位，似不妥。

2. 餘

用在數詞後，“餘”後緊跟名詞或量詞，少數例句後沒有名詞、量詞。如：

（41）羊二千餘頭，馬數十匹。虜所略車師大女亟千亡求言：虜死者（《敦煌》962）

（42）蚤食時，到第五隧北里所，見馬迹入河，馬可二十餘騎，……（《新簡》E.P.T48：55A）

（43）☑受遣，十月癸酉到官。令史憲出入五十餘日不到，毋狀。憲已受遣。（《新簡》E.P.T51：248）

（44）見塞外虜十餘輩，從西方來入第十一隧天田屯止。虜四五（《新簡》E.P.F16：44）

（45）第八隊，攻候鄣。君與主官譚等格射各十餘發，虜復併塞（《新簡》E.P.F16：47）

（46）百騎，亭但馬百餘匹，橐他四五十匹，皆備賀併塞來，南燔（《新簡》E.P.F16：48）

（47）而不更言請，辤所出入，罪反罪之律辨告，乃爰書驗問。恭辤曰：上造，居延臨仁里，年廿八歲，姓秦氏。往十餘歲，父母皆死，與男同産兄良異居。以更始三年五月中，除爲甲渠吞遠隧長，（《新簡》E.P.F22：330）

（48）☑□□□九萬半五千叢輕折軸，積薄中天，不慎微小，故多窮貧。子☑□數□千，羔羊萬餘，刍稾積如山。粟米常陳，家室富有，家解憂哉。故命爲禽子（《新簡》E.P.S4.T1：12）

（49）☑□盧北，見良主馬廿餘匹。（《新簡》E.P.S4.T2：132）

（50）□□□□□□□欲急去，恐牛不可用。今致賣目宿養之。目宿大貴，束三泉，留久恐舍食盡。今且寄廣麥一石王子春家車，欲益之，主不肯。到完取之，兼度二十餘日，可至亭耳。市穀大貴，□□□□□□□□□□□□□□□麥百三十餘，西未甫時，賤□□□□□□□□□☑（《敦煌》239A）

“餘”表零數，見於先秦，《戰國策·秦三》：“武安君所以爲秦戰勝攻取者七十餘城，南亡鄢、郢、漢中，禽馬服之軍，不亡一甲，雖周吕望之功，亦不過此矣。”《孟子·離婁下》:“地之相去也，千有餘里；世之相後也，千有餘歲。”

∷ 參考文獻 ∷

王　力《漢語史稿》，中華書局，1980 年。

武振玉《太平廣記中概數詞“可”和“許”試探》,《丹東師專學報》1997 第 4 期。

向　熹《簡明漢語史》，高等教育出版社，1993 年。

肖從禮《敦煌、居延漢簡中的數詞和數量標記法》,《敦煌學輯刊》2006 年第 3 期。

楊伯峻、何樂士《古漢語語法及其發展》，語文出版社，1992 年。

原載《漢語史研究集刊》第九輯，巴蜀書社，2006 年。

居延簡牘中的“印”“章”

【提　要】在傳世文獻中，漢代“印”“章”使用無明顯差異。而出土文獻居延漢簡的用例證明，《漢舊儀》等文獻所言比二千石以上用“章”，六百石以下用“印”，是有依據的。

【關鍵詞】居延漢簡　居延新簡　印　章

居延漢簡是兩漢時期西北邊地屯戍將士使用的文書檔案等，是探討漢代語言的第一手資料。據《居延漢簡研究》，舊居延簡的紀年始於漢武帝太初二年（公元前 103 年），終於東漢光武十六年（公元 40 年），雖不能説其中絶對不存在更早、更晚的簡牘，但大致的時間段應該就在這約一百五十年間。居延新簡紀年簡反映的時間也大致相當。我們引用的材料主要是《居延漢簡釋文合校》（以下簡稱《居延》，引例出處簡稱《合》），標點主要據《中國簡牘集成》。也參考了居延新簡。本文主要討論其中“印”“章”二詞的異同。

“印”“章”二詞在“圖章”這個意思上是同義詞，在《居延》中，二詞都常用，且出現複音詞“印章”。

《居延》“章”用爲“圖章”義的有46例，如：

（1）南書一封，居延都尉章，詣張掖大守府。(《合》317.27）

（2）章曰雒陽丞印。(《合》340.46A）

（3）十二月十二日。二封張掖大守章，一封詔書，十二月乙卯起。一封十二月丁巳起。四封皆府君章，其三封，□□□☐(《合》495.2）

（4）二封，河東大守章，皆詣居延都尉。一封，十月甲子起；一十月丁卯起，一封府君章，詣肩水。(《合》502.9A，505.22A）

（5）一封，章曰□□亭長印☐一封，章曰騂馬農令印。(《合》513.21）

（6）十三日，北書三封。皆張掖大守章，皆詣。一封，甲子起；一封，癸亥；皆☐(《合》75.14）

（7）入南書二封。皆居延都尉章，九月十日癸亥起。一詣敦煌，一詣張掖府。郵行。永元元年九月十四日夜半，椽受路伯。(《合》130.8）

（8）肩水候。章曰張掖都尉章。四月丙辰，騂北卒宗以來。(《合》54.25）

《居延》中，“印”除1例習字簡外，都用爲“圖章”義，共有179例，如：

（9）甲渠官。楊音印。正月丙寅，卒便以來。(《合》4.29）

（10）肩水候官。印曰朱千秋。十二月壬申，隧長勤光以來。(《合》5.2）

（11）閏月庚申，肩水士吏横以私印行候事，下尉、候長，承書從事，下當用者，如詔書。/令史得。(《合》10.31）

（12）肩水候。印曰張掖肩水司馬印。三月丁丑，騂北卒樂成以來。(《合》14.3）

（13）臧翁卿錢六百，臧□以付翁卿，以印爲信。(《合》14.19A）

（14）南書一封，殄北候印。(《合》30.4）

（15）甲渠候官。印曰陳德昌印。八月乙巳，第八卒夏賀以來。(《合》38.7）

（16）印破（※46.13）

（17）甲渠發候、尉前。居令延印。□□□□□□以來。(《合》55.1A）

（18）書五封，檄三。二封王憲印。二封吕憲印。一封孫猛印。一封王彊印。一封成宣印。一封王充印。二月癸亥，令史唐奏發。(《合》214.24）

（19）印曰居令延印（《合》213.28A，213.44B）

（20）戍卒河東郡安邑尊德里張常□衣橐，封以私印。(《合》210.26）

（21）各持。下吏爲羌人所殺者賜葬錢三萬，其印紱吏五萬。又上子一人名尚書。卒長〼奴婢二千，賜傷者各半之。皆以郡見錢給。長吏臨致，以安百姓也。早取以見錢。(《合》267.19）

（22）州牧八命黄金印，□□角□之公以所□（《合》280.2）

（23）令史王卿記，願寧卿開户。出小□付豐。嬰中有米七斗，及鞏中皆並遣豐。養卒汜彭出五月食，以其一石二斗付豐。願以寧卿印封之。叩頭，幸甚幸甚。(《合》287.15A）

漢代,“章”和“印”在使用上，有一些明顯的差異,《漢書·百官公卿表上》:“凡吏秩比二千石以上，皆銀印青綬。”顔師古注:“《漢舊儀》云：銀印背龜鈕，其文曰章，謂刻曰某官之章也。”又“比二百石以上，皆銅印黄綬。”師古曰:“《漢舊儀》云：六百石、四百石至二百石以上皆銅印鼻鈕，文曰印。”《初學記》《淵鑒類函》等引作“千石、六百石、四百石”。

就是説，俸禄爲比二千石以上的，稱“章”；而千石以下的，稱“印”。從《居延》的用例看，這種説法是有根據的。特别是在實録印章上的文字時。《居延》中用“章”的，有“太守”“都尉”“大尹”“内史”等，都是比二千石以上的官員，如:

（24）北書三封，合檄板檄各一。其三封板檄，張掖大守章，詣府。九月庚午下餔七分，臨木卒副受卅井卒弘。鷄鳴時，當曲合檄牛駿印，詣張掖大守府牛掾在所。卒昌付收降卒福。界中九十五里，定行八時三分，急程一時二分。(《合》157.14）

（25）南書三封。十七。其一封，居延都尉章，詣張掖□□□。五月戊辰臨桐卒□□□受□□卒明。一封，居延丞印，詣廣地候官。餔時付卅井卒□。一封，居延塞尉印，詣屋蘭。（《合》127.25）

（26）書二封。其一封，居延都尉章。一封居延令印。（《合》132.28）

（27）檄二封，書二封。檄二，其一封居延都尉章。·一封鄭彊印。書二封，居延丞印。（《合》285.23）

（28）具簿。二千石□賦，見爲刻印章曰：廣德内史章。小府千石□賦，見爲刻印章曰：□□内丞。書佐十人，秩各百石，其一人護工。（《合》113.18）

（29）肩水候。章曰張掖都尉章。四月丙辰，騂北卒宗以來。（《合》54.25）

（30）酒泉大尹□書一封，酒泉大尹章。（《合》350.40）

而用“印”的，都是低級官吏，或是私人印章，如：

（31）肩水候官。印曰牛慶。四月乙亥，金關卒未央。（《合》562.14）

（32）肩水金關。印曰氐池右尉。平利里吕充等五人。（《合》甲附14A）

（33）北書五封。夫人。其一封，肩水倉長印，詣都尉府。一封，觻得丞印，詣居延。一封，居延左尉印，詣居延。一封，昭武長印，詣居延。三月庚戌日出七分，吞遠卒☐一封氐池長印，詣居延。五分，付不侵卒壽王。（《合》317.1）

（34）☐其一封，居延都尉章。一封，王充印。五月戊戌，尉史彊奏發。（《合》158.8）

但也偶有例外，如都尉也有稱“印”的，如：

（35）入南書五封。三封都尉印。一詣府，一詣中□大守府。六月九日起，責戍屬行，謹□左尉印，詣□壽掾革。一合渠甲塞尉印，詣會水塞尉。六月十一日起。（《合》552.3，552.4）

從《居延》用例看，“章”在漢代用於比二千石以上的官員，“印”用於低級官吏，特别是在引述印文的時候，這種區别很嚴格。上引各例，多是傳遞書信公文時，各郵驛記録封檢上的封泥文字，或是文書一類官員在打開處理信件公文時對封泥文字的記録。因爲都是根據印泥上的文字實録的，可信度很高，正可以反映當時的璽印制度。抄録印文時，還偶有錯倒，如例（17）（19）的“居令延印”，顯是“居延令印”之誤。而通稱印章時，可以用“印”，也可以用“章”。如：

（36）章曰匽師丞印。（《合》334.40B）

（37）一封，章曰□□亭長印☑一封，章曰騂馬農令印。（《合》513.21）

（38）十月壬辰，卒史解思以來。章曰酒泉庫令印（《合》303.12B）

（39）一封，章曰□□亭長印☑一封，章曰騂馬農令印。（《合》513.21）

（40）印曰雒陽丞印。（《合》334.20B）

（41）印曰昭武丞印。（《合》47.6B）

比較以上幾例可見通稱與引用的差異，同樣是“丞”，例（36）説“章曰匽師丞印”，例（40）則爲“印曰雒陽丞印”。

典籍中偶见直录印文的用例，也大致如此，如：

（42）買臣入室中，守邸與共食，食且飽，少見其綬，守邸怪之，前引其綬，視其印，會稽太守章也。（《漢書·嚴朱吾丘主父徐嚴終王賈傳》）

漢代太守的官印，大都作“某某太守章”，居延簡及出土的封泥都作“大守”，如“張掖大守章”“河東大守章”等，《封泥彙編》中更多，如“會稽大守章”“天水大守章”等。

在漢代之前，“璽”“印”用於指官印，甲骨卜辭中有“印”，但詞義不是“圖章”。春秋戰國時，“印”已常見用爲“圖章”義，而以《戰國策》中用例最豐富。如：

（43）梳關關二尺。梳關一莧。封以守印。時令人行貌封。及視關入桓淺深。（《墨子·備城門》）

（44）有能得若捕告者，以其所守邑小大封之，守還授其印，尊寵官之。令吏大夫及卒民皆明知之。（《墨子·號令》）

（45）夫君封以東武城不讓無功，佩趙國相印不辭無能，一解國患，欲求益地，是親戚受封，而國人計功也。(《戰國策·趙三》)

（46）王因收印自三百石吏而效之子之。子之南面行王事，而噲老不聽政，顧爲臣，國事皆决子之。(《戰國策·燕一》)

這個義項早期主要用“璽”，如：

（47）季武子取卞，使公冶問，璽書追而與之，曰：聞守卞者將叛，臣帥徒以討之，既得之矣。(《左傳·襄公二十九年》)

（48）凡通貨賄，以璽節出入之。(《周禮·地官司徒》)

（49）管仲賞於國中，君賞於諸侯，諸侯之君有行事善者，以重幣賀之；從列士以下有善者，衣裳賀之；凡諸侯之臣有諫其君而善者，以璽問之，以信其言。(《管子·大匡》)

（50）西門豹爲鄴令，清克潔慤，秋毫之端無私利也，而甚簡左右，左右因相與比周而惡之，居期年，上計，君收其璽。(《韓非子·外儲説左下》)

（51）且夫欲璽者，段干子也，王因使之割地；欲地者，秦也，而王因使之受璽。夫欲璽者制地，而欲地者制璽，其勢必無魏矣。(《戰國策·魏三》)

秦時，獨皇帝印稱爲“璽”。《史記集解》引漢衛宏曰：“秦以前，民皆以金玉爲印，龍虎鈕，唯其所好。秦以來，天子獨以印稱璽，又獨以玉，群臣莫敢用。”如：

（52）秦王子嬰素車白馬，繫頸以組，封皇帝璽符節，降軹道旁。(《史記·高祖本紀》)

（53）晦日己酉，至長安，舍代邸。大臣皆往謁，奉天子璽上代王，共尊立爲天子。(《史記·吕太后本紀》)

從用例看，秦以前各種官印都可稱“璽”，而未見私人用印章的記載。春秋戰國時，“璽”“印”二詞並用。寫成於戰國末至秦的《睡虎地秦墓竹簡》中，“印”“璽”並用，如：

（54）亡久書、符券、公璽、衡羸（纍），已坐以論。(《法律答問》)

（55）舌者，符璽也。(《爲吏之道》)

（56）璽而不發，身亦毋薛（辥）。(《爲吏之道》)

（57）爲有秩僞寫其印爲大嗇夫。(《法律答問》)

（58）甲捕乙，告盜書丞印以亡。(《法律答問》)

（59）官府受錢者，千錢一畚，以丞、令印印。(《秦律十八種》)

在《史記》中，涉及秦以前的事情時，各種官印仍可稱“璽”，如：

（60）懷王大悦，乃置相璽於張儀，日與置酒，宣言“吾復得吾商於之地”。(《楚世家》)

（61）太子之自相，是三人者皆以太子爲非常相也，皆將務以其國事魏，欲得丞相璽也。(《魏世家》)

這主要是由於引用過去的材料而未改字，於此也可見當時用字並不嚴格。而官印在《史記》中一般用“印”，如：

（62）陳餘棄將印去，不從入關，然素聞其賢，有功於趙，聞其在南皮，故因環封三縣。(《項羽本紀》)

（63）今太后崩，帝少，而足下佩趙王印，不急之國守藩，乃爲上將，將兵留此，爲大臣諸侯所疑。(《吕太后本紀》)

而“章”在漢代纔開始有“圖章”義，“章”的這一新義項不知跟漢代根據官階高低區别“章”“印”二詞是否有關。而且這種區别在漢武帝以後的文獻中表現得最明顯，在《史記》中尚無這種差異。

漢代，皇帝、皇后、诸侯王称“璽”，出土的吕后的印作“皇后之璽”，还发现过“淮陽王璽”。《漢書》顔師古注：“古者印璽通名，今則尊卑有别。《漢舊儀》云諸侯王黄金璽，槖佗鈕，文曰璽，謂刻云某王之璽。”而現在發現的漢代列侯的印章多作“某某侯印”，如“南郡侯印”“城陽侯印”“曲逆侯印”等。這可能是因爲列侯衹是表明其社會地位，並無實權，是“虚銜”。列侯的印實則只相當於表明身份的私人印章，而不是官印。《初學記》卷二十六“印第三”：“衛宏《漢舊儀》曰：諸侯王印，黄金，槖駝鈕，文曰璽。列侯，黄金印，龜鈕，文曰印。”

有意思的是，《漢書》記載王莽給自己擬的印文用的却是“印”：“臣莽無兼官之材，今聖朝既過誤而用之，臣請御史刻宰衡印章曰‘宰衡太傅大司馬印’。”（《漢書·王莽傳》）這可能跟王莽的復古思想有關。並且史書還記載了王莽更改匈奴單于印文的事：

（64）北出者，至匈奴庭，授單于印，改漢印文，去“璽”曰“章”。單于欲求故印，陳饒椎破之。（《漢書·王莽傳》）

（65）因易單于故印。故印文曰“匈奴單于璽”，莽更曰“新匈奴單于章”。……明日，單于果遣右骨都侯當白將率曰：“漢賜單于印，言‘璽’，不言‘章’，又無‘漢’字。諸王已下乃有‘漢’，言‘章’。今（印）〔即〕去‘璽’加‘新’，與臣下無别。願得故印。”（《漢書·匈奴傳》）

從王莽的意圖，到匈奴單于的反應，都可看出當時“璽”與“章”的區别。此外，在“官印”“私印”等較固定的詞語中，不用“章”，就是説，“章”的構詞能力相對較弱。如：

（66）閏月庚子，肩水關嗇夫成以私印行候事，（《合》10.6）

（67）▨庚子，第三丞定衆以私印行候▨▨出入簿一編，敢言之。（《合》303.44）

（68）▨元年十一月壬辰朔甲午，肩水關嗇夫光以小官印兼行候事，敢言之。▨▨出入簿一編，敢言之。（《合》199.1A）

（69）▨□□官印佐敞敢言▨▨里□□等先以證▨書，敢言之。（《合》346.46）

（70）初元五年四月壬子，居延庫嗇夫賀以小官印行丞事，敢言▨（《合》312.16）

“印章”一詞，《史記》已見，《居延》《漢書》等文獻中用例較多。如：

（71）夏，漢改曆，以正月爲歲首，而色上黄，官名更印章以五字。（《史記·孝武本紀》）

（72）乃立尉屠耆爲王，更名其國爲鄯善，爲刻印章，賜以宫女爲夫人。（《漢書·西域傳》）

（73）六體者，古文、奇字、篆書、隸書、繆篆、蟲書，皆所以通知古今文字，摹印章，書幡信也。（《漢書·藝文志》）

（74）具簿。二千石□賦，見爲刻印章曰：廣德内史章。小府千石□賦，見爲刻印章曰：□□内丞。書佐十人，秩各百石，其一人護工。（《合》113.18）

（75）□□□□署。▨無封印章。案莫書（《合》482.1）

據例（71），漢武帝以後官印用五個字，而官名爲兩個字、三個字的，就加上“之印章”“印章”。如《封泥彙編》中有“丞相之印章”“廷尉之印章”“衛尉之印章”“少府之印章”“大司馬印章”“裨將軍印章”“光禄勳印章”等，都用複音詞“印章”。居延簡中也多見五字的印文，如上文中有“居延都尉章”“張掖大守章”“騂馬農令印”“廣德内史章”等。但封泥和居延簡中也見不是五個字的官印，一是官名太長，如《封泥彙編》中有“前將軍軍司馬”；二是一些小官吏，或是可能時代在漢武帝之前及東漢以後的。

綜上，秦代以前，“璽”“印”並用，主要用於官印。秦始，“璽”專用於帝王。漢代，“印”“章”並用，“章”用於比二千石以上的官吏，“印”用於低級官吏。漢代開始，“印”用於私人印章。

∷ 參考文獻 ∷

陳　直《居延漢簡研究》，天津古籍出版社，1986 年。

甘肅省文物考古研究所等《居延新簡——甲渠候官》，中華書局，1994 年。

李均明《古代簡牘》，文物出版社，2003 年。

李振宏、孫英民《居延漢簡人名編年》，中國社會科學出版社，1997 年。

王鳳陽《古辭辨》，吉林文史出版社，1993 年。

王廷洽《中國印章史》，華東師範大學出版社，1996 年。

王廷洽《居延漢簡印章資料研究》，《青海師範大學學報》（哲學社會科學版）1999 年第 3 期。

吴幼潛《封泥彙編》，上海古籍書店，1984 年。

謝桂華、李均明、朱國炤《居延漢簡釋文合校》，文物出版社，1987 年。

中國簡牘集成編輯委員會《中國簡牘集成》（1—12 册），敦煌文藝出版社，2001 年。

原載《漢語史研究集刊》第十輯，巴蜀書社，2007 年。

西北屯戍簡牘中的“矢”“箭”

【提　要】本文考察了寫成於兩漢時期的西北屯戍簡牘中的一組同義詞“矢”“箭”，確定漢代“箭”開始常用爲“矢”義，而像《史記》等傳世文獻中用例還很少。而“箭”能迅速取代“矢”，可能跟“矢”常借用爲“屎”義有關。

【關鍵詞】屯戍簡牘　同義詞　矢　箭

西北屯戍簡牘，是指二十世紀初以來在甘肅、内蒙古等地陸續發掘出土的、主要出自兩漢時期在西北邊地戍守的將士以及各種隨行人員之手的一批簡牘資料。我們使用的材料主要有《居延漢簡甲乙編》（中華書局，1980年）、《敦煌漢簡》（中華書局，1991年）、《居延新簡——甲渠候官》（中華書局，1994年）、《額濟納漢簡》（廣西師範大學出版社，2005年）等。這些資料全面反映了戍邊軍民的生活，在内容上、時間上、語言上有一致性，故我們把它們放在一起綜合考察。

本文主要考察西北屯戍簡牘中“矢”“箭”這一組同義詞的使用情況。二詞在“搭在弓上發射的武器”這一義項上是同義詞。二者的區别,《急就篇》顔師古注:“以竹曰箭，以木曰矢。”《漢語大詞典》引《易·繫辭下》“弦木爲弓，剡木爲矢”以證成此説。另《方言》:“箭自關而東謂之矢，江淮之間謂之鍭，關西曰箭。”或許在漢代存在方言差異。我們根據文獻用例看，這些説法都靠不住。

從詞的理據説,“箭”就杆而言,“矢”着眼於鏃即箭頭而言。《説文·竹部》:“箭，矢也。”段玉裁據《藝文類聚》所引改爲“矢竹也”。《韓非子·顯學》:“夫必恃自直之箭，則百世無矢矣。”“箭”從竹，本義是一種竹子，也稱“竹箭”。《管子·小匡》:“是以羽旄不求而至，竹箭有餘於國，奇怪時來，珍異物聚。”《爾雅·釋地》:“東南之美者，有會稽之竹箭焉。”《史記·河渠書》:“且褒斜材木竹箭之饒，擬於巴蜀。”《居延漢簡釋文合校》95.5:“制詔納言，其虞官伐材木，取竹箭。始建國天鳳三年二月戊寅下。”即後來稱爲箭竹的。“矢”乃象形字，甲骨文字形正像完整的箭，有箭頭、箭杆、箭尾，因箭之要在箭頭，用例中有時特指箭頭。《漢書·李廣傳》:“以爲虎而射之，中石没矢。”

二詞主要的差别，是使用的時代不同。“矢”的本義即是箭，甲骨文中即是常用詞。“箭”在漢代才開始用爲“矢”義。可能是因爲“矢”的義項增多，特别是常用爲“屎”義。

在漢代之前，這個義項一般用“矢”表示：

（1）王命尹氏及王子虎、内史叔興父策命晋侯爲侯伯，賜之大輅之服、戎輅之服，彤弓一、彤矢百，玈弓矢千，秬鬯一卣，虎賁三百人。(《左傳·僖公二十八年》)

（2）其出之也，桃弧棘矢，以除其災。(《左傳·昭公四年》)

（3）仲尼在陳，有隼極于陳侯之庭而死，楛矢貫之，石砮其長尺有咫。(《國語·魯語下》)

（4）某亭校長甲、求盗才（在）某里曰乙、丙縛詣男子丁，斬首一，具弩二、矢廿。(《睡虎地秦墓竹簡·封診式》)

（5）牡棘爲矢，羽之雞羽，見而射之，則已矣。(《睡虎地秦墓竹簡·日書甲》)

《史記》中尚以用“矢”爲常，罕見“箭”。這也許與《史記》多用前代史料，語言典雅有關。西北屯戍簡牘中,“矢”“箭”都常見。“矢”有二義，除“箭”

義外，還常用爲“屎”義。主要是用在詞語“馬矢”“牛矢”中，《敦煌漢簡》中有 8 例，《居延漢簡》中有 1 例，《居延新簡》中有 8 例。如：

（6）一人馬矢塗闢内地，廣一丈☑（《敦煌漢簡》1594）

（7）堠上不騷除，不馬矢塗。毋候蘭。毋幹馬牛矢，内毋屋。狗少一，見一，不入籠。毋角火苣五十。（《居延漢簡釋文合校》264.32）

（8）●亭不馬牛矢塗。藁少一。毋深目。羊頭石，少二百。馬牛矢少五石。狗籠少一。積薪皆卑。天田不畫，縣索緩。籠灶少一。（《居延新簡》E.P.T57：108B）

值得注意的是，用爲弓箭義的“矢”單用的已不多，多用在較固定的詞語中，如“奴矢”（弩矢）、“宝矢”、“稾矢”、“茹矢”，單用時一般稱“箭”。用爲弓箭義的“矢”，《敦煌漢簡》中有 25 例，《居延漢簡》中有 171 例，《居延新簡》有 136 例。如：

（9）假敦德庫兵奴矢五萬枚、雜驅三千匹，令敦德廪食吏士，當休馬審處。（《敦煌漢簡》80）

（10）其營就，大張格射擊劫，虜皆散亡，又前連戰焉者中，兵矢（《敦煌漢簡》92）

（11）⊠宝矢銅鍭百，完。（《敦煌漢簡》570B）

（12）誅虜隧：六石具弩一。稾矢五十。☑（《敦煌漢簡》825）

（13）☑□月丁酉鉼庭候史忠受掾常。稾矢廿四☑（《居延新簡》E.P.T4：65）

（14）宝矢銅鍭三百五十。（《居延新簡》E.P.T6：72）

（15）☑帝門主客衣黑衣，其兵持弓矢，大沖☑（《居延新簡》E.P.T40：181）

（16）●匈奴人攻亭不得下，燔茹矢射積薪，（《居延新簡》E.P.T50：8）

（17）白巠矢廿六，小。（《居延漢簡釋文合校》135.24）

單用的多是統計清單，以及“秋射律令”中，如：

（18）☑色，牛車一兩，弓一，矢廿四，劍一。三月己丑出。□□（《居延漢簡釋文合校》37.6，340.38）

（19）弓一，矢廿四。卩（《居延漢簡釋文合校》43.10）

（20）●功令第卌五：候長、士吏皆試射，射去埻帟弩力如發弩，發十二矢，

中帑矢六爲程，過六矢賜勞十五日。（《居延漢簡釋文合校》45.23）

（21）●功令第卌五：士吏、候長、蓬隧，常以令秋射，發矢十二☑（《居延新簡》E.P.T53：34）

（22）張掖居延甲渠塞有秩候長公乘樊立，鴻嘉三年以令秋試射，發矢十二，中帑矢十二。（《居延新簡》E.P.T50：18）

（23）☑□□□□中帑六爲程，過六及不滿六，賜、奪勞，矢各十五日。（《居延新簡》E.P.T11：1）

（24）甘露元年秋以令射，發矢十二，中帑矢十。（《居延漢簡釋文合校》34.13）

與之相對的，"箭"多是單用的，構詞能力還很弱。《敦煌漢簡》中4例。《居延漢簡》中"竹箭"1例，用爲弓箭義的有24例。《居延新簡》中12例。如：

（25）大煎都候長，效穀常利里，上造，張陽，年三十六。劍一。弓二，犢、丸各一，箭十二。馬一匹。鞍勒各一。（《敦煌漢簡》279）

（26）累虜候長弓箭四發。☑（《居延漢簡釋文合校》83.3A）

（27）廣地南部言永元五年六月官兵釜磑月言簿。承五月餘官弩二張，箭八十八枚，釜一口，磑二合。今餘官弩二張，箭八十八枚，釜一口，磑二合。赤弩一張，力四石，木關。陷堅羊頭銅鍭箭卅八枚。故釜一口，鍉有錮口呼長五寸。磑一合，上蓋缺二所，各大如踈。●右破胡隧兵物。（《居延漢簡釋文合校》128.1）

（28）河東彘第四車父直弩一，箭百☑（《居延新簡》E.P.T8：9）

（29）箭百，皆持去。（《居延新簡》E.P.T20：24）

（30）官弩一，箭二百。官鼓、戟、盾各一。官鎧、鍉瞀各一。□□箭各一。槍五，□□□□大苣卅，小苣、四尺苣各百。茹三斤，蘭一，箭三□□（《居延新簡》E.P.T49：13B）

（31）官箭二百枚（《居延新簡》E.P.T49：67）

（32）之，官録曰：移新到□□☑鐵臿大刀。言叩頭死罪☑箭五十，鐵鎧□☑（《居延新簡》E.P.T49：85A）

（33）箭五十，鐵鎧□□☑仲□哀□□者賜□□☑□□美從□□□□□☑

□□▨（《居延新簡》E.P.T49：85B）

（34）鄣卒高□，八月二十桼日假五石弩一。赤臬弦、糸緯。稾矢箭五十□□□（《居延新簡》E.P.T65：304）

（35）立等逐捕，到憲治所，不能及。驗問隧長，辭曰：憲帶劍，持官弩一，箭十一枚，大（《居延新簡》E.P.T68：26A）

（36）虜持循√弩箭去，審。(《居延新簡》E.P.F22：434）

:: 參考文獻 ::

陳　直《居延漢簡研究》，天津古籍出版社，1986 年。

甘肅省文物考古研究所等《居延新簡——甲渠候官》，中華書局，1994 年。

甘肅省文物考古研究所《敦煌漢簡》，中華書局，1991 年。

何雙全《簡牘》，敦煌文藝出版社，2004 年。

李均明《古代簡牘》，文物出版社，2003 年。

王鳳陽《古辭辨》，吉林文史出版社，1993 年。

魏德勝《〈睡虎地秦墓竹簡〉詞彙研究》，華夏出版社，2002 年。

魏堅主編《額濟納漢簡》，廣西師範大學出版社，2005 年。

謝桂華、李均明、朱國炤《居延漢簡釋文合校》，文物出版社，1987 年。

中國簡牘集成編輯委員會《中國簡牘集成》(1–12 册)，敦煌文藝出版社，2001 年。

原載《魯東大學學報》(哲學社會科學版)2011 年第 2 期。

西北屯戍簡牘中的幾組同義詞①

【提　要】我們考察了西北屯戍簡牘中"事用、任用、任事"等五組同義詞，發現有些現象與傳世文獻不同，有的詞或詞義不見於傳世文獻，有的用例比傳世文獻早。可以爲研究漢代的漢語詞彙提供新的材料。

【關鍵詞】漢代　簡牘　同義詞

西北屯戍簡牘，是指二十世紀初以來在甘肅、内蒙古等地陸續發掘出土的、主要出自兩漢時期在西北邊地戍守的將士以及各種隨行人員之手的一批簡牘資料。我們使用的材料主要有《居延漢簡釋文合校》(下文簡稱《合校》)、《敦煌漢簡》(下文簡稱《敦煌》)、《居延新簡——甲渠候官》(下文簡稱《新簡》)、《額濟納漢簡》(下文簡稱《額濟納》)等。這些資料全面反映了戍邊軍民的生活，在内容上、時間上、語言上有一致性，故我們把它們放在一起綜合考察。這幾批簡牘的寫作時間大致清楚。據何雙全(2004)，新舊居延簡中，紀年最早的是西漢武帝天漢元年(公元前100年)，最晚的有東漢永初年(公元107–113年)簡，

① 本文爲國家社科基金一般項目"西北屯戍簡牘詞彙研究"(12BYY078)的階段性成果。

1982年還發現1枚晉武帝太康四年（公元283年）簡。敦煌漢簡紀年簡中，最早的是西漢武帝天漢三年（公元前98年），最晚者爲東漢順帝永和二年（公元137年）。雖不能説其中絶對不存在更早、更晚的簡牘，但大致的時間段應該就在這約二百年間，主體部分是西漢武帝至東漢光武帝時期的一百多年間。這批材料斷代清楚，口語性强，是研究漢代漢語的理想語料。

同義詞可以反映語言的丰富性。我們討論的屯戍簡牘中這幾組同義詞，有的詞不見於傳世典籍，但通過用例可以歸納其詞義；有的詞其詞義爲辭書所忽略；有的是提供了這個詞的文獻首見例。這些新的語言現象值得我們關注。

1. 事用　任用　任事

這幾個詞在屯戍簡牘中都有“能用”“堪用”義。如：

（1）塢上深目一，不事用。少六。圖毋橐。大小積薪薄隨。承苣，少卌七。門關、接楪，不事用。表二，不事用。(《合校》82.1）

（2）●赤弩一張，力四石五，木破，起繁往往絶。盲矢銅鍭箭五十枚。磑一合，敝盡不任用。●右澗上隊兵物。(《合校》128.1）

（3）第廿七隊長李宮。鋸不任事。斧一，不任事。釜不任事。服少一枚。轉櫨皆毋柅。□六石具弩一□□□倚陽書白，呼呼。(《合校》285.18）

從以上三例的比較可見，事用、任用、任事，這三個詞的詞義一樣。且都用於否定句中。

事用，居延漢簡中27例，都是用於各種兵器、工具等，表示因損壞而不可用。如：

（4）☑□毋六根。☑深目二，不事用。☑□火尊一，折，不事用。☑□毋□☑不事。(《合校》68.65）

（5）□□□□□枍柱四枚，其二小。苣一，幣，一銷，不利。塢上深目，十二，不事用。☑弩長辟二，不韋，一不事用。狗一，不入籠，少一。(《合校》68.95）

（6）第七隧長尊。槳繩，廿四不事用。毋斧。韋少一利。門屏風少一。深目一，不事用。禄盧，一不調利。守御器，不□。弩一，弦

急。箭編，不事用。劍削幣。尊火尊一，不事用。(《合校》82.1）

（7）户關椎接葉各二，不事用。☑(《合校》194.1）

（8）第卅六隧長宋登。弦角上□刓。橐一，不事用。鋸一，不事用。轉櫨皆毋柅。洞皆毋肩冒。堠樓不垂塗墍。狗籠一，堶。(《合校》214.5）

（9）第廿九隧長王禹。鋸不事用。膠少。轉櫨皆毋柅。☑□□□□□墍。小積薪一，上使堶。大積薪二，上使堶。候樓不墍。(《合校》214.8）

（10）第廿四隧長淳于福。轉櫨毋柅。□矢□不埊。杆辟一，疛呼。鈎一，不事用。蓬一，不任事。小積薪二，使堶。卒十一人芡。(《合校》214.49）

（11）其卌六折傷，不事用。□□七百三，完。府(《合校》303.27）

（12）☑□繩不事用，已。毋弩彈衣☑(《合校》336.7）

居延新簡中有4例。如：

（13）第卅四隊范尚。六石具弩一……糸弦一，絶靡，負五算。稾矢銅鍭六，干疛呼，二差折，負八算。宝矢銅鍭二，差補不事用，二干疛呼，二羽幣，負十六算。蘭一，負索幣，負一算。靳干一，疛呼，負一算。□□□毋□，負一算。心腹止泄藥非物，負一算。第四隊(《新簡》E.P.T50：2）

（14）當曲隊長茅同，右方一，冉不事用。今已成。(《新簡》E.P.T51：20）

（15）甲渠第十四隊，請頓卿言之。户關椎各二，不事用。房，肩水令里正，伏地埶(《新簡》E.P.T51：21A）

（16）次吞隧長長舒。卒四人：一人省。一人車父在官，已見。二人見。堠户厭破，不事用。負二算。木長棰二，柄長，負二算。直上蓬干柱柜木一，解隨。負三算。(《新簡》E.P.T59：6）

《敦煌漢簡》《額濟納漢簡》中未見用例。

《漢語大詞典》中，"事用"有兩個義項。(1）使用；應用。用漢賈誼《新書·六術》等例。（2）猶幹練。用《宋書·陸仲元傳》例。而無“能用”“堪用”義，當補。

從詞義看，“事用”的能用、堪用義當是由“使用”義引申而來。“使用”義的用例也見於漢代，後代沿用。除《漢語大詞典》所引例外，再如《後漢書·循吏列傳》：“初，景以爲六經所載，皆有卜筮，作事舉止，質於蓍龜，而衆書錯糅，吉凶相反，乃參紀衆家數術文書，冢宅禁忌，堪輿日相之屬，適於事用者，集爲大衍玄基云。”

任用，居延漢簡 6 例，義同“事用”，指兵器、工具等能用，如：

（17）□□□病，不詣到□辟廣蓬索□，□千四小，不任用。以承□舉蓬破絶。（《合校》206.6）

居延新簡中有 2 例：

（18）省兵物及簿署□□任用不。（《新簡》E.P.F22：403）

（19）陷耳小□□□曰曰□公不任用（《新簡》E.P.F22：614）

《漢語大詞典》中“任用”有“堪用，能用”義。舉的例子是，北魏賈思勰《齊民要術·槐柳楸梓梧柞》：“（楸）十年後，一樹千錢，柴在外，車板、盤合、樂器，所在任用。”比漢簡時代要晚得多。

《敦煌漢簡》《額濟納漢簡》中也没有用例。

任事，居延漢簡 6 例，如：

（20）第十六隧長范利中。夆一，不任事。□關折。毋脂。大積薪二，上□□小積薪一，上□□□□皆破。□陽□□隨。狗籠皆破。（《合校》127.22）

（21）第廿四隊長淳于福。轉櫨毋柅。□矢□不垩。杆辟一，咋呼。鈎一，不事用。蓬一，不任事。小積薪二，便頃。卒十一人茭。（《合校》214.49）

《敦煌漢簡》《居延新簡》《額濟納漢簡》中都没有用例。

《大詞典》中“任事”有“頂事，頂用”義。例用北魏賈思勰《齊民要術·造神麴並酒等》：“造酒法：用黍米。麴一斗，殺米一石。秫米令酒薄，不任事。”所舉用例比漢簡晚。

從詞義看，“事用”“任事”“任用”三詞的“能用”義，來源於“使用”義。而之所以有“使用”義，則與“事”“任”“用”作爲詞用時，都與使用義有關。“任事”“任用”都有“任以職事”及有關義項，如《戰國縱橫家書·四》：“故王能材（裁）之，臣以死任事。之後，秦受兵矣，齊勺（趙）皆嘗謀。”《戰國策·韓三》：“諸侯之君，無不任事於周室也，而桓公獨取霸者，亦無他也。”《史記·絳侯周勃世家》：“勃爲太尉，不得入軍門。陳平爲丞相，不得任事。”那是由于“任”“事”“用”都有“職事”義。與“使用”義没有直接的引申關係。

簡文中也偶見單用“任”的：“☐診視，馬皆齒長，終不任驛☐”（《合校》266.17）《中國簡牘集成》（7）注：“不勝任驛用。”另外，《居延》中還有“任作”一詞，與以上三詞不同，意思是“工作”“勞作”。

2. 從事　視事　任作　治事　行事

這些詞都有“工作”“勞作”義。在屯戍簡牘中使用上有區别。

從事，《詩·小雅·十月之交》：“黽勉從事，不敢告勞。”《國語·齊語》：“時雨既至，挾其槍、刈、耨、鎛，以旦暮從事於田野。”西北簡牘中多用在下行公文中，“承書從事”“聽書牒署從事”“聽書從事”“以律令從事”等，大意爲按上級公文的要求行事。如：

（22）閏月丁巳，張掖肩水城尉誼以近次兼行都尉事，下候、城尉，承書從事，下當用者，如詔書。／守卒史義。（《合校》10.29）

（23）二月丁卯，丞相相下車騎將軍、將軍中二千石、二千石、郡大守、諸侯相，承書從事，下當用者，如詔書。少史慶、令史宜王、始長。（《合校》10.30）

（24）三月丙午，張掖長史延行大守事、肩水倉長湯兼行丞事，下屬國、農、部都尉、小府、縣官，承書從事，下當用者，如詔書。／守屬宗、助府佐定。（《合校》10.32）

（25）元康五年二月癸丑朔癸亥，御史大夫吉下丞相，承書從事，下當用者，如詔書。（《合校》10.33）

（26）☐史大夫廣明下丞相，承書從事，下當用者，如詔書。書到言，☐□郡大守、諸侯相，承書從事，下當用者，如詔書。（《合校》

65.18）

（27）□諸吏能不宜其官，换爲……初元二年六月己丑朔癸巳隧長……聽書牒署從事，如律令，敢言之。……居延令……令、長、丞、尉，……聽書從事，如律令。/掾忠、令史壽、佐賀。（《新簡》E.P.T51：236）

（28）九月乙亥，觻得令延年、丞置敢言之。肩水都尉府移肩水候官、告尉、謂東、西、南、北部☑義等補肩水尉史、隧長、亭長、關佐各如牒，遣自致。趙侯、王步光、成敢、石胥成皆☑書牒署從事，如律令，敢言之。（《合校》97.10，213.1）

（29）☑渠鄣候喜，謂第四候長宣、第十候長☑☑書到，聽書牒署從事，如律令。（《合校》136.41）

（30）☑聽書牒署從事，敢言之。☑候官聽書從事，如律令。/掾昌、令偃、佐可。（《合校》271.20A）

與之類似的還有，"以律令從事"，即按相關法律條文行事。也有按具體法令行事的。如：

（31）☑候，以律令從事。（《合校》231.107）

（32）☑以律令從事。（《新簡》E.P.T53：74）

（33）得、常有、程生，寫移居延獄，謁以律令從事。（《合校》275.13）

（34）□千秋隧長安，謹劾移亡卒得，寫移龍勒獄，以律從事，敢言之。（《敦煌》995）

（35）捕律：禁吏毋夜入人廬舍捕人。犯者，其室毆傷之，以毋故入人室律從事。（《合校》395.11）

（36）等三人，捕羌虜斬首各二級，當免爲庶人，有書。今以舊制律令，爲捕斬匈奴虜反羌購賞各如牒。前諸郡以西州書，免劉玄及王便等爲民，皆不當行，書到，以科别從事，官奴婢以西州（《新簡》E.P.F22：221）

此外，還表一般的做某事，有時帶所做的具體事務做賓語，如：

（37）☑□隊長武將卒詣官廪。☑□爲部候長所苦毒，今白。●謹

問：武叩頭死罪，對曰：誠食乏，私歸取食。案武知從事行塞，私去署，毋狀。〼〼□致白。(《新簡》E.P.T59：240）

（38）書。若郡農如玄、便等捕斬反羌免者，不應法令，皆收還玄、便等，及其妻子。其木官已具言。所具官、名、年、籍，毋有所遺脱。會五月朔。從事督察，如律令。(《新簡》E.P.F22：691）

（39）元鳳三年十月戊子朔戊子，酒泉庫令安國以近次兼行大守事、丞步遷，謂過所縣河津，請田閒守卒史解思，與大司農部取丞從事金城、張掖、酒泉、敦煌郡，乘家所占畜馬二匹，當傳舍，從者如律令。/掾勝胡、卒史廣。(《合校》303.12A）

（40）擊，以檄言，有報，乃以從事。失亡重事，如律令。敢告卒人。(《敦煌》1377）

（41）始元七年閏月甲辰，居延與金關爲出入六寸符，券齒百。從第一至千。左居官，右移金關。符合以從事。●第八。(《合校》65.7）

（42）〼閏月甲辰，居延與金關爲出入六寸符，券齒百。從第一至千，左居官，右移金關。符合以從事。●第七。(《合校》274.10）

（43）□年□月甲辰，居延與金關爲出入六寸符，券齒百。從第一至千，左居官，右移金關。符合以從事。●第十九。(《合校》274.11）

除以上動詞義外，"從事"還有名詞義。《漢語大詞典》："官名。漢以後三公及州郡長官皆自辟僚屬，多以從事爲稱。《漢書·丙吉傳》：'坐法失官，歸爲州從事。'"屯戍簡牘中也有用爲官職名的。如：

（44）〼在所，一詣肩水卒史趙卿發。四月戊申下餔九分時，臨木隧卒逕受卅井卒乾□楊齊印，詣從事趙掾在所。昏時五分，付殄北隧卒楊最。(《新簡》E.P.T52：405）

（45）九月乙亥，涼州刺史柳，使下部郡大守、屬國、農都尉，承書從事，下當用者。明察吏有若能者勿用。嚴教官屬，謹以文理遇百姓，務稱明詔厚恩。如詔書。從事史賀、音。(《新簡》E.P.T54：5）

（46）〼月甲午朔己未，行河西大將軍事、涼州牧、守張掖屬國都尉融，使告部從事，〼城、武威、張掖、酒泉、敦煌大守，張掖、酒泉農都尉。武威大守言，官大奴許岑（《新簡》E.P.F22：825A）

“視事”出現較早,《大詞典》:“就職治事。多指政事言。《左傳·襄公二十五年》:‘饗諸北郭，崔子稱疾，不視事。’”屯戍簡牘中也是用來指官員“就職治事”。如：

（47）五鳳二年八月辛巳朔乙酉，甲渠萬歲隧長成敢言之。迺七月戊寅夜，隨塢陛傷要，有瘳。即日視事，敢言之。(《合校》6.8）

（48）日病傷汗，未視事。官檄曰：移卒貰賣名籍，會☑（《合校》44.23）

（49）⊠建昭六年正月盡十二月吏病及視事書卷。(《合校》46.17A）

（50）☑□□直符一日一夜，謹行視事，錢財物臧内户□，敢言之。(《合校》52.45）

（51）●右除遣視事書。(《合校》67.11）

（52）甲渠言：士吏孫猛病有瘳，視事，言府。●一事集封。(《合校》185.22）

（53）☑真官到視事，有代罷。(《合校》264.35）

（54）徙補第一隧長。至今年二月中，女子齊通耐自言，責恭鼓一。恭視事積三歲，通耐夫當未□□□□鼓□將尉卿，使執胡隧長李丹持當隧鼓詣尉治所。恭本不見丹持鼓詣呑（《新簡》E.P.F22：694）

（55）居聑二年八月辛亥朔乙亥，廣武候長尚敢言之。初除，即日到官視事，敢言之。(《敦煌》770）

在《居延漢簡》中還有“任作”一詞，2例，表“工作”“勞作”義。而《敦煌漢簡》《居延新簡》中未見用例。如：

（56）第二隧長景褒不在署。謹驗問，褒辭：却適隧卒周賢代大司農茭郭東，病不任作。官記遣褒迎取，十月廿六日褒之居延郭東，取卒周賢，廿九日還到隧，後都吏鄭卿。(《合校》194.17）

（57）☑庸任作者移名，任作不欲爲庸☑一編，敢言之。(《合校》224.19）

治事，辦事、做事。指官員辦理公務。《居延漢簡》中有1例，其餘簡牘中未見。

（58）兵即不應籍，更實定此籍。隨即下，所在亭，各實弩力石射步數，令可知。賫事詣官，會月廿八日夕。須以集爲丞相史王卿治事，課後不如會日者，必報。毋忽，如律令。（《合校》7.7A）

在先秦典籍中偶見用例。如《國語·晋語一》："上貳代舉，下貳代履，周旋變動，以役心目，故能治事，以制百物。"下文有"何事能治"，表明尚未凝固爲一個詞，且語義較寬泛。《韓非子·八説》："以愚人之所惽，處治事之官而爲其所然，則事必亂矣。"漢代典籍中用例漸多，語義已經專指官員處理公務，與居延簡中用例同。如《史記·吕太后本紀》："左丞相不治事，令監宫中，如郎中令。"又《曹相國世家》："參子窋爲中大夫。惠帝怪相國不治事，以爲'豈少朕與'？"

行事，在屯戍簡中也是多指官員處理公務。但多用於兼官，或是臨時代理某官職。"以私印行事"，是用個人的印章行使公務，這多是下級官吏。《居延新簡》14例，《居延漢簡》12例，《敦煌漢簡》3例，《額濟納漢簡》1例。如：

（59）九月戊寅，甲渠候以私印行事，告塞尉，寫移書，書☑吏功，毋失期。它如府書律令。/令史勝之，尉史充國。（《新簡》E.P.T57：48）

（60）二月己未，甲渠候長毋害以私印行候事，☑言報，不服，移自證爰書，會三月朔，如律☑（《新簡》E.P.T52：148）

（61）二月丙子，肩水候房以私印行事，敢言之。郭（《合校》10.4）

（62）地節五年正月丙子朔丁丑，肩水候房以私印行事，敢言之都尉府。府移大守府所移敦煌大守府書曰：故大司馬博（《合校》10.35A）

（63）☑丞印行事、守丞章，敢言之。（《敦煌》1892）

（64）☑□以私印行事下候史敞平等（《額濟納》84）

還常見"行……事"格式，仍表臨時代理某官職。涉及的官職範圍廣，不限於下級官吏。從例證看，不僅下級官吏可臨時代理上級官吏，而且上級也可臨時代理下級。這些例證表明"行事"的組合還較鬆散。如：

（65）正月辛丑，御史大夫定國行丞相事，下小府、中二☑承書從事，下當用者，如詔書。書到言。/屬實、令史元、☑（《新簡》E.P.T53：66A）

（66）二月庚辰，甲溝候長戎，以私印行候文書事，敢言之，謹寫移敢言之。●候君詣府。尉史陽。（《新簡》E.P.T48：25）

（67）☑長良以私印兼行候事，謂不侵候長宗☑（《新簡》E.P.T51：401）

（68）建武八年三月己丑朔，張掖居延都尉諶行丞事，城騎千人躬告勸農掾禹，謂官縣。令以春祠社稷。今擇吉日如牒。書到，令、丞循行，謹脩治社稷，令鮮明。令、丞以下當（《新簡》E.P.T20：4A）

（69）☑騎司馬順以秩次行都尉☑☑私屬奴壽王謀殺人，已□☑（《新簡》E.P.T3：10）

（70）二月戊寅，張掖大守福、庫丞承熹兼行丞事，敢告張掖農都尉、護田校尉府卒人，謂縣。律曰：臧它物非錄者以十月平賈計。案戍田卒受官袍衣物，貪利貴賈，貰予貧困民，吏不禁止，浸益多，又不以時驗問。（《合校》4.1）

（71）四月己亥，居延都尉德、城騎千人慶兼行丞事，下居延農，承（《新簡》E.P.T56：33）

（72）閏月丁巳，張掖肩水城尉誼以近次兼行都尉事，下候、城尉，承書從事，下當用者如詔書。/守卒史義。（《合校》10.29）

（73）三月丙午，張掖長史延行大守事、肩水倉長湯兼行丞事，下屬國、農、部都尉、小府、縣官，承書從事，下當用者，如詔書。/守屬宗、助府佐定。（《合校》10.32）

（74）☑戊子，酒泉庫令安國以次行大守事、丞步遷，謂☑（《合校》19.8A）

（75）永始三年三月辛亥，居延城司馬譚以秩次行都尉事，☑當舍傳舍，從者如律令。/□□□□（《合校》140.2）

（76）☑月甲午朔己未，行河西大將軍事、凉州牧、守張掖屬國都尉融，使告部從事，☑城、武威、張掖、酒泉、敦煌大守，張掖、酒泉農都尉。武威大守言，官大奴許岑（《新簡》E.P.F22：825A）

3. 苛留（河留） 苛留止 苛止 留止 留難

這幾個詞在“羈留”“盤查”義上是同義詞。苛，音 hē，通“訶”，但兩漢以前的文獻多作“苛”，“大聲斥責”義。這幾個複音詞都是並列結構的，“苛留止”是並列結構的三音節詞。在屯戍簡牘中，這幾個詞常用在通過關卡時用的通行證中，作“勿苛留”“毋留止”等，意思是在過關卡時，請守關人員不要無故羈留、刁難，請盡快放行。

苛留，《漢語大詞典》：“盤問扣留。《漢書·成帝紀》：‘秋，關東大水，流民欲入函谷、天井、壺口、五阮關者，勿苛留。’《漢書·王莽傳中》：‘吏民出入，持布錢以副符傳，不持者，厨傳勿舍，關津苛留。’《周禮·秋官·環人》‘門關無幾’鄭玄注引漢鄭司農曰：‘門關不得苛留環人也。’”典籍中也可見，但屯戍簡牘中用例更豐富，也有更多變化。

（77）□□□年六月丁巳朔庚申，陽翟邑獄守丞就兼行丞事，移函里男子李立第臨自言取傳之居延，過所縣邑侯國勿苛留，如律令。侯自發。（《合校》140.1A）

（78）建平五年十二月辛卯朔庚寅，東鄉嗇夫護敢言之。嘉平▨□□中，願以令取傳，鄉案忠等毋官獄徵事，謁移過所縣邑門亭河津關毋苛留，敢言之。十二月辛卯，祿福獄丞博行丞事，移過所，如律令。/掾海守令史衆。（《合校》495.12，506.20A）

（79）▨奉，葆姑臧西比夜里▨▨河津金關，毋苛留，▨（《合校》97.9）

（80）▨敢言之。▨所縣道毋苛留▨（《合校》218.30）

（81）部載米糒，毋苛留，如律令。（《新簡》E.P.T13：3）

（82）封傳，移過所，毋苛留。（《新簡》E.P.T50：39）

一作“河留”：

（83）過所。便休十五日，門亭毋河留，如律令。（《新簡》E.P.F22：698B）

苛留止，典籍中用例少，《漢語大詞典》未收。義同“苛留”。如：

（84）甘露三年六月癸丑朔庚辰，佐赦之敢言之。遣令史安世移簿▨▨一編，縣道河津金關毋苛留止，如律令。敢言▨（《合校》43.12A）

（85）所縣邑毋苛留止，如律▨（《合校》77.10）

（86）☐□充光謹案：户籍在官者，弟年五十九，毋官獄徵事，願以令取傳，乘所占用馬，八月癸酉，居延丞奉光移過所河津、金關，毋苛留止，如律令。/掾承☐（《合校》218.2）

（87）☐弘敢言之。祝里男子張忠臣與同里☐☐年卅四歲，譚正□大夫，年十八歲，皆毋官獄☐☐□勿苛留止，如律令。/令史始□☐（《合校》340.6）

（88）元始元年九月丙辰朔乙丑，甲渠守候政移過所，遣萬歲隊長王遷爲隊載䊮，門、亭、塢、辟、市、里毋苛留止，如律令。/掾☐（《新簡》E.P.T50：171）

（89）初元三年六月甲申朔癸巳。尉史常敢言之，遣守士吏泠臨送罷卒大守府，與從者居延富里徐宜馬……毋苛留止。如律令，敢言之。（《新簡》E.P.T53：46）

苛止，《墨子·號令》："民無符節，而擅入里巷官府，吏三老守閭者失苛止，皆斷。"畢沅校注："言不苛止之。"簡牘中用例少，義同"苛留"。如：

（90）☐道鳴沙里陵廣地，爲家私市張掖、酒泉□□□□□□□☐☐門、亭、鄣、河、津、金關毋苛止，録復傳，敢言之。☐如律令。/掾不害、令史應。四月甲戌入。（《合校》36.3）

留止，《漢語大詞典》有"停留；居住""挽留"兩義項，而没有羈留、盤查義，當據漢簡例補。如：

（91）永光元年五月戊子，觻得守左尉奉移過所縣，□詣肩水候，往爲候之觻得取麥二百石，遣就家昭武安定里徐就等，月丙戌赴肩水候官。□行，毋留止。如律令。（《合校》562.3A）

（92）☐留止，如☐（《合校》68.78）

留難，《漢語大詞典》："無端阻留；故意刁難。"用漢桓寬《鹽鐵論·本議》例："間者，郡國或令民作布絮，吏恣留難，與之爲市。"與"苛留""苛止"等義同。屯戍簡牘中有兩例：

（93）輒以聞，非所謂留難變事，當以留奉□□□□□律令。吏用□疑，或不以聞，爲留變事，滿半月（《敦煌》1700）

（94）誼不留難敝既入南滿半日。時令史根，尉史彊，守塞尉萬，候長呂憲，王充、徐弘，候史成遂、（《新簡》E.P.T51：18）

4. 留　留遲（留稺、留稚）

這兩詞在耽擱、遲緩、停留義上同義。上文“苛留”組義爲故意留難別人，而這組意思是本身遲緩，如“受爲報，毋留”“唯亟報，毋留”都是説要及時回復，不要耽擱。

留，耽擱、遲緩義。如：

（95）……富昌士吏，毋留，如律令。（《敦煌》1662）

（96）☐要虜隊長過常致，受爲報，毋留，如律令。☐書佐建。（《合校》20.7）

（97）☐辭所。唯亟報，毋留，如律令。（《合校》72.11）

（98）匿界中。書到，遣都吏與縣令以下逐捕搜索部界中，聽亡人所隱匿處，以必得爲故。詔所名捕重事，事當奏聞。毋留，如詔書律令。（《合校》179.9）

（99）☐居延倉長禹移肩□☐出毋留，如律令。（《合校》204.5）

（100）☐願部上毋留。留之，大事也。（《合校》288.5）

（101）儋胡麻，會甲寅旦，毋留，如律令。/尉史壽昌。（《合校》312.25）

（102）☐報，唯毋留，如律令。/掾忠，佐定。（《新簡》E.P.T51：463）

留遲，也作“留稺”“留稚”，《大詞典》：“稽留延遲。”《史記·建元以來侯者年表》：“田延年以軍吏事昭帝，發覺上官桀謀反事，後留遲不得封，爲大司農。”又《李將軍列傳》：“漢法，博望侯留遲後期，當死，贖爲庶人。”漢代典籍中用例較少。簡牘中用例相對豐富，如：

（103）留稺，失期，職事毋狀。（《合校》190.20）

（104）詣關門留遲，毋狀當坐，罪當萬死，叩頭，死罪死罪。唯（《敦煌》176）

（105）言：却適卒候薪，留稚·日失中，過顯明。（《敦煌》803B）

（106）十一月郵書留遲不中程，各如牒。晏等知郵書數留遲，爲府職，不身拘校，而委（《合校》55.11，137.6，224.3）

（107）臨木卒戎，付誠北隧卒則，界中八十里，書定行九時，留遲一時，解何？（《合校》133.23）

（108）☑過半通府，府去降虜隊百五十九里，當行一時六分，定行五時，留遲三時四分，解何？（《合校》181.1A）

5. 貧　貧急　貧寒　貧困

這幾個詞在“錢財少”這個義項上是同義詞。

貧，上古漢語中常用。《國語·晋語八》：“叔向見韓宣子，宣子憂貧，叔向賀之。”簡牘中亦常見：

（109）☑年六月己巳朔丁丑，甲渠候破胡以私印行事，敢言之，謹移戍卒朱寬等五人貰賣候史鄭武所，貧毋以償，坐詐□□名籍一編，敢言之。（《新簡》E.P.T51：199）

（110）生子，東首者富，南首者貴，西首者貧，北首者不壽。●生子見天者☑（《敦煌》2056）

（111）●貧民羸謹，爲作庸不能常雠者，（《敦煌》215）

（112）吏，令後歸，尚意中甚不安也。事不足亂平，尹府哀小姓貧人子，久居塞外，當爲發代。唯掾以時移視事盈歲名尹府，須以調代，代到得歸。叩頭叩頭。（《敦煌》244B）

貧急，《大詞典》未收。貧窮義。如：

（113）貸錢三千六百，以贖婦。當負臧，貧急毋錢可償。知君者謁報，敢言之。（《新簡》E.P.T56：8）

（114）●□□榮小，未傳爲譯騎，皆小家子，貧急不能自給，實☑（《新簡》E.P.T58：30）

（115）河平元年九月戊戌朔丙辰，不侵守候長、士吏猛敢言之，將軍行塞，舉駟望隧長杜未央所帶劍刃生，狗少一。未央貧急軟弱，毋以塞舉。請（《新簡》E.P.T59：3）

（116）始建國三年十二月丙辰朔丁丑，不侵候長茂敢言之，官檄曰：部吏九人，人一鷄，重六斤，輸府。遣候史若祭酒，持詣官，會月二十日。·謹案部吏多貧急，毋□（《新簡》E.P.T59：56）

（117）☐貧急，毋已（《合校》26.15）

（118）☐辭貧急，毋餘財，獨有私故練襲☐（《合校》180.23）

（119）貧急，軟弱不任職，請庠免，可補者名如牒。書☐（《合校》231.29）

薛英群等（1988）釋爲"煩瑣急躁"，張國豔（2002）釋爲"嘮叨急躁"，都是誤解。《中國簡牘集成》釋爲"貧困窘急"，似得之。我們排比一下，例（109）"貧毋以償"，例（113）"貧急毋錢可償"，可見，"貧急"與"貧"同義，就是指貧窮。例（114）"貧急不能自給"也顯然是説貧窮。另一組有關官員罷免的例子，如例（115）（119）等，也是説官員家資不足而免官，聯繫下列"貧寒"例，可見這在漢代是常見的。

這是目前所見最早的一批用例。其他文獻中用例很少。《法苑珠林》卷九十九："時有一鵝見珠赤色其狀似肉，即便吞之。珠師持食以施比丘，尋即覓珠，不知所在。此珠價貴，珠師貧急，語比丘言：'得我珠耶？'"此例有可疑處。"急"屬下讀似亦通。又《明文海》四百六十九卷《張愚菴墓銘》："又當凶歲兩發穀若干石以周貧急，又當每歲隆冬發米若干石以活狴犴中餓者。"此例雖無疑義，但"貧急"指貧急者，名詞。

貧寒，《大詞典》："貧窮寒微。"用《南史·儒林傳·賀德基》例。偏晚。"貧寒"系同義連用，"寒"亦有"貧"義。如《史記·范雎蔡澤列傳》："須賈曰：'今叔何事？'范雎曰：'臣爲人庸賃。'須賈意哀之，留與坐飲食，曰：'范叔一寒如此哉！'乃取其一綈袍以賜之。"《新簡》E.P.F22：651："甲渠候官，建武桼年桼月，貧隊長及一家二人爲寒吏。""貧寒"一詞漢簡中有多例：

（120）貧寒隧長夏□等罷休，當還入十五日食石五斗，各如牒。檄到，□付。（《新簡》E.P.F22：294）

（121）第十隊長田宏，貧寒罷休。當還九月十五日食。（《新簡》E.P.F22：296）

（122）第十一隊長張岑，貧寒罷休。當還九月十五日食。（《新簡》E.P.F22：297）

（123）乘第十二卅井隊長桃匀，貧寒罷休。當還九月十五日食。（《新簡》E.P.F22：298）

（124）乘第廿卅井隊長張翕，貧寒罷休。當還九月十五日食。（《新簡》E.P.F22：301A）

（125）第廿桼隊長薛隆，貧寒罷休。當還九月十五日食。（《新簡》E.P.F22：302）

這些例子句式相同，從圖版看，字體等也一致，可能屬於一個册書。指明這些隊長因貧寒而被罷官，應當歸還官府發放的糧食。這批用例比典籍用例也早，漢代官員的任免與家資有關，因貧而被罷免的史籍中亦不乏其例，此不贅述。

貧困，先秦常見。《大詞典》："貧苦窮困。"《韓非子·奸劫弑臣》："夫施與貧困者，此世之所謂仁義；哀憐百姓，不忍誅罰者，此世之所謂惠愛也。"《史記·管晏列傳》："管仲貧困，常欺鮑叔，鮑叔終善遇之，不以爲言。" 漢劉向《新序·雜事二》："餘衍之蓄聚於府庫者，境内多貧困之民。"

（126）二月戊寅，張掖大守福、庫丞承熹兼行丞事，敢告張掖農都尉、護田校尉府卒人，謂縣。律曰：臧它物非録者以十月平賈計。案戍田卒受官袍衣物，貪利貴賈，貰予貧困民，吏不禁止，浸益多，又不以時驗問，（《合校》4.1）

（127）☐……十隊長張敞……粟☐石八斗，在部收責。已得穀四石，爲米。隊少一石四斗，爲穀二石四斗。隊長陳尚、焦永等貧困，請以二石☐☐☐☐（《新簡》E.P.T40：9）

（128）皁單衣，毋鞌馬，不文。史詰責，駿對曰：前爲縣校弟子，未嘗爲吏。貧困，毋以具皁單衣冠、鞌馬。謹案：尉史給官曹治簿書府，官繇使乘邊候望，爲百姓潘幣，縣不肯除，（《新簡》E.P.T59：58）

（129）貧困，毋父母妻☐昬☐☐☐☐☐（《新簡》E.P.T59：550）

（130）甲渠言：尉史陽貧困不田，數病，欲補隊長，宜可聽。（《新簡》E.P.F22：327）

（131）☐☐☐樊隆，☐田，貧困毋穀。呑☐（《新簡》E.P.F22：366）

（132）☒□或貧困，被饑寒疾疫之薑，日竦而懼於天地之朹，未知所澤，君將何以輔賦小（《敦煌》1846）

“寒苦”例如：

（133）☒卒戍邊，遠去父母。後所居寒苦，吏將作任，人力謹愚□□理意☒（《合校》279.3）

以上一組表“貧”義的同義詞。秦漢時期典籍中還有一些同義的詞。如“貧苦”：“飲食男女，人之大欲存焉；死亡貧苦，人之大惡存焉。”（《禮記·禮運》），“如此連年，則中國貧苦而民不安矣。”（《漢書·晁錯傳》）“清貧”：“家至清貧，子孫不免寒餒。”（《後漢書·虞延傳》），“陶既清貧，而恥以錢買職，稱疾不聽政。”（《杜欒劉李劉謝列傳》），“歆素清貧，祿賜以振施親戚故人，家無擔石之儲。”（《三國志·魏志·華歆傳》）“貧賤”：“民惡貧賤，我富貴之。”（《管子·牧民》），“魯連逃隱於海上，曰：‘吾與富貴而詘于人，寧貧賤而輕世肆志焉。’”（《史記·魯仲連鄒陽列傳》）這些詞在漢簡中未見用例。

∷ 參考文獻 ∷

甘肅省文物考古研究所《敦煌漢簡》，中華書局，1991 年。

甘肅省文物考古研究所等《居延新簡——甲渠候官》，中華書局，1994 年。

何雙全《簡牘》，敦煌文藝出版社，2004 年。

王鳳陽《古辭辨》，吉林文史出版社，1993 年。

魏德勝《〈睡虎地秦墓竹簡〉詞彙研究》，華夏出版社，2002 年。

魏堅主編《額濟納漢簡》，廣西師範大學出版社，2005 年。

謝桂華、李均明、朱國炤《居延漢簡釋文合校》，文物出版社，1987 年。

薛英群等、何雙全、李永良《居延新簡釋粹》，蘭州大學出版社，1988 年。

張國豔《居延新簡詞彙札記》，《青海師專學報》2002 年第 2 期。

中國簡牘集成編輯委員會《中國簡牘集成》（1–12 册），敦煌文藝出版社，2001 年。

原載《文獻語言學》第五輯，中華書局，2018 年。

以西北屯戍簡牘證揚雄《方言》中若干"關西"詞語

【提　要】西北屯戍簡牘可以印證西漢揚雄《方言》中"關西地區"使用的若干詞語，如"箭""棓""襌衣""襜褕""羊頭"等，都可在西部屯戍簡牘中找到相應的用例，印證了《方言》的説解。

【關鍵詞】漢簡　《方言》　關西

揚雄《方言》，作於西漢末年，是中國最早的方言學著作。記録了西漢及之前的方言詞及其使用區域，是中國語言學史上的重要成果。但由於材料匱乏，其中的一些内容無法得到文獻的證實。西北屯戍簡牘是指二十世紀以來在甘肅、内蒙古等地漢代古長城烽燧遺址出土的漢代戍守邊地的將士留下的文字材料。主要是木簡、木牘，有少量的竹簡、帛書等。我們使用的資料主要有《居延漢簡釋文合校》《敦煌漢簡》《居延新簡——甲渠侯官》《額濟納漢簡》等，同時參考了《中國簡牘集成》(1-12册)。據何雙全(2004)，新舊居延簡的主體部分寫成於西漢武帝至東漢光武帝時期的一百多年間。這批材料斷代清楚，口語性强，是研究漢代漢語的理想語料。從時間段來看，屯戍簡與《方言》寫作的時間很接近，部分時段是重合的。從地域看，《方言》中“自關而西”的詞語不少，這也是我們關注的重點。漢代西北長城沿綫的戍卒籍貫多是西北地方，雖也有來自其他地方的，應當不會改變當地的方言。初步調查的結果，屯戍簡的有些詞語與《方言》中“自關而西”地區使用的詞語是一致的。我們看幾個實例。

1. 箭

《方言第九》：“箭，自關而東謂之矢，江淮之間謂之鍭，關西曰箭。”

漢代文獻中以用“矢”爲常，用“箭”者很少。但屯戍簡中有大量“箭”的用例，如：

（1）河東彘第四車父直弩一，箭百（《居延新簡》E.P.T8：9）

（2）箭百，皆持去。（《居延新簡》E.P.T20：24）

（3）大煎都候長，效穀常利里，上造，張陽，年三十六。劍一。弓二，犢、丸各一，箭十二。馬一匹。鞍勒各一。（《敦煌漢簡》279）

（4）立等逐捕，到憲治所，不能及。驗問隊長，辭曰：憲帶劍，持官弩一，箭十一枚，大（《居延新簡》E.P.T68：26A）

（5）累虜候長弓箭四發。（《居延漢簡釋文合校》83.3A）

屯戍簡是目前所見“箭”的用例最豐富的漢代文獻，計《敦煌漢簡》4例，《居延漢簡》24例，《居延新簡》12例，共40例。史光輝（2004）從東漢時期的漢譯佛典中發現了14例，説明漢代“箭”在口語中用得逐漸多起來。西北簡中用例如此之多，也一定程度上印證了揚雄《方言》“關西曰箭”的説法。傳世中土文獻中，“箭”直到唐代才完成全面取代“矢”的過程。天鎖（1957）：“可以説，唐代‘箭’已經代替了‘矢’，要是認爲‘矢’還没有完全消失，那恐怕只是書面語上保留古詞語的問題了。從一種植物的名稱到一種武器的名稱，從一個特稱到一個通稱，大約經歷了十個世紀。”佛典中的使用情況與傳世中土文獻的差異也反映了作者個人語言習慣的影響，除了佛典接近口語的因素外，可能與他們都是西來的也不無關係。

2. 棓

《方言第五》：“僉，宋魏之間謂之欇殳，或謂之度。自關而西謂之棓，或謂之柫。齊楚江淮之間謂之柍，或謂之桲。”

郭璞注:“今連枷，所以打穀者。”屯戍簡中有作“連棓”者:

(6)□五斤。□□二石。□□四石。□□廿八束。長枓廿。連棓廿。長□□□。□□丈二尺。儲水□桐一，容十石。滅火斧二，有忍。□□□二，□□□二，槍百，大二韋，長八尺。(《居延新簡》E.P.T48：18A)

也作“連梃”:

(7)☑署□□□☑斗五，毋靡。狗少一。☑上椳，不蒙塗。兩行少廿。☑繩少十丈。連梃，繩解。☑(《居延漢簡釋文合校》68.105)

(8)蓬不可上下，連梃庌解，斧多隨折，長斧梃皆櫓棓哘呼，稺色不鮮明，奚索幣絶，弩長臂曲戾，不可(《居延漢簡釋文合校》127.24)

由漢簡及《墨子》、唐代《通典》等文獻，我們可以知道，連枷並非只是農具，還是重要的守禦武器。《墨子·備城門》:“城上二步一渠，渠立程，丈三尺，冠長十丈，辟長六尺。二步一荅，廣九尺，袤十一尺。二步置連梃。長斧長椎各一物。槍二十枚。”又《備蛾傅篇》:“梃長二尺，大六寸，索長二尺。”孫詒讓《墨子閒詁》:“即《備城門》之連梃，凡連殳、連梃，蓋皆以索繫連之。”由上例(7)(8)可知，漢代西北守禦用的連棓、連梃也是用繩繫聯的。《通典·守據法》:“連梃如打禾連枷狀，打女墻外上城之敵。”初師賓(1984):“連挺則直稱連枷，形制當相同，可繞擊攀城之敵。金關發掘時，曾發現一殘連枷，系革條編纂柳棍而成。”可見，自戰國至唐代，守城之具一脉相承。

屯戍簡中還有幾條“棓”的用例:

(9)蒹棓廿。小棓廿。(《敦煌漢簡》8)

(10)守御器簿。長斧卌，皆缺敝。長椎卌。長棓卌。長枓二。木面衣三。(《居延漢簡釋文合校》506.1)

這些例中的“棓”，是連枷，還是一般的木棒，存疑。

3. 襌衣

《方言第四》:“襌衣，江淮南楚之間謂之褋，關之東西謂之襌衣。有褒者，趙魏之間謂之袏衣；無褒者謂之裎衣，古謂之深衣。”

“襌衣”,《説文》:“襌，衣不重。”應該是一種没有裏子的外衣。漢代傳世文獻偶見用例，《漢書·蓋寬饒傳》:“寬饒初拜爲司馬，未出殿門，斷其襌衣，令短離地。”可見這是一種長可及地的外衣。屯戍簡中常見：

（11）☑布複绔一領。……布絑一兩。……絮巾一枚。黄布禪衣一領，毋。黄布绔一枚。毋。（《居延新簡》E.P.T51：66）

（12）縣官裘一領。過受都內皂布禪衣一領。（《居延新簡》E.P.T53：210）

（13）山陽親陽里魏偃，第廿三隧，爵複襦一，衣。皁複襜褕，閣。白練绔一，閣。布禪衣一，閣。劍一枚，閣。韋舄一，閣。布襲一，衣。布帬一，衣。縑帬一，衣。布禪一，衣。（《居延新簡》E.P.T56：86）

（14）□……□布複袍一領。皁布章禪衣一領。□複褻襲一領。皁布複绔一兩。犬絑二兩。常韋二兩。枲肥一兩。賫縣官裘一領……取。車第十。（《居延新簡》E.P.F19：12）

（15）魏華里大夫曹世。皁布複袍一領。皁布章禪衣一。□練複褻襲一領。皁布複绔一兩。☑（《居延漢簡釋文合校》101.23）

（16）梁●國。睢陽戍卒西尉里玉柱。□裏襲一領。皁布複袍一領。皁布禪衣一領。枲布複绔一兩。枲菲一兩。常韋二兩。（《居延漢簡釋文合校》179.2A）

也作“單衣”。如：

（17）罷門第一李外人，單衣一領。（《敦煌漢簡》540）

（18）護從者，敦煌對宛里韓寶，年十八。單襦、複襦，各二領。單衣、中衣，各二領。裘、裘绔☑韋绔、布绔，各二兩。絮巾、布巾，各三。□□（《敦煌漢簡》1144）

（19）卒趙襄，單衣一，見。○十月乙丑□（《敦煌漢簡》1886）

（20）☑□蓋官□□一兩。□□□□□。官韋單衣一領。官布绔一兩。□□□□一編，□□☑（《居延漢簡釋文合校》210.19）

如此多的用例，説明這是當時人們普遍穿着的衣物。

4. 襜褕

《方言第四》：“襜褕，江淮南楚謂之𧞣褣，自關而西謂之襜褕，其短者謂之裋褕。以布而無緣，敝而紩之，謂之襤褸。自關而西謂之統裾，其敝者謂之致。”

是一種類似禪衣的長外衣。《漢書·雋不疑傳》：“始元五年，有一男子乘黄犢車，建黄旗，衣黄襜褕，着黄冒，詣北闕，自謂衛太子。”顔師古注：“襜褕，直裾禪衣。"《漢書·何並傳》:"林卿迫窘，乃令奴冠其冠被其襜褕自代。" 顔師古注:"襜褕，曲裾禪衣也。" 顔注前後不一。《急就篇》:"襜褕袷複褶袴褌。" 顔師古注:"襜褕，直裾禪衣也。謂之襜褕者，取其襜襜而寬裕也。"《説文》解"褕"字:"一曰：直裾謂之襜褕。" 看來，應以直裾爲是。常見的"襜褕"是單衣，也有説"單襜褕"的；若是有裹的，則説"複襜褕"。也作"襌褕"。屯戍簡牘中用例不少，如：

（21）修武縣寺廷里王平，皂複襲一領，封。錢百，封。韋絝一，封。布複襲一領，衣。布襜褕一領，衣。袜一兩，封。(《居延新簡》E.P.T56：69）

（22）山陽親陽里魏偃，第廿三隧，爵複襦一，衣。皁複襜褕，閣。白練絝一，閣。布襌衣一，閣。劍一枚，閣。韋舄一，閣。布襲一，衣。布幕一，衣。縑幕一，衣。布褌一，衣。(《居延新簡》E.P.T56：86）

（23）布襜褕一領。布絝一兩。十月乙巳，第十四卒蔡忠取。卩(《居延新簡》E.P.T52：186）

（24）☑□皁襜褕一領，直千四百七十。·□複襦一領，直六百。絳單襦一領，直二百九十。收得。(《居延新簡》E.P.T52：188）

（25）一。縑複襲、布複襦、布單襜褕各一領，韋單絝、布惲、革履、枲履各☑(《居延漢簡釋文合校》82.34）

（26）□複袍一領。破蓋苑一。白布襜褕一領。白布單衣一領。白布巾一。皁複絝一兩。白革履一兩。●右在官。白布單絝一兩。右在橐中切。(《居延漢簡釋文合校》206.23）

以上這些戍卒衣物清單中，"襜褕"多次與"襌衣（單衣）"同現，説明是兩種不同的衣服。

5. 羊頭

《方言第九》:"凡箭鏃胡合嬴者，四鐮，或曰拘腸，三鐮者謂之羊頭，其廣長而薄鐮謂之錍，或謂之鈀。"

"羊頭"作爲箭名，典籍中偶見。《廣雅》:"平題、鈀、錍、鉤腸、羊頭、鉾爐、鏃、砮，鏑也。"《淮南子·修務訓》:"苗山之鋋，羊頭之銷。雖水斷龍舟，陸剸兕甲，莫之服帶。" 屯戍簡中的用例如：

（27）廣地南部言永元五年六月官兵釜磑月言簿。承五月余官弩二張，箭八十八枚，釜一口，磑二合。今余官弩二張，箭八十八枚，釜一口，磑二合。赤弩一張，力四石，木關。陷堅羊頭銅鍭箭卅八枚。故釜一口，鍉有錮口呼長五寸。磑一合，上蓋缺二所，各大如疎。●右破胡隧兵物。（《居延漢簡釋文合校》128.1）

此例出自居延漢簡中著名的“永元器物簿”，系 77 枚木簡由兩道細麻繩編聯的簡册，出土時裹成一卷，這是居延漢簡出土時唯一編聯完好的長篇册書。以上所引只是其中的一部分。這一簿册中“陷堅羊頭銅鍭箭”共出現 5 次，非常明確，“羊頭”正是指一種箭頭。印證了《方言》及《廣雅》的説法。除了這 5 例外，屯戍簡牘中還有“羊頭石”的用例：

（28）●第十四隧長光。亭不塗。毋非常屋。羊頭石，少二百。毋深目。馬牛矢少十石。狗籠少一。表幣。積薪皆卑少。天田不畫，縣索緩。●第十五隧長得。（《居延新簡》E.P.T57：108B）

（29）弩十三。六百五十。千一百。羊頭石千五十。□廿七。承三石弩五。（《居延新簡》E.P.T65：353）

（30）⊠羊頭石●二百五十。（《居延漢簡釋文合校》495.25）

勞榦（1959）把“羊頭石”與三棱箭頭“羊頭”聯繫起來：“故破胡隧兵物簿羊頭箭爲其本訓，其稱爲羊頭石者，蓋三鐮有刃之石，象三廉矢鏃，故亦謂之羊頭矣。”但現在一般認爲“羊頭石”與作爲箭鏃名的“羊頭”没什麽關係，就是大小與羊頭類似的石塊。居延新簡的一個例子也可以證明這一點：“石大如羊頭以上，三百。射轉□十五，三西面，二北面，十南面。辟門疾犁一，大十韋，長丈三尺。關門墼，五百。治墼五百。”（《居延新簡》E.P.T48：18A）李天虹（2003）認爲：“羊頭石，石大如羊頭者。1973 年在甲渠候官鄣門内東側發掘出土了一堆排列整齊的石塊，形狀不規則，無加工痕迹，當即簡文之‘羊頭石’。”《墨子》等典籍中也記載了守城時，需備石塊以投擲爬城的敵軍。“簡文之羊頭石，即文獻之礧石、藺石、雷石。”

此外，《方言》中還有些詞語見於屯戍簡牘，如《方言第二》：“自關而西曰快。”《方言第三》：“關西曰汁。”《方言第四》：“關西謂之袴。”《方言第五》：“自關而西或謂之釜。"《方言第五》:"自關東西謂之梧。"《方言第五》:"自關而西或謂之瓫。"《方言第九》:"所以藏箭弩謂之服。"但這些詞語在漢代文獻中常見，使用的區域較廣，這裏就不一一敘述了。

:: 參考文獻 ::

初師賓《漢邊塞守御器備考略》,《漢簡研究文集》，甘肅人民出版社，1984 年。

甘肅省文物考古研究所《敦煌漢簡》，中華書局，1991 年。

甘肅省文物考古研究所等《居延新簡——甲渠候官》，中華書局，1994 年。

何雙全《簡牘》，敦煌文藝出版社，2004 年。

華學誠《揚雄方言校釋匯證》，中華書局，2006 年。

勞　榦《居延漢簡考證》，中央研究院歷史語言研究所集刊 30 本上，1959 年。

李天虹《居延漢簡簿籍分類研究》，科學出版社，2003 年。

史光輝《常用詞"矢""箭"的歷時替換考》,《漢語史學報》第四輯，上海教育出版社，2004 年。

天　鎖《從"弓""矢"談起——關于漢語基本詞彙發展的歷史繼承性》,《語言學論叢》第一輯，新知識出版社，1957 年。

魏德勝《西北屯戍簡牘中的"矢""箭"》,《魯東大學學報》(哲學社會科學版) 2011 年第 2 期。

魏堅主編《額濟納漢簡》，廣西師範大學出版社，2005 年。

張德芳《敦煌馬圈灣漢簡集釋》，甘肅文化出版社，2013 年。

謝桂華、李均明、朱國炤《居延漢簡釋文合校》，文物出版社，1987 年。

趙　岩《簡帛文獻詞語歷時演變專題研究》，中國社會科學出版社，2013 年。

中國簡牘集成編輯委員會《中國簡牘集成》(1–12 冊)，敦煌文藝出版社，2001 年。

原載《漢語史研究集刊》第十八輯，巴蜀書社，2014 年。

西北屯戍簡牘印證《説文》説解十六例

【提　要】《説文解字》中有些字過去缺乏文獻例證，我們從敦煌漢簡、居延漢簡、居延新簡等西北屯戍簡牘中找到“鐅”“墼”“柅”“摎”“詷”“幐”“胠”“楀”“梠”“料”“訶”“繆”“鉊”“醇”“鐧”“碓”等例，來印證《説文》的釋義。對這些詞語的分析，同時也可以幫助我們更好地理解簡牘的内容。

【關鍵詞】《説文解字》　漢簡　敦煌漢簡　居延漢簡

西北屯戍簡牘主要寫成於西漢武帝（前 140 年—前 87 年）至東漢光武帝（25—57）時期，與《説文解字》的成書年代相去不遠。從某種意義上説，這些出土文獻是與許慎同時代的作品。因此，用這些材料論證《説文》中一些字的説解，會很有意義。

從羅振玉、王國維，到勞榦、陳直等學者解讀敦煌漢簡、居延漢簡時，也常引《説文》以證。如“出廣漢八稯布十九匹八寸大半寸，直四千三百廿，給吏秩百一人，元鳳三年正月盡六月，積六月☐”（《居延漢簡釋文合校》90.56，303.30），“今毋餘七稯布☐”（《居延漢簡釋文合校》268.5），其中的“稯”就見於《説文》：

“稯，布之八十縷爲稯。”“入七月奉穬麥八斛。建武廿九年七月丁酉，高望隧長，代張蒲受萬歲候長赦。”(《敦煌漢簡》2182)《流沙墜簡》:“《説文》:‘穬，芒粟也。’”“出，茭一鈞七斤半斤。以食長羅侯壘尉史官橐他一匹，三月丁未，發至煎都行道食，率三食，食十二斤半斤。”(《敦煌漢簡》2066)《流沙墜簡》:“《説文》:‘茭，乾芻也。’”“伐柃柱、馬枊六☑”(《居延漢簡釋文合校》31.6，31.9)《説文》:“枊，馬柱。”即一般説的拴馬樁。

這樣的例子不勝枚舉，可見歷來注釋漢簡者，都很重視《説文》。而從另一個角度看，漢簡的這些用例正是《説文》的極佳注脚。我們下面就再列舉幾個這方面的例子。一般文獻中常見的字當然没有必要贅述。我們重點考察歷來《説文》研究中例證較缺乏的字，以體現簡帛材料的價值。

一、鏊

《説文·金部》:“鏊，河内謂臿頭金。”《方言卷五》郭璞注:“江東又呼鍫刃爲鏊。”《广韵·屑韵》:“鏊，江南呼鍫刃。”鍫，即锹。《説文》称“臿”,《广韵》谓“鍫”，其實一也。都是指一種翻土用的農具。鏊，就是锹头。這個字在古代除了辭書收録以外，罕見用例。而居延簡中有一例，正可證實《説文》等古代辭書的説解:

(1)今餘鏊二百五。其百五十破傷不可用。五十五完。(《居延漢簡釋文合校》498.9)

漢代西北屯田，所以“臿”等農具是必需品。“窮虜隊長單立。六石弩二，皆上蜚，檠高。臿一，破，已易。☑”(《居延新簡》E.P.T40：69)居延簡中還有“臿金”的说法:“趙子思計。六尺席一，直百卅五。臿金三，直六。付卅。凡二百卅六，已得百一十七，少百一十八。”(《居延新簡》E.P.T50：144A)于豪亮《關於漢代生産工具——臿》提到四川出土的一件漢代石俑，“雙手握臿，臿端裝有鏊，鏊形與漢墓常出土的所謂凹形鐵口鋤相似，但刃端要尖一些”[①]。孫機《漢代物質文化資料圖説》(增訂本)指出，在湖北等地出土過商代、西周，以

① 《考古》1959年第8期。

及戰國以後的金屬臿口。[①] “臿” 因爲木製，故也作 “梂”：“又二月餘木梂金，百六十一。”（《居延漢簡釋文合校》515.44）“受正月餘梂金七☐”（《居延漢簡釋文合校》522.20）也作 “銿”：“☐大銿一。小鉤一。”（《居延新簡》E.P.T53：132）“戍卒梁國睢陽第四車父宫南里馬廣。銿二。承釘二，破。☐鋸二。釜一，完。”（《居延漢簡釋文合校》303.6，303.1）“入銿一。”（《居延漢簡釋文合校》512.14）[②]

二、墼

墼，《说文·土部》：“瓴適也。一曰未燒也。从土毄聲。”《詩·陳風·防有鵲巢》毛傳：“甓，瓴甋也。”《廣雅·釋宫》：“甓，甎也。” 王念孫疏證：“令適，與瓴甋同。”《資治通鑑·後周紀》胡注：“甓，摶埴而陶之，今謂之甎。” 墼，就是今天説的磚，分燒過與未燒兩種。屯戍簡中用例很多，一般都是未燒過的，就是一般説的土坯：

（2）甲戍卒八人。其二人，鋸門板。二人，發墼亭上。二人，受墼亭下。二人，運墼。（《敦煌漢簡》812）

（3）第二隊卒司馬忠：治墼，八十。治墼，八十。治墼，八十。除土。除☐（《居延漢簡釋文合校》27.8）

墼是修築亭障的建築材料，製作墼是戍卒的日常工作之一。王國維《流沙墜簡·屯戍叢殘考釋》：“塞上所作者，當爲未燒之墼，漢時築城多用之。”《隸續》言人或得漢墼，重十有八斤。居延簡中更有製作墼的標準：“墼廣八寸，厚六寸，長尺八寸。一枚用土八斗，水二斗二升。”（《居延漢簡釋文合校》187.6，187.25）居延簡記載，戍卒每天可製八十枚左右。陳槃《漢晋遺簡識小七種·漢簡賸義再續》，謂《墨子·雜守》“若治城，爲擊，三隅之，重五斤以上” 中的 “擊”，就是 “墼”。[③] 屯戍簡牘材料爲我們認識漢代的 “墼”，更準確地理解《説文》的説解，提供了不可多得的證據。

---

① 上海古籍出版社，2011 年。

② 參裘錫圭《漢簡零拾》，《文史》第十二輯，中華書局，1981 年。

③ 《漢簡賸義再續》，《中央研究院歷史語言研究所集刊》43 本 4 分，1971 年。收録於《漢晋遺簡識小七種》，歷史語言研究所，1975 年。上海古籍出版社 2009 年出版大陸版本。

三、梶

梶，《説文·木部》有“梶”，但是一種樹名，與屯戍簡義無關。先看一組屯戍簡的例句：

（4）第卅六隧長宋登。弦角上□刅。轉櫨皆毋梶。蓬一，不事用。洞皆毋肩冒。鋸一，不事用。堠樓不垂塗堊。狗籠一，埧。（《居延漢簡釋文合校》214.5）

（5）第廿九隧長王禹。鋸不事用。小積薪一，上便埧。膠少。大積薪二，上便埧。轉櫨皆毋梶。候樓不堊。☑□□□□□堊（《居延漢簡釋文合校》214.8）

（6）第十八隊長單威。斤刃決。蓬火固函□□。轉櫨皆毋梶。斧刃決。狗少一。守何表二，不鮮明。小積薪一，上便埧。毋牖。（《居延漢簡釋文合校》214.47）

（7）第廿四隊長淳于福。轉櫨毋梶。蓬一，不任事。卒十一人茭。□矢□不埾。小積薪二，便埧。桿辟一，㖞呼。鈎一，不事用。（《居延漢簡釋文合校》214.49）

（8）☑不塗堊。☑不事用。☑爲辟蓋，解隨。☑轉櫨皆毋梶。狗少。蓬火□。地蓬干埧。（《居延漢簡釋文合校》214.82）

（9）第卅八隊長高遺。□章轉櫨黑，不解除。長臂堵黑，不解除。轉櫨皆毋梶。蓬火四函㖞呼。（《居延漢簡釋文合校》258.16）

（10）第廿七隊長李宫。鋸一，不任事。斧一，不任事。釜一，不任事。服少一枚。轉櫨皆毋梶。□六石具弩一□□□倚陽書白，㖞呼。（《居延漢簡釋文合校》285.18）

這些句子的格式都一致，都是説“轉櫨皆毋梶”。首先看“轉櫨”是什麽。勞榦（1959）説：“櫨者樓櫓，無頂之屋，可以四望，故曰轉也。”可能是誤解。《中國簡牘集成》在例（4）後註釋説：“櫨，通櫓。即榹櫨。”這個解釋基本正確，但“通櫓”則有蛇足之嫌。轉櫨，就是榹櫨，今一般作轆轤，類似現在的滑輪。從井中打水，或是將物品挂上高高的杆頂，都需用這樣的工具。邊塞傳遞烽火，白天用所謂“不燃之烽”，即簡中稱的“表”，類似顔色鮮豔的旗幟，要把它升到杆頂，以利遠處的烽燧能看到。所以，轆轤是烽火臺必備的工具。由此，我們可以確定，“梶”應該是轆轤的配件。

《說文》中，“尿”的或體作“柅”：“尿，籆柄也。從木尸聲。柅，尿或從木尼聲。”段注：“竹部曰：籆，所以收絲者也。方言：籆，榬也。兖豫河濟之間謂之榬。郭云：所以絡絲也。絡謂之格。郭云：所以轉籆絡車也。按注籆字蓋衍，籆即絡車也。所以轉絡車者，即尿也。此與檷異物。”《方言》钱繹笺疏：“尿、柅、檷，字並同。”段注：“中山經注曰：檷音絡柅之柅。易姤初六：繫于金柅。釋文曰：柅，《說文》作檷。按昔人謂檷、柅同字。依許則柅者，今時籆車之柄。檷者，今時籰絲於上之架子以受籆者也。”《通雅·器用》：“檷，似小攬車，中有柄，聽絲旋其外，而中軸自轉，總曰絡子。”

我們總結一下。據《說文》，“柅”是類似紡車一類的繞絲的紡織工具上的手柄。字也作“尿”。錢繹認爲，尿、柅、檷，三字形異而音義皆同，是異體字。而段注認爲“檷”字與另兩字不同。《說文》：“檷，絡絲檷。從木爾聲。讀若柅。”段注據《易》釋文、《玉篇》、《廣雅》等，改爲“絡絲柎也”。認爲“檷”是受絲的摇車的架子。

關於“檷”字，因用例極少，我們還無法判斷段注的正誤。從目前的用例看，我們偏向錢繹的説法，尿、柅、檷，三字用同。回去再看居延簡的用例，“柅”就是轉動轆轤的手柄。因經常轉動，所以手柄容易脱落，所以居延簡的多例都是説，在例行檢查時，發現轆轤的手柄没有了。轆轤少了柄，應該還是可以轉動的，就是説還可以勉强使用，當然不那麽方便，甚至會有危險。

四、摎

《說文·手部》：“摎，縛殺也。從手翏聲。”就是用繩子把人勒死。這個義項在典籍中没有見到用例。屯戍簡中有兩例，正與《說文》的釋義一致：

（11）助茂，秉刃傷大君頭一所。男庶人吉助茂縛秉，元夫與吉共摎殺秉，□使從兄摎殺秉子小男毋舌，砍殺秉妻，（《敦煌漢簡》222）

這是一份司法文書中的一簡，茂、秉、大君、吉、元夫、毋舌，都是人名。在一場打鬥中，元夫和吉兩人勒死了秉，並把秉的兒子毋舌也勒死了，還砍死了秉的妻子。秉一家三口都在這場鬥毆中死於非命。

《説文》中還有一個“閿”字：“閿，經繆殺也。從門翏聲。”段注：“按此恐即摎之或體，俗增之。”從意思看，段説至確。從手，從門，只是取義不同，其實一也。《説文》這種異部同字的現象並非個例，段注説“俗增”，倒未必。

五、詗

《说文·言部》：“詗，知處告言之。从言同聲。”先看一個敦煌漢簡的例子：

（12）詗告吏，吏以其言捕得之，予平，購以□賊相捕者☑（《敦煌漢簡》498）

從例句可以看出，“詗”的意思是，發現犯罪嫌疑人的蹤迹後，告知官府。與《説文》的解釋完全相合。《説文》段注：“史、漢淮南傳：王愛陵，多予金錢，爲中詗長安。孟康曰：詗音偵。西方人以反間爲偵，王使其女爲偵於中也。服虔亦云：偵伺之也。如淳曰：詗音朽政反。按《説文》無偵字，則從服、孟説詗即偵，是也。”“詗”同“偵”説，值得懷疑。“詗”用例少，相關的例子都是偵察、刺探的意思，除了段注引的例子外，再如《急就篇卷四》“乏興猥逮詗讂求”顔師古注：“詗，謂知處密告之也。”《資治通鑑·晋安帝隆安三年》：“今趙思之言，未明虚實，臣請爲陛下馳往詗之。”胡三省注：“詗，候俟也，刺探也。”偵伺義與《説文》的説解也是接近的。

六、謄

《説文·言部》：“謄，迻書也。從言朕聲。”抄録、抄寫。早期的文獻中用例罕見。《漢語大字典》中除《説文》《玉篇》等辭書用例外，最早的例句是唐代的。《漢語大詞典》最早的例句是宋代的。屯戍簡中有一例，可把這個詞的用例提前至漢代，證明《説文》收字是有依據的：

（13）☑證所言，謁移大守府，令武威自謄書河内。（《居延新簡》E.P.T58：26）

從殘存的内容看，當是一份司法文書。“謄書”就是抄録副本。另外，《睡虎地秦墓竹簡》有一相關用例：

（14）或覆問毋（無）有，遣識者以律封守，當騰，騰皆爲報，敢告主。（《封診式》148）

騰，整理小組注："讀爲謄，《説文》：'迻書也。'《繫傳》：'謂移寫之也。'"但對這一例的解釋多有爭議。[①] "抄録"義，在屯戍簡中常用"寫"："五月丙寅，居延都尉德、庫守丞常樂兼行丞事，謂甲渠塞候，寫移書到，如大守府書、律令。/掾定、守卒史奉親。"（《居延新簡》E.P.T51：190A）"都尉事、司馬丞登行丞事，謂肩水候官：寫移檄到，如大守府檄書律令。/卒史安世、屬樂世、書佐延年。"（《居延漢簡釋文合校》12.1C）

七、胠

胠，《説文·肉部》："亦下也。"《玉篇》："腋下也。"傳世文獻中主要見於醫學著作。如《素問·欬論》："轉則兩胠下滿。"其他類文獻中的用例都與《説文》的義項不合。屯戍簡中有關戍卒疾病的簡中有"胠"用爲腋下義的。如：

（15）第卅七隧卒蘇賞三月旦病兩胠葥急，少愈。第卅三隧卒公孫譚三月廿日病兩胠葥急，未愈。第卅一隧卒尚武四月八日病頭慮寒炅，飲藥五齊，未愈。（《居延漢簡釋文合校》4.4B）

八、楀

楀，《説文·木部》："楀木也。"是一種樹名，但不知是哪種樹。段注："未詳。"文獻中不見有用例。居延簡中有1例：

（16）剌馬刀一，直七千。楀皮一斗，直百五十。□|□直□（《居延漢簡釋文合校》262.28B）

從此例看，這種樹的皮有經濟價值。

① 可參看《秦簡"當騰騰"音義商兑》，《吉首大學學報》（社會科學版）2006年第3期；《秦司法文書"當騰騰"用語釋義》，《浙江社會科學》2010年第2期；等等。

九、梠

梠,《説文·木部》:"楣也。從木呂聲。"就是屋檐的意思。《方言》:"屋梠謂之欞。"其他漢代及以前的文獻中都没有見到用例。《漢語大詞典》用潘岳文例。《漢語大字典》用的是三國時期文獻的例句。都太晚。居延簡中有1例:

(17)▨下茭屋梠解隨▨(《居延漢簡釋文合校》78.11)

屋梠解隨,意思就是屋檐脱落。解隨,即解墮,脱落的意思。如漢焦贛《易林·噬嗑之小畜》:"關折門啓,衿帶解墮。"

十、枓

枓,《説文·木部》:"勺也。從木從斗。"是裝有木柄的長勺。《史記·張儀列傳》"反斗以擊之",唐司馬貞索隱:"凡方者爲斗,若安長柄,則名爲枓,音主。尾即斗之柄,其形若刀也。"屯戍簡中見於守御器簿:

(18)……□五斤。□□二石。□□四石。□□廿八束。長枓廿。連梧廿。長□□□。□□丈二尺。儲水□桐一,容十石。滅火斧二,有忍。□□□二,□□□二,槍百,大二韋,長八尺。(《居延新簡》E.P.T48:18A)

(19)甲渠臨木隊長□,卒鄭凰代茭,見二人。候倉。同。六石赤耳具弩三,完。嬰緩衣弦□解。弩一文中布不札□大下|。五石赤胄具弩一,完。嬰緩衣弦解。長闢二,其一頓破,肩□皆破,端毋其。塢上轉射二所,深目中不辟除,一所轉射空小,不承長辟。塢上轉射一所,深目中不辟除,一所轉射毋穉。·遭機一疾利,鈮二能□·槀矢二□□折|·槀矢六折,蚌呼長四寸。·木枓二,不事用。·辟□□毋積。(《居延漢簡釋文合校》89.21)

(20)長枓二,(《居延漢簡釋文合校》227.24)

(21)却胡亭木枓二,完。▣(《居延漢簡釋文合校》438.1)

(22)守御器簿。長斧卌,皆缺敝。長椎卌。長梧卌。長枓二。木面衣三。弩長臂三。芀馬矢橐各一毋。茹十斤。出火遂二具。皮冒、革草各一,毋冒。承壘三。破釜一。芮薪、木薪，各二石。瓦箕枓各二，斗少一。沙、馬矢各二石。羊頭石五百。槍卌。小苣三百。程苣九。□射□。深目卌，布篷三，一不具。布表一。鼓一。狗籠二。狗二。户關二。接楪卌。木椎二。户戊二。龠一。□户鑿三百。户上下合各一。儲水罌二。汲落二。大積薪三。藥盛橐舉。(《居延漢簡釋文合校》506.1)

長木勺，怎麼成了守御器的一員？初師賓推測，一可能是舀取熱湯、沸油之類澆攻城的敵人，二可能是防禦火攻的器具，與儲水罌配合使用。① 這有一定道理。在漢代確有用長勺擊殺人的案例："使厨人操銅枓以食代王及從者，行斟，陰令宰人各以枓擊殺代王及從官，遂興兵平代地。"(《史記·趙世家》)

十一、訶

訶，《説文·言部》："大言而怒也。從言可聲。" 義爲大聲斥責；責駡。馬王堆漢墓帛書甲本《老子·道經》："唯與訶，其相去幾何？" 今本作 "阿"。典籍中用例很少。如《韓非子·内儲説下》："王出而訶之曰：誰溺於是？" 屯戍簡中有幾例：

（23）賞署罰，明槙撫，賦糧食，嚴訶（《敦煌漢簡》200）

（24）呼之行，垂眼，時怒時喜，半趨走。丈人怒之。大訶□□譾物器，拙諸户。分之魚肉，怒不取。(《居延新簡》E.P.T65：42A）

從詞義看，這兩例 "訶" 的意思與《説文》正合，可補充用例。在秦漢文獻中，這一義項常用 "荷" "苛" "呵" 等表示。《説文》"呧，苛也"，段注："漢人多用荷爲訶，亦用苛爲訶。"《晏子春秋·内篇諫上》："並荷百姓。" 孫星衍音義："荷，讀如苛。"《漢書·食貨志下》："〔吏〕縱而弗呵虖，則市肆異用，錢文大亂。" 顔師古注："呵，責怒也。"《淮南子·説林訓》："有爲則議，多事固苛。" 高誘注："蘇秦爲多事之人，故見議見苛也。" 王念孫《讀書雜志·淮南子内篇十四》："苛與訶同。"

① 初師賓《漢邊塞守御器備考略》,《漢簡研究文集》，甘肅人民出版社，1984 年。

十二、繆

繆，麻十束。《説文·糸部》:“枲之十絜也。”段玉裁注:“枲即麻也，十絜猶十束也。”而“絜”的意思，《説文·糸部》:“麻一耑也。”所以，繆、絜，都是漢代麻的量詞。目前所見漢代的其他文獻中都没有見到“繆”“絜”做麻的量詞的用例。屯戍簡牘中有:

（25）☑其三繆，付厩嗇夫章，治馬羈絆。一繆，治書繩。(《居延新簡》E.P.T57：44）

（26）出枲一絜，八月二日，付掾繩席。(《居延漢簡釋文合校》203.5）

（27）☑壽王敢言之。戍卒鉅鹿郡廣阿臨利里潘甲，疾温，不幸死。謹與☑□槥櫝参絜堅約，刻書名縣爵里槥敦参辨券，書其衣器所以收（《居延漢簡釋文合校》7.31）

很明顯，這些例句中，“繆”“絜”的詞義與《説文》正合。“参絜”，裘錫圭（1981）認爲是三束麻。所以，“参絜堅約”就是用三束麻緊緊地捆扎。另屯戍簡牘在記述牛的時候常説“絜八尺”“絜七尺八寸”“絜七尺三寸”“絜八尺五寸”“絜九尺”等，張德芳（2013）認爲:“圍度曰絜，指腰圍。《集韻·屑韻》:‘絜，約束知大小也。’《説文》段注:‘絜，引申之圍度曰絜。’”这是其本义的引申。“繆”“絜”的量詞義，《漢語大詞典》《漢語大字典》都是引了《説文》和段注，但没有其他例證。

十三、鉊

《説文·金部》:“鉊，大鐵也。從金召聲。鎌謂之鉊，張徹説。”《類篇》引《説文》作“大鎌也”。《方言》第五:“刈鉤，江、淮、陳、楚之間謂之鉊，或謂之鐹。自關而西或謂之鉤，或謂之鎌，或謂之鍥。”《管子·輕重己》:“耜耒耨懷，鉊銚叉櫑，權渠繩緤，所以御春夏之事也。”這些辭書都釋“鉊”爲鐮刀，一種農具。文獻中用例不多，屯戍簡有2例:

（28）器疎。緩瓦一。更于一。笥一。于二。鉊一。酒桮十。小畫桮十。卮一。瓶一。盆二。斗去盧二。三斗去盧一。小盆一。贊一。□二。蓋二。炊帚一〼□一〼□主各一〼（《居延漢簡釋文合校》220.18）

（29）鎧、鐙、鉊各八，槀矢〼（《居延漢簡釋文合校》231.96）

但從這兩例看，釋爲農具，似不契合。前一例，前後的器物都是飲食所用。《中國簡牘集成》："《廣雅》一釋爲鐮，一釋爲錐。或疑爲水銚。"水銚或爲一種帶柄有嘴的小鍋。三國魏曹操《上器物表》："御物有純銀粉銚一枚。"釋此例的"鉊"爲"銚"，似可從。后一例，《中國簡牘集成》註："鎧，甲冑。鐙，同燈。鉊，刀屬。"釋"鉊"爲刀，不知何據。釋"鉊"爲鐮，作爲守城的兵器也於古有徵。《墨子·備城門》："故凡守城之法，……十步一長鐮，柄長八尺。"《六韜·軍用》説到守城兵器也提到："芟草木大鐮，柄長七尺以上，三百枚。"在古代，農具之用於軍事，非常普遍，《六韜》中就有專篇討論農業與軍事的關係，極其精辟。《六韜·農器》："戰攻守禦之具，盡在於人事。"這裏的"人事"即農事。所以，居延簡中的守御器"鉊"可釋爲大鐮。而且居延簡中也有"鐮"的用例：

（30）伐大農茭卒錢鉤鐮如□〼（《居延新簡》E.P.T50：227）

這例的"鐮"是用於砍伐牲口飼料的"茭"的工具，並且"鉤鐮"連稱。《方言》也是把鉤、鐮、鉊等作爲同物異名。《説文·金部》："鉤，曲也。從金從句，句亦聲。"鉤、鐮它們的共同點就是"曲"，刀刃是彎曲的。《説文》："鐮，鍥也。""鍥，鐮也。""鉤，鐮也。"《廣雅·釋器》："划、鉊、鉤、鍥、鏺、鐮也。"王念孫《疏證》："鉤與鉤同。"《急就篇》顏師古注："鉤，即鐮也。形曲如鉤，因以名云，亦謂之鍥。"屯戍簡中"鉤"的用例較多：

（31）今餘鉤四百八十三，〼（《居延新簡》E.P.T51：481）

（32）〼大鍤一。小鉤一。（《居延新簡》E.P.T53：132）

（33）楊大中所持物。楊楊。貫頭斧一。服一。鉤一。□一。五斗瓨一。（《居延新簡》E.P.T59：340B）

（34）受二月餘鉤廿三（《居延漢簡補編》※522.39）

"鉤"作爲兵器，在戰國秦漢很常見。賈誼《過秦論》："鉏櫌棘矜，不敵於鉤戟長鎩。"《漢書·韓延壽傳》:"鑄作刀劍鉤鐔。"顏師古注:"鉤亦兵器也，似劍而曲，所以鉤殺人也。"由此，我們可以推論，"鉤"與"鎌"可能並非完全相同的器具，其共同點是刃彎曲，而"鉤"作爲守御器更常用。鉤、鎌、鉊這類器物，於農業，可用於收割，於軍事，可作爲守御的兵器。後世兵書如《武經總要》等，更是有兵器名"火鉤""火鎌"，觀其圖樣也是大同小異，曲刃如鉤狀。

十四、醇

醇，《説文·酉部》:"不澆酒也。從酉𦎫声。"段玉裁注:"澆，渋也。凡酒沃之以水則薄，不襍以水則曰醇。"據段注，意思是指没有摻入水的、味道醇厚的酒。這應該是其本義。但《大詞典》的第一個義項是"酒味淳厚"，《大字典》的第一個義項是"酒質濃厚"，都是形容詞義。《大字典》所引的最早的例句是《史記·宋微子世家》:"陳人使婦人飲之醇酒，以革裹之，歸宋。"居延簡的例子也是"醇酒":

（35）淶一斤，善膠一斤，醇酒財足以消膠，膠消，内淶撓取沸（《居延漢簡釋文合校》265.41）

居延簡的例子，是用醇酒稀釋膠。《史記》中"醇酒"例還很多，如《陳丞相世家》:"陳平爲相非治事，日飲醇酒，戲婦女。"《魏公子列傳》:"公子自知再以毀廢，乃謝病不朝，與賓客爲長夜飲，飲醇酒，多近婦女。"

"醇酒"一詞中，"醇"是名詞還是形容詞？我們認爲是名詞。這種構詞方式一般稱爲"小名冠大名"。正如"鯉魚""棠樹"中的"鯉""棠"都是名詞不是形容詞一樣，"醇酒"中的"醇"也是名詞。《大詞典》還有"味道淳正濃厚的酒"這一名詞性的義項，《大字典》則連這個名詞性的義項都没有，顯然是不合適的。《大詞典》雖有名詞性的義項，但例證則晚到唐代了。並不是因爲他們没有看到《史記》中"醇酒"的用例，顯然也是認爲其中的"醇"是形容詞。"醇"由"厚酒"義引申出"厚"義，那是另一義項，如"香醇""清醇"，當然是形容詞。因此《大詞典》分兩個義項的處理是正確的。

十五、鐧

《説文·金部》:“鐧，車軸鐵也。”王筠句讀:“軸之週帀皆鑿寸長小方槽，納方銕於中，以與釭相敵也。《釋名》:‘鐧，間也。間釭軸之間，使不相摩也。’此説最明了。脂車即脂此鐧。”《大詞典》:“嵌在車軸上的小方鐵。可以保護車軸並減少摩擦。”《吴子·治兵》:“膏鐧有餘，則車輕人。”屯戍簡有2例:

（36）▨器、□□□車用釭鐧直簿。（《敦煌漢簡》1839）

（37）銅鐘鼎鈃銷匜銚，鐧（《居延漢簡釋文合校》336.14A）

例（36）是烽燧所使用的車器的簿籍。例（37）是《急就篇》的一句。原文作:“銅鍾鼎鋞銷鍦銚。釭鐧鍵鉆冶錮鐈。”顔師古注:“釭，車轂中鐵也。鐧，軸上鐵也。施釭鐧者所以護軸使不相摩墍也。”王國維《急就篇合校》云第二句一作“鐧釭……”，居延簡此例可證在漢代確有這樣的版本。此簡的背面作“芼蓴萛莅□箅蕣”，也是《急就篇》的殘簡，今本作“笔篙篗筥籅箅篝”。從艸、從竹，字多通用。

十六、碓

《説文·石部》:“碓，舂也。從石隹聲。”舂米的工具。桓譚《新論》:“宓犧之製杵舂，萬民以濟。及後人加功，因延力藉身重以踐碓，而利十倍。又復設機關，用驢、嬴、牛、馬，及役水而舂，其利乃且百倍。”《漢書·楚元王傳》:“衣之赭衣，使杵臼碓舂於市。”現在看到的例句都是漢代及以後的。屯戍簡有2例:

（38）范況持米一石詣臨要隧，就舂碓糳米，令印三石以上。卒甲午日出□□（《敦煌漢簡》290A）

（39）第十九：碓磑扇隤舂簸揚，頃町▨（《居延新簡》E.P.T6：90）

後例乃《急就篇》殘簡。顔師古注:“碓，所以舂也。”此例中的“磑”，也始見於漢代。《説文》:“磑，礦也。從石豈聲。古者公輸班作磑。”《論衡·説日》:“其喻若蟻行於磑上，日月行遲，天行疾，天持日月轉，故日月實東行，而反西旋也。”漢代典籍中用例少，而屯戍簡中用例豐富，石磨乃邊塞常用之物。如:

（40）廣地南部言永元五年六月官兵釜磑月言簿。承五月餘官弩二張，箭八十八枚，釜一口，磑二合。今餘官弩二張，箭八十八枚，釜一口，磑二合。赤弩一張，力四石，木關。陷堅羊頭銅鍭箭卅八枚。故釜一口，鍉有錮口呼長五寸。磑一合，上蓋缺二所，各大如踈。●右破胡隊兵物。（《居延漢簡釋文合校》128.1）

（41）受六月餘石磑二合，完。毋出入。（《居延新簡》E.P.T51：90）

《急就篇》此簡與下一簡當可綴合：

☐畦埒窬疆畔□☐（《居延新簡》E.P.T6：91A）

兩簡字體一致，簡的寬度、木質等也相同，都是《急就篇》殘簡。《急就篇》相關原文爲："碓磑扇隤舂簸揚。頃町界畝畦埒封。疆畔畷伯耒犂鋤。"相較之下，接合後，兩簡之間還缺"界畝"二字，有缺損。另有異文，居延簡作"窬"，今通行本作"封"。王國維《急就篇合校》作"窬"，與居延簡合。王國維認爲作"封"，"於韻不合"。居延簡證實了王氏的説法。窬、窬，音近相通。

:: 參考文獻 ::

陳　直《居延漢簡研究》，天津古籍出版社，1986年。

甘肅省文物考古研究所等《居延新簡——甲渠候官》，中華書局，1994年。

郝慧芳《張家山漢簡用字與〈説文解字〉義證》，《北方論叢》2007年第4期。

洪燕梅《〈説文〉未收録之秦文字研究——以〈睡虎地秦簡〉爲例》，文津出版社，2006年。

黄瀟瀟《秦漢簡帛文獻與〈説文〉新證》，《河南科技大學學報》（社會科學版）2003年第1期。

黄瀟瀟《秦漢簡帛文獻與〈説文〉新證》，北京語言大學博士論文，2011年。

黄瀟瀟，《以〈張家山漢墓竹簡〉印證〈説文〉説解》，南陽師範學院學報（社會科學版）2011年第4期。

黄瀟瀟《秦漢簡帛文獻語言研究述評》，呂梁教育學院學報2012年第4期。

李均明《古代簡牘》，文物出版社，2003年。

李振宏、孫英民《居延漢簡人名編年》，中國社會科學出版社，1997 年。
劉　釗《古文字考釋叢稿》，岳麓書社，2007 年。
陸錫興《段注補遺》，《中國歷史文獻研究》（二），華中師範大學出版社，1988 年。
裘錫圭《談談古文字資料對古漢語研究的重要性》，《中國語文》1979 第 6 期。
裘錫圭《考古發現的秦漢文字資料對校讀古籍的重要性》，《中國社會科學》1980 第 5 期。
裘錫圭《漢簡零拾》，《文史》第 12 輯，中華書局，1981 年。
師玉梅《出土文獻證〈説文〉形聲字的訛變與誤斷》，《考古與文物》2007 年第 6 期。
王貴元《〈説文解字〉新證》，《古漢語研究》1999 第 3 期。
王貴元《〈説文〉釋義新考》，《説文學研究》第三輯，江西教育出版社，2008 年。
王志平《簡帛拾零——簡帛文獻語言研究叢稿》，台灣古籍出版有限公司，2009 年。
魏德勝《睡虎地秦墓竹簡詞彙研究》，華夏出版社，2003 年。
謝桂華、李均明、朱國炤《居延漢簡釋文合校》，文物出版社，1987 年。
楊豔輝《〈説文〉新附字新考例——以敦煌漢簡爲主要材料》，《樂山師範學院學報》2006 年 8 月。
張德芳《敦煌馬圈灣漢簡集釋》，甘肅文化出版社，2013 年。
張如青、丁　媛《簡帛醫學用字證〈説文〉釋義例》，《中國文字研究》2008 年第 2 期。
張顯成《〈説文〉收字釋義文獻用例補缺——以簡帛文獻證〈説文〉》，《古漢語研究》2002 年第 3 期。
張顯成《馬王堆漢墓簡帛中〈説文〉未收之秦漢字》，《説文學研究》第二輯，崇文書局，2006 年。
張顯成《銀雀山漢簡中〈説文〉未收之秦漢字》，《説文學研究》第三輯，江西教育出版社，2008 年。
張顯成、高二煥《〈張家山漢簡〉六種中〈説文〉未收之秦漢字》，《説文學研究》第四輯，綫裝書局，2010 年。
中國簡牘集成編輯委員會《中國簡牘集成》（1–12 册），敦煌文藝出版社，2001 年。

原載《文獻語言學》第一輯，中華書局，2015 年。

後記

忝列“北語學人書系（第二輯）”，甚感慚愧。從學數十年來，也算努力，但成果不多，愧對各位老師。

我大學就讀於安徽師大中文系。當年教過我們古代漢語的有張柏青老師、楊昭尉老師等。張老師長於聲韻之學，研究過段玉裁音韻學成就等問題，近年安徽師範大學出版社出版了《張柏青古漢語研究論集》，匯集了老師多年的研究成果。年過八旬的張老師在文集後記中竟專門提及我們這一年級幾個學古漢語的學生，作爲他從教幾十年的一個成果。可見老師的心中對我們這個年級的學生還是印象頗深的。我的本科畢業論文是关于王引之的《經傳釋詞》，指導教師是楊昭尉老師。我的這本論文集中有關《經傳釋詞》的那篇文章就是其中一部分。楊老師話語不多，但句句有分量。

碩士階段是在蘭州的西北師大中文系度過的，導師是吴福熙教授。吴先生編寫的《古代漢語》教材出版較早，影響很大。吴先生是山東大學殷焕先先生的學生，1988 年先生帶着我們幾個學生專程去山大請殷先生給我們上課，還請王紹曾先生給我們講了一個星期目録學。吴先生給我們上過的課有音韻學、訓詁學、文史工具書用法等。先生待學生和善、親切，對我們的要求也很嚴格，一個月左右交一份讀書報告，然後就其中的問題單獨交流。這些作業我至今保存着，上面有先生親筆批閱的字迹。典籍方面，先生要求精讀《左傳》《論語》《孟子》《史記》。理論方面，主要涉及傳統小學、現代語言文字學、漢語史、古代文獻學等。吴先生已去世多年，但先生的教誨仍不時回響在耳邊。

學生時代的最後三年我來到上海復旦大學中文系。當時全國招收漢語史專業博士生的學校不多，我有幸投到著名語言學家張世禄先生門下。先生青年時代即名滿天下，寫出《中國聲韻學概要》（1929）、《中國古音學》（1930）、《語言學原理》（1930）、《音韻學》（1932）、《廣韻研究》（1933）、《語言學概論》（1934）、《語言學綱要》（1935）、《中國音韻學史》（1938）等名作，還翻譯了瑞典漢學家高本漢的著作《中國語與中國文》（1931）、《漢語詞類》（1937）等。在多所大學任語言學教授。先生的學術道路與那個時代多數學術巨匠一樣，植根於傳統文史的沃土，接受了西方的語言學理論，開創了一條中國的現代語言文字學的新路。我對先生的學術所知不深，到現在還是這樣，先生的著作我也衹是讀過一部分。先生對我而言如同崇山峻嶺，我衹能仰視。我入學的時候，先生年事已高，一些具體的指導多由嚴修先生來做。相對而言，我與嚴先生接觸更多些。嚴先生爲人豁達，早年主要做胡裕樹先生的助手，協助胡先生編寫《現代漢語》教材等；後跟隨張世禄先生做助手，講授古代漢語等課程，編寫修訂張先生主編的《古代漢語》教材，著有《二十世紀的古漢語研究》等。

直到學生時代結束時，我對出土文獻仍關注不多，學位論文也以傳世文獻的語言研究爲核心。到北語工作後，1996 年僥幸獲批“《睡虎地秦墓竹簡》語法研究”國家社科一般項目，有了壓力和動力後，科研的重心就轉向了出土秦漢簡帛的語言研究。這一轉向有一定偶然性。在做項目的過程中，開始大量研讀簡帛類的文獻及研究論著。現代簡帛文獻自二十世紀初出土整理出版以來，一直是以歷史文獻的面貌出現在世人面前的，到目前爲止這種狀況並無改觀。本科學習階段，一般也衹有歷史系的學生會在課程中學到簡帛文獻的知識。研究簡帛文獻的以學歷史出身及學中文出身的學者爲主。二十世紀八十年代之前，利用簡帛文獻研究漢語史的學者寥若晨星，我也有幸成爲較早研究簡帛文獻語言的學人。而在二十世紀八十年代之後，簡帛文獻大量出土，整理成果呈井噴式發展。這些都是學界没有預料到的事。簡帛學迅速成爲學界熱議的焦點，成了舉世公認的顯學。於是簡帛語言研究也被推向了漢語史研究的前臺。對於我而言，或許是一種僥幸，是一種偶然，也可以説是難得的歷史機遇。

這本論文集大致可以反映以上的求學經歷，以漢語史研究爲主，前部分是以傳世文獻爲語料，後部分則以簡帛文獻語言爲主要研究對象。我發表的文章有些是作爲專著的一部分，而在專著出版前發表的，這次大多没有收録，衹收了個别有代表性的。最近主要做的是西北屯戍漢簡的詞彙研究，這部分内容有可能以後會出專書，但那也是幾年後的計劃，所以這些文章大多收了。

感謝爲這本論文集付出心血的科研處各位老師以及學校出版社的各位編輯。

魏德勝

2018 年 3 月